KADININ DERDİ

FEYZA ALTUN

Kadının Derdi / *Feyza Altun*

Yayıncı ve Matbaa Sertifika No: 44066

Genel yayın yönetmeni Ahmet Bozkurt
Yayıma hazırlayan Hakan Güngör
Kapak tasarım Eyüp İşkuran
Sayfa tasarım Eyüp İşkuran
Arka kapak fotoğrafı İlker Sungurlar

ISBN: 978-975-10-3761-9

24 25 26 10 9 8 7
İstanbul, 2024

Baskı ve Cilt
İnkılâp Kitabevi Yayın Sanayi ve Ticaret AŞ
Çobançeşme Mah. Sanayi Cad. Altay Sk. No. 8
34196 Yenibosna – İstanbul
Tel : (0212) 496 11 11 (Pbx)

İnkılâp Kitabevi Yayın Sanayi ve Ticaret AŞ
Çobançeşme Mah. Sanayi Cad. Altay Sk. No. 8
34196 Yenibosna – İstanbul
Tel : (0212) 496 11 11 (Pbx)
Faks : (0212) 496 11 12
posta@inkilap.com
inkilap.com

KADININ DERDİ

FEYZA ALTUN

İNKILÂP 90.yıl

Feyza Altun

1987 yılında Üsküdar'da doğdu. Marmara Üniversitesi Hukuk Fakültesi mezunudur. Altun Hukuk & Danışmanlık bürosunda avukatlık yapmaktadır. İngilizce, Fransızca ve Farsça bilmektedir. Halen Tarafsız Çalışan Anneler Platformu kurucusu olarak dernekleştirme çalışmalarına devam ediyor. Kadın Birliği'ni kurmuş ve her görüşten kadının hakları için örgütlenmesini sağlamaya çalışmaktadır. Altun, *Kadının Fenni* kitabının yazarıdır.

feyzaltn@hotmail.com
instagram: @feyzalt
twitter: @feyzaltun

İçindekiler

Bu ülkede bir kadının en büyük lüksü bencil olmaktır.
Çoğumuzun kullanmadığı bu lüksü hepimizin yerine
kullanıyor ve bu kitabı hepimize armağan ediyorum.

7 Kasım 2016

Yazarın Notu

Beni, bu kitabı yazmaya iten bazı insanların ikiyüzlülüğü oldu. Kendi yanlışlarını görmeden, özeleştiri yapmadan, dar bir bakış açısıyla insanları linç eden, yeren ve dışlayan zihniyet, biraz garip gelecek ama benim motivasyonum oldu.

Bahsettiğim insanlar kendi hatalarına bakmadan, özeleştiri yapmadan, acımasızca eleştirmeyi seven, sürekli dedikodu yapan, hiç "Ben olsaydım ne yapardım", "Ya benim başıma gelseydi" ya da "Başıma gelebilir" demeyen insanlar...

Hatalar hepimiz için... Hayatın kendisi bazen hatalar bütünüdür ve tabii hataların bize getirdikleri de... Hiçbir olay, hiçbir insan ya da hiçbir yaratılış bir tesadüf eseri değildir. Aynı hatalar gibi, çünkü her hata bir amaca hizmet ediyor. İyi ya da kötü...

Tüm bu düşüncelerimi yer yer hikâyelerle, yer yer tespitlerimle anlatmaya çalıştım. Bunu da özellikle evliliklerin ihanetle sonuçlanması ve insanların buna verdikleri tepkileri değerlendirerek ele almak istedim.

Tabii güncel konulara değinmeden de edemedim. Bazı hukuki konuları sadeleştirerek anlatmaya çalıştım.

Umarım okurken keyif alırsınız.

"Hayatım boyunca talihliydim,
hiçbir işim kolay gelişmedi."
Sigmund Freud

Birinci Bölüm

Öyküler

"Neden insanlar ilişkilerinin ilk günlerinde birbirlerini aldatmıyorlar? Birbirlerini deli gibi sevip çılgın gibi arzu ederken, birbirini görmek için olmadık bahaneler icat ederken, durmadan bedenleri birbirlerine değsin isterken, birbirlerini kırmamak için, ellerinden kaçırmamak için uğraşırlarken, kaç kişi gördünüz birbirlerini aldatan, hatta bir başka güzel insana yan gözle bakan ve onu fark eden? Ne zaman ki aradan zaman geçiyor, ne zaman ki insanlar o kahrolasıca kendi duvarları içine kapanıyor, ne zaman ki artık hep beraber oluyor, ne zaman ki artık dokunmak heyecanını yitiriyor, işte o zaman bir başkasına ihtiyaç duyuluyor."

Duygu Asena - *Aslında Aşk da Yok*

Nesrin

Cenk anahtarı kilide soktu. Milim milim içeri itiyordu. Anahtar tam yerine oturduğunda sol eliyle kapının topuzunu tuttu. Çaprazda kalan sağ eliyle anahtarı ses çıkarmadan döndürmeye çalıştı.

Klik sesinin ardından kapı açıldı.

Nesrin kapının sesini duyunca uyandı. Hızla yanına baktı. Yanı boştu. Soluna dönüp komidindeki fosforlu dijital saate baktı; sabahın üçüydü.

Cenk koridorda sessizce yürümeye çalışıyordu. İnce uzun koridorda, yaptırdıkları gömme dolabın sürgülü kapağını yavaşça ittirdi. Ne kadar sessiz olmaya çalışsa da ayakta sallanıyor, sağa sola çarpıyor, ışıkları açıp kaparken çıkan ses odada çınlıyordu.

Banyoya girdi. Duş almayı aklından geçirse de çok dikkat çekeceğini düşündüğü için ıslak mendille temizlenmeyi tercih etti. Dişlerini fırçaladı. Parfüm de sıkınca yatağa gitmeye hazır olduğunu düşündü.

Nesrin, tuvalette gecenin delillerini yok etmeye çalışan kocasının çıkardığı sesleri, gözleri yaşlı halde dinliyor; hıçkırıklarını bastırmaya çalışıyordu.Cenk'in odaya yaklaştığını anladığında hızla gözlerini sildi.

Derin bir nefes alıp nefesini tuttu. Aslında tuttuğu nefesi hiç bırakmak istemiyordu. Eğer bırakmamayı becerebilseydi burada sessizce ölür ve hızla her şey unutulur giderdi. Mücadele etmek, savaşmak ya da acı çekmek zorunda kalmazdı. Ölmek her şeyi kolaylaştırırdı... Baş edemediği durumlarda ağlamak ya da ölüm fikrine sığınmak onu rahatlatıyordu. Çünkü bu duruma artık dayanamıyordu. Kocasının her ay üç dört kez başka bir kadının koynundan çıkıp eve gelişini ve temizlenme faslını dinlemeyi kalbi kaldırmıyordu. Kocasının, kendisini bu durumu anlamayacak kadar aptal sanması da ayrıca sinirini bozuyordu.

Artık dayanamıyordu.

Aslında Nesrin her şeyi yanlışlıkla öğrenmişti. On dört aylık oğlu Olcay koltuğa tutunarak ayakta durmaya çalışırken birden koltuğu bırakıp ilk adımlarını attığında, Nesrin bu anı kaydetmek için en yakınındaki telefona koşmuştu. Alelacele tuş kilidini açmaya çalışırken, karşısına kapatılmamış bir kısa mesaj penceresi çıkmıştı. O sırada Cenk, akşam iş yerinden birkaç arkadaşı ile dışarı çıkacağı için duş alıyordu.

Nesrin, Cenk'in dışarı çıkmasına hiç karışmazdı. Özellikle Olcay dünyaya geldikten sonra ikisi de çok bunalıyor, ayrı ayrı bir şeyler yapma ihtiyacı duyuyorlardı.

Nesrin gelen son mesajı okudu:

"Hâlâ çıkamadın mı?"

Mesaj İlkay adında birinden geliyordu. Yavaşça ekranı yukarı doğru kaydırmaya başladı. İçi boşalmış, eli ayağı titremeye başlamıştı.

İlk mesaj 13.02'de yollanmıştı:

"Bugün görüşebilecek miyiz?"

Bir saat sonra cevap verilmişti:

"Ayarlamaya çalışacağım."

"Nerede?"

"Geçen seferki otel."

"Olur..."

"Saati yazarım."

3 saat sonra Cenk cevap yazmıştı.

"20.30'da."

Nesrin saatine baktı. 19.00'du.

O sırada Olcay ilk yürüme deneyimini bir adımla sonlandırıp yere kapaklanmıştı. Düştüğü yerde hüngür hüngür ağlıyordu. Nesrin ise çocuğun ağladığını fark etmemişti bile. Sinir krizi geçirmenin eşiğinde boş boş çocuğa baktı. Başı dönüyor, midesi bulanıyordu. Olcay susmak bilmiyordu...

Cenk belinde havlu, koşarak odaya girdi:

"Ne oluyor Nesrin?"

Karısını o halde görünce çok korktu. Yüzü bembeyazdı ve titriyordu, külçe gibi koltuğa yığılmıştı. Oğlu ise bir yandan ağlıyor, bir yandan emekliyordu.

Babası Olcay'ı kucağına alıp sakinleştirmeye çalışırken, aynı zamanda Nesrin ile konuşmaya çalışıyordu. Cevap alamayınca yüzünü kadının yüzüne yaklaştırdı. Nesrin'in gözbebeklerinin kocaman olduğunu ve gözlerini hiç kırpmadığını görünce omuzlarından tutup kadını silkeledi.

Sarsılmayla, telefon Nesrin'in elinden kayıp yere düştü. Cenk yere düşen telefonunu gördüğünde aklı çıkacak gibi oldu. Hep silerdi... Muhakkak silmişti... Adeta nefesi kesilmişti. Kızarmış, eli ayağı titremeye başlamıştı. Böyle nefessiz durmanın daha da şüphe uyandırıcı olduğunu düşünmüş olsa gerek, kucağındaki oğlunu sıkıca tutarak eğilip yerdeki telefonu aldı.

Tuş kilidini açıp mesajlara girdi. Mesajlar orada duruyordu. Zaten odaya girdiği ilk anda hissetmişti. O an biliyordu Nesrin'in mesajlarını okuduğunu. Kafasında düşünceler dönüp duruyordu. Sonuna kadar inkâr mı etmeliydi? Mesajların ona ait olmadığını söylese? Mesela Koray'ın, karısına yakalanmamak için kendi telefonundan sevgilisiyle mesajlaştığını söylese? Nesrin kesin gider, Koray'ın karısına söylerdi. Yok, olmazdı bu. "Bu kadın zaten bir fahişe, hiçbir anlamı yok," dese? Arkadaşlarıyla aralarındaki şifreli bir geyik muhabbeti ya da "Kadın aylardır peşimi bırakmıyor, yakamdan düşsün diye takıldım," dese? Yok, bunların hiçbiri olmazdı, bir açık kesin bulunurdu; kesinlikle sonuna kadar inkâr etmeliydi.

Nesrin gözlerini Cenk'e çevirdi. İnanamama, hayal kırıklığı, hiddet ve korkunç bir intikam hissi kanına karışmıştı. Dişlerini o kadar sıkmıştı ki, çenesi ve başı ağrımaya başlamıştı. Cenk'in suratına doğru haykırmak, ağlamak, ona vurmak geliyordu içinden. Bütün hırsını alana dek vurmak, vurmak, onu hücrelerine ayırmak istiyordu. Hayatında hiçbir zaman böylesine güçlü bir şiddet arzusu duymamıştı. Ölmek istiyordu. Ne var ki, rüzgârdan çarpan kapının sesine bile ağlayan oğlu, böyle bir çığlık karşısında korkudan krize girerdi. Sakin davranması gerekiyordu.

"Nesrin bak konuşalım..."

Nesrin hıçkırıklara boğuldu. Arada belli belirsiz "Çocuğumuz... Neden?" dediği duyuluyordu.

Nesrin'i böyle görünce Cenk'in içini inanılmaz bir pişmanlık kapladı. Az önce duştayken şehvetle sertleşen erkeklik organı şimdi adeta içine kaçmıştı. Bir iki saate otel odasında İlkay ile bedeninde biriken gerilimi boşaltmayı düşlerken karısının sinir kriziyle uğraşmak zorunda kalmıştı.

Çok önemli bir toplantıya gidecekken anlamsız bir trafik kazası geçirmiş de, trafik polisinin gelmesini bekliyor gibiydi. Mesajları silmeden telefonunu ortada bırakması gerçek bir geri zekâlılıktı.

Aslında Cenk karısını aldattığı için değil, yakalandığı için pişmanlık duyuyordu. Normal şartlarda yakalanması imkânsızdı, çünkü daha önce çok dikkatli olmuştu ve ona göre bu kaçamaklar ihanet sayılmazdı. Son derece normal ve "her erkeğin yaptığı" bir şeydi. Sonuçta karısı başka, öteki kadınlar başkaydı. Bu kadınlara sarılıp uyumuyordu, sabah kalkıp onlardan biriyle kahvaltı etmiyordu. İşi bitince kalkıp evine, karısına, çocuğuna koşuyordu. Bu kadınlarla yaşadığı sadece cinsellikti. Onlar, Cenk'in karşısında kişilik sahibi bir birey, duyguları olan ya da sevilmeyi hak eden kadınlar değillerdi. Sonuçta bir erkekle otel odasında buluşup "kullanılmaya" razı gelen bir kadın neden sevilsindi ki! Hiçbiri, karısının ona verdiği huzur ve "temizlik" hissini veremiyordu.

Şimdiyse ahmakça yakalanmıştı ve sevdiğine bu kadınlar yüzünden acı çektiriyordu... Muhtemelen bu durum yıllar boyu kafasına kakılacak ya da hiç istemediği şekilde terk edilerek bunun bedelini ödeyecekti.

"Nesrin, bak hayatım, bir bakar mısın bana?" dedi.

Nesrin ağlamaktan kan çanağına dönmüş gözlerini Cenk'e çevirdi. Babasının kucağından tedirginlikle kendisine bakan çocuğu için ayakta kalmaya çalışıyordu. Derin derin nefes alıp sakinleşmeye gayret ediyordu. Düşünceler hızla akıyordu zihninde, ne demeliydi? "Senin tanımadığın bir akrabam öldü, ondan kötü oldum" mu demeliydi, "Neden?" diye mi sormalıydı, susup sonsuza kadar ağzını açmamalı mıydı? Ne yapmalıydı bilemiyordu. Cenk'in karşısında böyle kriz geçirmeyi gururuna yediremiyor, mesajlar aklına geldikçe de kendini yerlere atası geliyordu.

O sırada Cenk'in telefonuna mesaj geldi. Göz göze geldiler. Nesrin bir an yerinden fırlayıp Cenk'in elindeki telefonu kapacak gibi olduysa da bu düşünceyi derhal aklından attı. Küçülmeyecekti.

Şu an suratının mosmor olduğuna emindi, yüzü alev alev yanıyor, göğsündeki ağırlıktan dolayı nefes alamıyordu.

Cenk mesaj sesiyle irkilmişti. Çenesini öylesine sıkmıştı ki, tıraşlı yanaklarında sıktığı çene kemikleri görülüyordu. Dudakları tek bir çizgi olmuş, gözleri korkudan büyümüştü. Ağzını açıp konuşacak oluyor ama sanki sesinin titremesinden korktuğu için bir şey söylemeye cesaret edemiyordu.

Belli belirsiz bir ses duyuldu:

"Özür dilerim..."

"Özür mü dilersin!" Nesrin içinden bağırıyordu. Özür dilemek bu durumda çok basitti. Hatta basit ötesiydi. Bir insana iyi günde, kötü günde birlikte olma sözü verip bu sevgiyi ve bağlılığı bir çocukla taçlandırdıktan sonra ona ihanet etmek büyük bir bayağılıktı. Bunu yapabilen biri, herkese her kötülüğü yapabilirdi. Zor günleri olmuştu, doğalgaz faturalarını ödeyemedikleri için ısınamadıkları soğuk gecelerde yorganın altında birbirlerine sarılmışlardı. Çoğu zaman kimin arkası dönükse diğeri onun sırtına minik öpücükler kondurmuş, çoğunlukla sevişerek ısınıp sarmaş dolaş uyuyakalmışlardı. Cenk, hamileliğinde Nesrin'in karnına elini koyuyor, oğlunun tekmelerini sayıp, iyi bir futbolcu olup olmayacağı konusunda tahminler yürütüyordu. Pazarları beraber kahvaltı hazırlıyor, masada keyif çatıyorlardı. Birbirlerini seviyorlardı. "Tüm bunları yerle bir ettikten sonra özür mü dilersin!" diye geçirdi içinden.

Nesrin, Cenk'le hep iyi anlaştıklarını düşünürdü. Kavgalarını, anlaşmazlıklarını kırıp dökmeden ortaya koyabiliyor, birbirlerini anlamak için çaba sarf ediyorlardı. Nesrin de yoğun çalışırken birbirlerini o kadar az görüyorlardı ki, bir araya geldiklerinde de bu pek kısıtlı vakti tartışmayla geçirmemeye çalışıyorlardı. Nesrin, hamileliğinin son ayında analık iznine ayrılmış, ardından ücretli izin kullanmak istemiş, bir süre sonra işten çıkarılmıştı. Sonunda da evde kalıp Olcay'a bakmayı tercih etmişti.

Evde vakit geçirmeye başladıkça pijamalarla gezen, bakımsız bir kadına dönüşmüştü. Nesrin bunun farkındaydı. Olcay'ı hiç yalnız bırakamadığı için kuaföre gidemiyor, tırnaklarını cilalayamıyor ya da makyaj yapamıyordu. Evet, kendine bakmadığı için Cenk muhtemelen daha bakımlı ve daha hayat dolu bir kadınla kendisini aldatmıştı. Çünkü kendisi, oğlunu ne kadar sevse de evde bunalıyor ve bunu ister istemez Cenk'e yansıtıyordu. Tüm bunlar mantıklıydı; yaşadığı bu kâbusun sebebi kendisiydi, daha özenli olmalıydı, kocasıyla ilgilenmeli, biraz daha seksi olmaya çabalamalıydı. İçi biraz hafifler gibi oldu. Yaşadıklarını anlamlandırmak ve nedenlerini bulmak, o duruma dayanmayı kolaylaştırıyordu. Sonuçta her şeyin bir sebebi vardı; bu durumda da sebep kendisiydi.

Halbuki iyi bir eğitim almıştı. Dil biliyordu, iletişimi kuvvetliydi; iyi bir yöneticiydi çalıştığı zamanlar. Diplomalı ev hanımı mı olmuştu şimdi, bu yüzden mi aldatılmıştı? Bu sorulara cevap arıyordu. O da düşünmemişti ki böyle olacağını! Kariyeri için senelerce çocuk yapmamıştı. Yönetici kadrosuna girdiğinde yerinin sağlamlığından emindi ama işvereninin ve arkasından kuyu kazanların bu kadar hain olabileceğini tahmin etmemişti. Onun tercihi değildi bu. Neden bu fedakârlığı yapmak zorunda kalmıştı! Cenk, onun bunalımını ve üzüntüsünü görüp destek olmak yerine ilk fırsatta kendisini başka bir kadının kollarına mı atmıştı?

Bu sırada uzun uzun ellerine bakıyordu. Cenk kendisine bir şeyler anlatıyor ancak o dinlemiyordu. Bir süre sonra kafasını kaldırıp Cenk'e baktı. İlk tanıştıkları ve ona âşık olduğu zamandan oldukça farklıydı; göbeklenmiş, saçları seyrelmeye başlamış, gözlerinin etrafında derin çizgiler belirmişti. Bazen işten eve geldiğinde ter kokuyor ve Nesrin gömleklerinin yakasında biriken sarı yağı temizlemekte zorlanıyordu. Üstelik kendisiyle gitgide daha az konuşuyor, gelir gelmez televizyon karşısına kuruluyordu. Olcay'ın bakımına dair neredeyse hiçbir şey üstlenmiyor, ayda yılda bir Nesrin dışarı çıkmak istediğinde çocuğa sadece "dadılık" ediyordu. Öyle ki, Nesrin içi rahat etmediği için sürekli Cenk'i arıyor, gittiği yerden keyif alamıyordu. Sonunda da zaten çok geçmeden kalkıp eve geliyordu.

Kendisinin bu hale gelmesinin temel nedeni Cenk'ti aslında. Ona yardım etmiyor, onu mutlu etmek adına hiçbir şey yapmıyordu. Yiyip içip yatıyor ve sürekli arkadaşlarıyla buluşuyordu. O zaman neden Nesrin kendisini suçlamalıydı ki! Eğer Cenk omzundaki yükleri biraz hafifletseydi, kendisi de biraz olsun nefes alabilseydi böyle mi olurdu!

Nesrin bunları düşündükçe bastırdığı hıncı bir alev huzmesi gibi boğazından yukarı çıkıyordu. Cenk ise Nesrin'den söylediklerine bir tepki vermesini istiyordu.

"Neden?" dedi sadece.

Cenk önce dudaklarını ısırdı, sonra cevap verdi:

"Sebebi yok, inan yok! Yemin ederim önemli değil, yemin ederim tırnağına değişmem! Ne olur beni affet Nesrin! Yuvamız dağılmasın," diyerek kucağında çocukla Nesrin'in dizlerine kapandı.

Nesrin ifadesiz bir yüzle Cenk'e bir süre annesinde kalmasını ve eve gelmemesini söyledi. Cenk her ne kadar itiraz edecek gibi olsa da sesini çıkarmadan içeri gidip gardırobun üzerindeki valizi indirdi. Birkaç çift çorap, iç çamaşırı, gömlek, ceket ve pijama alıp valizi kapattıktan sonra salona geldi.

"Annemlere ne diyeyim?"

Nesrin gözlerini devirdi:

"O da senin sorunun, paşa gönlün ne istiyorsa onu söyle!" diye çıkıştı.

Nesrin, Cenk'in arkasından söylenmeye devam etti: "Nasıl olsa her şey ortaya çıkacak yakında! Ben biliyorum sana yapacaklarımı!" Cenk bunları duymazlıktan geldi ve suratı kıpkırmızı bir halde, "Hakikaten salaklığına yan Cenk..." diye diye merdivenlerden indi.

Kapı kapanır kapanmaz Nesrin hıçkırıklara boğuldu. Ayağına yastığı koyup Olcay'ı yatırıp sallamaya başladı. Onu korkutmamak için hıçkırıklarını bastırmaya çalışsa da buna engel olamıyordu. O gece sabaha kadar kalbi acıyarak, ayağında çocuk, salonda ağladı.

Gün ağardığında Nesrin, kafası arkaya düşmüş, ağzı yarı açık halde uyurken buldu kendini. Her yeri tutulmuştu. Hâlâ belli belirsiz hareketlerle çocuğu sallıyordu. Bacakları kaskatıydı ve çok üşümüştü. Derin bir iç çekti. Gözleri yanıyordu, aynaya bakmadan gözlerinin şiştiğini ve kan çanağına döndüğünü tahmin edebiliyordu. Ağzında ise paslı demir yalamışçasına kötü bir tat vardı.

Olcay'a baktı uzun uzun... Ne düşünmesi gerektiğini bilmiyordu. Ne yapmalıydı, nereye gitmeliydi? Boşanmalı mıydı, affetmeli miydi, affetse her şey düzelecek miydi ve her şeyden önemlisi bunu sindirebilecek miydi?

Neden bu kadar canının yandığını netleştirmeye çalışıyordu, sanki emin olursa daha az üzülecekmiş gibi geliyordu ona. Cenk'in başka bir kadınla sevişmesi miydi canını yakan, yoksa başka bir kadına tercih edildiği için egosunun can çekişmesi mi? Kendisine ait olduğunu düşündüğü erkek kontrolünden çıktığı ve onun üzerindeki hâkimiyetini kaybettiğini düşündüğü için mi sinirleniyordu? Ya da belki kendi sadakatini ve fedakârlığını sorgulamış, kendini "ahmak" gibi hissetmişti. Ya da "aptal" yerine konduğunu düşünüyordu. Öyle kızgındı ki, soğuk suda coslayacak gibiydi. Başını ellerinin arasına aldı, gözlerinden yaşlar boşanıyordu. Cenk'i çok sevmişti, sonsuza kadar onunla olacağını, doğacak diğer çocuklarının düğününde iki ihtiyar yan yana misafir ağırlayacakları anın ya da para biriktirip bahçeli bir ev alacakları günün hayalini kurmuştu durmaksızın. Şimdiyse "aşağılık bir kadın" araya girmiş, her şeyi mahvetmişti.

Kadının neye benzediğini o an çok merak etti. Kendisinden güzel miydi, daha mı gençti, saçları nasıl kokuyordu? Adı İlkay'dı. "İlkay, sanki kumral bir kadın adı gibi" diye düşündü. Kaç kiloydu, nasıl gözüküyordu, Cenk'e nasıl dokunmuştu, dudaklarını öpmüş müydü hiç, seviştikten sonra omzuna başını yaslamış mıydı? Dayanılacak gibi değildi tüm bu düşünceler. Hıçkırıklara boğuldu.

Olcay, annesi gözyaşlarıyla sarsılırken uyandı. Nesrin elinin tersiyle gözlerini sildikten sonra Olcay'ı kucağına aldı, omzuna başına koyan çocuğunun sırtını uzun uzun ovdu.

O gün annesiyle kız kardeşini eve çağırıp durumu anlattı. Kız kardeşi şaşırmakla yetinip sessizliği tercih etse de annesi bir elinin tersini avucuna vura vura beddualar etmeye başladı. Neredeyse bütün günü Cenk'in boynu altında kalması, boyunun devrilmesi, canının çıkması ve beter olması gibi isteklerini dillendirerek geçirdi.

Birkaç gün geçip de Nesrin olayın şokunu atlatınca arkadaşı Canan'dan kendisini boşayan avukatın telefonunu istedi. Canan'ı hızla geçiştirerek bir arkadaşına lazım olduğunu söyledi. O gün Olcay'ı annesine bırakıp avukata gitti.

Görüşmeden çıktığında hayal kırıklığına uğramıştı. Yüklü bir tazminat alabileceğini ve alacağı nafakayla bir süre daha çalışmadan yaşayabileceğini düşünmüştü. Ne var ki gerçek öyle değildi. Tazminat ve nafaka ancak Cenk'in geliri oranında belirlenecekti. Üzerlerine ne araba vardı ne gayrimenkul. Haliyle Cenk'in maaşının küçük bir parçası nafaka olarak verilecek, bu para da kirayı bile çıkarmayacaktı.

Nesrin kendini çok çaresiz hissediyordu, uzun zamandır çalışmıyordu ve biriktirdiklerinin hepsini doğum, tatil, o, bu diyerek harcamışlardı. Tekrar çalışabilmesi için de Olcay çok küçüktü. Cenk'e, çocuğa yarı yarıya bakmayı teklif etse asla kabul etmezdi. Zaten bu şekilde bir iş bulabileceği de muammaydı. Annesi de hastaydı, sürekli bebek bakıcılığı yapamazdı. Kardeşi desen, o da çalışıyordu. Avukatın ofisinden eve kadar yürüdü. Eve vardığında neredeyse 2 saat yürüdüğünü fark etti. İyi gelmişti. Göğsündeki sıkıntı biraz hafifler gibi oldu.

Eve girdiğinde Cenk'i gördü. Annesinin yanında büzüşmüş, sinmiş, ellerini bacak arasına sokmuş, zavallı vaziyette oturuyordu. Anlaşılan annesi canına okumuştu. "Beter ol!" dedi içinden.

"Niye geldin?" diye sordu. Sesi buz gibiydi.

"Nesrin, aşkım beni dinle..."

"Aşkım diyor bir de utanmadan!" Sesi yükselmişti.

Cenk o gün Nesrin'in ayaklarına kapandı, ağladı, yalvardı, sözler verdi; şeytana uyduğunu, "kadının kendisini ayarttığını", bunalımda olduğu için o kadına kandığını anlattı durdu.

"Belki de haklı," diye geçirdi içinden. Sonuçta hemcinslerinin evli erkekleri "ayartmak" için neler yapabildiğini çok iyi biliyordu. Kocasının o kadar da suçu olmayabilirdi. Erkeklerin böyle kaçamaklara yatkın olduğunu biliyordu. Hatta bazen Cenk işyerindeki arkadaşlarının evlilik dışı ilişkilerini Nesrin'e anlatırdı. Belki de bazen görmezden gelmek gerekiyordu.

Günler geçtikçe Nesrin kendisini Cenk'in "ayartıldığı" fikrine daha çok inandırmaya başladığını fark etti. Bu durum onu çok rahatlatmıştı. Cenk eve dönmüştü, neredeyse her gün hediye ve çiçek alıyor, akşamları Olcay ile oynuyor, çocuğu annesine bırakıp yemeğe gitmeyi teklif ediyordu. Nesrin yavaş yavaş bu durumu lehine çevirmeye başladı, ne kadar zamandır istediği çantayı anlatıyor, AVM gezerken kuyumcu vitrinlerine yapışıp mesela zümrüt bir yüzüğün tam istediği gibi bir şey olduğunu söylüyordu. Nitekim işaret ettikleri ertesi gün hediye paketinde kendisine geliyordu.

Nesrin'in acısı yavaş yavaş hafiflemeye başlamıştı. Neredeyse ilişkilerinin son üç senesinde böyle pohpohlanmamıştı. Yaşadığı acıyı unutamıyordu elbet. Ama sonuçta her erkek aldatıyordu ve kocası ayaklarına kapanıp özür dilemişti. Küçük bir çocukları, büyük hayallerle kurdukları bir yuvaları vardı. Bunu "basit bir kadının" yıkmasına izin vermeyecekti.

Nesrin kendisiyle gerçek anlamda yüzleştiği zamanlarda ise bambaşka hissediyordu. Suçlu kocasıydı aslında. Sadakat yükümlülüğü olan Cenk'ti, üçüncü bir kişi değil. Ama bunu düşünmek içini yakıyordu. Parçalanıyordu bu düşünceyle. Başkasını suçlamak daha kolaydı ve bu evliliği devam ettirmek için bu fikre ihtiyacı vardı. Evet, zaten bu bir bahane de değildi. Nesrin, "Aşağılık kadın!" diyerek sonlandırıyordu bu hesaplaşmayı.

Zaman geçtikçe mesele normalleşti. Cenk olabildiğince dikkat ediyor, Nesrin'in gözüne batmamaya çalışıyordu. Ama o aşırı ilgili hali de kalmamış, hediyeler kesilmişti ve bundan sonra yalnızca son anda hatırlanan özel günlerin baştan savma hediyeleri alınacaktı.

Bir süre sonra Cenk, gece gezmelerine devam etmeye başladı. Nesrin artık geçmişte olduğu gibi rahat değildi. Cenk geri gelene kadar uyuyamıyor, kafasında binlerce şey kuruyor ve her seferinde Cenk ile kavga ediyordu.

Bulduğu her fırsatta Cenk'in telefonunu karıştırıyor, hasbelkader şifre konmuşsa kıyameti koparıyor, günlerce ağlıyordu. Cenk sakin kalmaya çalışsa da karısının bu paranoyakça davranışlarından bunalmaya başlamıştı. Ve cidden buna daha fazla katlanamayacaktı.

Nesrin kendini kontrol etmeye çalışsa da iki üç defa daha Cenk'in "kaçamak"larını yakaladı. Her ne kadar kıyameti koparsa da Cenk bu sefer ilkinde olduğu kadar üzerine düşmedi. Her seferinde kuru bir özür diliyor, umursamazca hayatına devam ediyordu. Nesrin gözyaşlarının artık etkili bir silah olmadığının farkına varmıştı.

Aylarca ne yapması gerektiğini düşündü. Maddi yetersizlikten boşanamıyor ama göz göre göre uğradığı ihanete de alışamıyordu. Bir süre susmayı denedi. Sorun çıkarmadığı her gün Cenk kendisine daha sıcak davranıyordu ama haftada bir çıkmaktan geri kalmıyordu. Nesrin o gecelerde Cenk'in ne yaptığını biliyor ve düşünmemeye çalışıyordu.

Nesrin hayatta en kötü şeyin çaresiz kalmak olduğunu düşünür oldu. Ne gidebiliyor, ne kalabiliyor ne de içinde sıkıştığı bu hayatı yaşayabiliyordu. Gitgide içine kapanmış, neşesini kaybetmiş, mutsuz bir kadına dönüşmüştü. Artık ne kadar çıldırsa, ne kadar olay yaratsa da Cenk dönüp kendisine bakmıyor, boşanma tehditlerine kulak asmıyordu. Nesrin de boşanamadığına göre görmezden gelmeyi, kocasını evde ve "elde" tutabilmek için kendisine bakmayı, tavırlarını değiştirmeyi ve tekrar güler yüzlü olmayı denemeye karar verdi.

O gün Cenk ıslak mendille temizlenip yatağa geldiğinde, Nesrin derin nefeslerle kendini sakinleştirmeye çalışıyordu. Ağladığı anlaşılmasın diye uzun uzun nefesini tuttuğu için boğulacak gibi olmuş, sonra da nefes nefese kalmıştı. Cenk, Nesrin'in yine ağladığını düşünerek ofladı. Nesrin boğazını temizledi. Sesinin titreyeceğini biliyordu. Derin bir nefes aldı. Sesini aynı düzeyde tutmaya çalışarak yavaşça konuştu:

"Nasıl geçti gecen canım?"

"İyi," dedi Cenk.

Nesrin arkasını, dönen adama istemeye istemeye sarıldı. Yine ayaklarına kapanması, yalvarması, pişman olduğunu söylemesi için her şeyini verirdi. Artık ihanetten çok, ihanetten sonra kocasının takındığı tavır önemli hale gelmişti. Ayaklarına kapandığında hiç değilse kendini önemli hissediyordu. Şimdiyse onun çöküşünü umursamayan bir adamın kölesine dönüşmüştü.

"Sevindim, iyi geceler canım," dedi sessizce...

Cenk belli belirsiz homurdandı. Çok geçmeden uykuya daldı ve horlamaya başladı.

Nesrin gözlerini kapattı. Ağır ağır nefes alırken gözyaşları yastığı ıslatıyordu.

O gece sabaha kadar uyumadı. Artık karanlık onu boğuyordu. Sabaha doğru uyuyakaldı. Gözlerini açtığında Cenk'in ona baktığını gördü, suratı asık ve gergindi.

"Ne oldu canım?" diye yatakta doğruldu Nesrin.

Cenk düşünceli bir biçimde konuşmaya başladı:

"Nesrin, sen de biliyorsun ki artık anlaşamıyoruz. Çılgın gibi davranıyorsun. Eve gelmek istemiyorum artık."

Nesrin duyduklarına inanamamıştı. Bunları Nesrin'in söylemesi gerekiyordu, Cenk'in değil. Onun herhangi bir şeyden şikâyet etmeye hakkı yoktu.

Cenk devam etti:

"Ben boşanmak istiyorum."

Nesrin o anda üzüldü mü, sevindi mi, kendi de bilemedi. Sadece alaycı bir gülümseme yerleşti suratına. Gecelerce ağlamıştı. Evde çocuk bakmış, temizlik yapıp yemek pişirmiş ve seneler boyunca aldatılmıştı. Karşısında yabancı gibi duran kocası, defalarca gururunu kırmıştı. "Halbuki bu kadar kolaymış işte," diye geçirdi içinden.

"Peki ben neden bu eziyeti çektim bunca sene?" diye düşündü. "Neden katlandım?"

Senelerce döktüğü gözyaşlarının, ağladığı gecelerin, çektiği acıların hesabını kimden soracaktı, bunu düşünüyordu. Öyle görünüyordu ki, ona kimse hesap vermeyecekti. Herkes onu dinleyip kafa sallayacak, yanından ayrıldıklarında da onu ve sızılarını unutup gideceklerdi. Yine mutlu olacak, akşam televizyonda izledikleri komedi dizisine kahkaha atacaklardı. Peki Nesrin hangisini, nasıl hazmedecek, unutacak ve affedecekti... İhanette işbirliği yapan kadınların hangisini bulup nefretini kusmalıydı ya da bu nefretin doğrudan muhatabı olan kocasına ne yapmalıydı?

Kimse ona nedenini, nasılını açıklamayacaktı, biliyordu... Senelerdir kendini yuva, evlilik adına hapsettiği bu sefaleti Cenk değil, kendisi bitirmeliydi. Daha cesur olmalıydı. Şimdi burun kıvırdığı o paraya mahkûm olacak, çalışmak ve çocuğa bakmak arasında kalacaktı. Onun hayatında hiçbir şey değişmemişti maalesef. Sürekli aşağılandığı bu ilişkiye tüm enerjisini harcamıştı, şimdi yeniden nasıl başlayacaktı? Başlamak zorundaydı. Aşağılanmadığı, sevdiği ve sevildiği bir hayat yaşamak zorundaydı.

Nesrin, Cenk'e baktı ve konuştu:

"Boşanalım..."

İnsanlar beni hep küçük şeyler için üzdüler,
kırdılar.
Küçük çatlaklar ise bende hep
büyük yıkımlara sebep oldu.

"Onun ayağının altındaki toprağı, başının üstündeki havayı, dokunduğu her şeyi, söylediği her kelimeyi seviyorum... Her bakışını, her hareketini, onu tümüyle seviyorum. İşte bu kadar! Başka bir diyeceğin var mı?"

Emily Brontë - *Uğultulu Tepeler*

Günce

Aynaya sırtını dönmüş dantelli mor sutyeninin kopçasını takmaya çalışıyordu. Sutyenin takımı olan kenarı ipli mor külotu, kalçalarını yarıya kadar kapatıyor, kıvrımlarını daha da belirginleştiriyordu.

Sutyenini takınca, göğsüne, dizlerinin arkasına, beline, kasıklarının biraz üstüne parfüm sıktı. Aynada heyecanla kendisine bakıyor, kısa bir elbise giyse çok mu abartmış olacağını düşünüyordu.

15-20 günde bir karısını atlatabildikçe kendisine geliyordu. Yaklaşık iki senedir böyleydi.

Günce, iş çıkışı gittiği kafede tanışmıştı Hakan'la. Plazalardan çıkan bir grup arkadaş, akşamları bu kafeye geliyor, ayaküstü bir şeyler atıştırıp kahve içiyordu. Hakan da her akşam buraya geliyor, yaklaşık bir saat kalıyordu. Günce'nin departmandan arkadaşları Hakan'la tanışıyorlardı. Defalarca yan yana oturmuşlar ama çok konuşmamışlardı.

Günce, 29 yaşındaydı. Güzel, başarılı ve bekâr bir kadındı. Etrafında pek çok yakışıklı erkek vardı ama o kariyeriyle adeta kafayı bozmuş, gece gündüz çalışıyordu. Yükselmek, daha çok yükselmek, daha çok para kazanmak istiyordu. Üstelik üniversitede yaşadığı aşk acısından sonra bir daha derbeder olmaya da niyeti yoktu.

Annesi ona "Büyümüş de küçülmüş" diyordu.

"Sanki üç çocuk doğurup dört kez boşandın. Ne kızım bu afra tafra? Daha 29 yaşındasın!" dese de Günce âşık olmama, acı çekmeme ve kariyerinde yükselme konusunda çok kararlıydı.

Hakan'ın kendisine ilgi gösterdiğini fark ettiğinde sohbeti ilerletmekten kaçındı. Zira parmağında "yüzüklerin efendisi" gibi ışıldayan alyans görülmeyecek türden değildi. Yüzüğü çıkarmaya tenezzül bile etmeden başka kadınlara asılan erkeklerin cüretkârlığına, bencilliğine ve de ikiyüzlülüğüne hep hayret etmişti. Bu kadar özgüven ancak yaptıklarının toplum tarafından bir şekilde aklanıyor olmasından kaynaklanıyordu. Ayıplanacaklarını bilseler asla buna yeltenmezlerdi.

Günce evli erkeklerden her zaman uzak durmuştu ve ne kadar yakışıklı olsalar da medeni durumları, onun gözünde çekiciliklerini yerle bir etmişti.

İnsanların birlikte yaşadıkları kişiye karşı cinsel ve duygusal olarak ilgilerini kaybetmelerine rağmen neden evli kalmakta ısrar ettiklerini anlamıyordu. Ayrıca fiziksel bir temas yaşanmasa da başka biriyle flört ederken, akşam eve gidip eşine sarılmak, onunla birlikte uyumak, sağlam bir vicdan gerektiriyor olsa gerekti. "Amaaaan," dedi, "bana ne..."

Boş verdi.

Zaman geçtikçe Hakan'ın kendisine gösterdiği ilgi Günce'ye olağan gelmeye başladı. Hakan hiçbir surette ileri gitmiyor sadece küçük iltifatlarla onu güldürüyordu. Günce yavaş yavaş Hakan'ın zararsız olduğunu ve o kadar da vicdansız olmadığını düşünmeye başladı. Eğlenceli, bilgili ve karizmatik bir adamdı. Aynı zamanda oturduğu her masanın gözbebeği oluyordu.

Gün geçtikçe Hakan, Günce'ye daha komik gelmeye başladı.

Esprilerine kahkahalarla gülüyordu. Şakalaşmalar esnasında küçük temaslar da oluyordu. Üstelik diğer kadınların

Hakan'a olan ilgisini de açıkça fark etmeye başlamış, Hakan'ın onlara karşılık vermesi halinde içten içe bozulur olmuştu.

Günce her sabah işte ne giyeceğini düşünüyor, göz kalemini sürmeden önce kalemin ucunu kalemtıraşla açıyor, sürmesinin kuyruğunu her zamankinden daha fazla uzatıyordu. Çorabını giyerken uzun uzun bacaklarına dokunuyor, daha çok parfüm sıkıyor ve sıradan günlerde giydiği pamuklu çamaşırlarının yerine dantelli olanları tercih ediyordu.

Gecelere kadar çalışan ve bundan büyük keyif alan kadın gitmiş, yerine daha masasına oturduğu an işten çıkmaya kaç saat kaldığını hesaplayan biri gelmişti.

Kendisindeki bu değişimi görmezden geliyor, kalbinin hızlı hızlı çarpmasına engel olamıyordu.

Bir akşam kafeye girdiğinde Hakan'ın hep oturduğu yerde olmadığını gördü. İnsanlara çaktırmamaya çalışarak sağa sola bakındı. Tuvalette olabileceğini düşünerek uzun uzun kapıya baktı. Ama kapı açıldığında içeriden başkası çıktı. Hakan yoktu. Bir sandalye çekip oturdu.

"Eeee millet, bugünkü dedikodular neler?"

Arkadaşları konuşmaya, bir şeyler anlatmaya başladı. Yanında oturan Ozan, plazanın arkasındaki küçük apartmanın yıkılacağını anlatıyordu. Yeşim, bakıcısının daha çok maaş veren bir yer için işten çıkmak istediğinden kızgın şekilde bahsediyordu. Göbeğini kaşıyan Görkem ise öğlen çıkan yemeğin rezalet olduğundan şikâyet ediyordu.

Günce gülümseyerek arkadaşlarına bakıyor ama anlatılanlarla zerre ilgilenmiyordu. Kafede çok az müşteri vardı. Kulaklarındaki uğultu duymasına izin veriyor ama anlamasını engelliyordu. Hakan'ı sormamak için kendini zor tutuyordu. Kendisi bile bu merakına şaşırıyor ve neden onun yokluğunun kendisine bu kadar tesir ettiğine anlam veremiyordu.

Bir anda Yeşim'e dönüp, "Hakan nerede?" dedi.

Yeşim kendisi için dünyanın durması demek olan bakıcı sorununu dinlemeyen arkadaşının bu sorusuna hem şaşırmış hem alınmıştı:

"Ben ne anlatıyorum, sen ne soruyorsun Günce! Aşk olsun!" dedi birden...

Günce kızarmıştı. Neyse ki, onun bu halini kimse fark etmemişti.

Yeşim devam etti:

"Ne bileyim, ofiste yoktu bugün, öğleden sonra çıkmış, sıkıldın tabii geyik yapan olmayınca," diyerek gözlerini devirdi.

"Yok canım, sıkılmadım. Şimdi fark ettim olmadığını, boş konuşan yok ya..." dedi. Kendini gülmeye zorladı.

Ozan konuşmaya girdi:

"Hakan'ın karısı rahatsızlanmış. İşyerinden aradılar, o da apar topar gitti. Bayılmış mı, nolmuş..."

Günce dişlerini sıktı. Bu masada daha önce hiç Hakan'ın karısından bahsedilmemişti. Araba farı gibi parlayan alyans sanki sadece bir süs gibiydi. Bir bağlılığı, bir birlikteliği simgelemiyordu. Yani Günce nedense böyle olduğunu hiç düşünmemişti. Ya da o şekilde düşünmemeyi tercih etmişti. Hakan masadayken dizleri hep birbirine değiyor, hayat akmıyor ve sanki o an sonsuzlukta yaşanmaya devam ediyordu. Bu böyle dört aydır devam ediyordu. Günce bu sürede durgunlaşmış, sık sık dalıp gider olmuştu. Zaman zaman kalbi sıkışıyor ve nefes almakta da zorlanıyordu. Kendisi bunu, 30 yaşına gireceği için hissettiği yaşlanma kaygısına ve uzun zamandır yalnız olmanın verdiği melankoliye bağlamıştı. Bugüne kadar düşünmemeye çalışsa, kendinden saklasa da, Ozan'ın ağzından çıkan "Karısı hastalanmış" sözü kulağında yankılanınca, kalbiyle bildiği ama aklıyla kabul etmediği gerçekle yüzleşti. Günce evli bir adama âşık olmuştu.

"Aaaa öyle mi! Nesi varmış?" Yapmacık bir alaka gösteriyordu.

"Hamileymiş galiba," dedi masadan biri.

Günce karnına, tam diyaframının üstüne yumruk atılmış gibi oldu.

"Uzun zamandır yapmaya çalışıyorlardı, işte demek ki olmuş, ne güzel! Hepimiz birleşir, bir çeyrek alırız artık." Ozan sarı dişlerini göstere göstere gülmeye başladı.

Günce yüzünü ekşitti, midesi bulanıyordu.

"Aaa ben yengeme bi kolye alırım, siz birleşip bi çeyrek alın fakirler."

Konuşan Hakan'ın en yakın arkadaşı Kerem'di. Elindeki telefona bakarken Ozan'a gülüyordu.

"Evet, hayırlı olsun," diye gülümsedi Günce. Ağlıyor muydu, kendisi bile emin olamıyordu. Ağzından çıkan mekanik ses ona ait değil gibiydi.

"Hadi gençler, evde işim var, ben kaçıyorum," diyerek ayağa kalktı.

Arkadaşlarının "Daha yeni geldin" itirazlarına rağmen çantasını kaptığı gibi koşar adım kafeden çıktı.

Fırtınada batmamak için yükünü atan bir gemi gibi eğer iç organlarını vücudundan atabilseydi, hafiflemek için önce kalbini söker atardı. Burnu öylesine sızlıyordu ki, acıdan gözleri yaşardı. Bu acı burnundan mı geliyordu, yoksa kalbinden mi, bilemiyordu.

Eve gittiğinde saat 22.00'ydi. Saatlerce gözünü kırpmadan yatakta döndü durdu. Uyandığındaysa saat 11.00'di. Sabaha kadar düşünmüş, ağlamış, 7.00'ye doğru duş almak için kalkmaya karar verdiği sırada da uyuyakalmıştı. Hemen telefonunu alıp işyerini aradı. Sağlık ocağına ağrıkesici vurulmaya gittiğini, sıradan dolayı beklemek zorunda kaldığını ve yolda olduğunu söyledi.

"İnşallah rapor istemezler," diye içinden geçirdi.

Son zamanlardakinden farklı olarak, hızlı biçimde hazırlandı. Makyaj yapmadı, çünkü kafeye gitmeyecekti.

O gün ve devam eden haftalar, eskisi gibi geç saatlere kadar, hiçbir şey düşünmeden çalıştı.

Günce, yaklaşık bir ay kafeye gitmedi. Çünkü kafenin işlerini aksattığına ve aklını dağıttığına karar vermişti. Oraya gitmeyi bıraktığından beri daha erken uyuyup uyanıyor, ofiste daha geçe kalabiliyor ve neredeyse hiçbir işi ertesi güne bırakmıyordu. Ayrıca bir ayda evde temizlenmedik dolap kalmamıştı. Yazlıklar, kışlıklar ayıklanmış, kullanılmayan eşyalar dağıtılmış, asılmayı bekleyen çerçeveler yerleştirilmiş ve ucuzladığı için alınan, jelatini bile açılmadan çekmeceye yığılan tüm DVD'ler izlenmişti. Üstelik uzun zamandır yatağının başucunda duran romana nihayet başlamıştı. Emily Brontë'nin tek romanı olan *Uğultulu Tepeler* çok akıcı ve insanda merhamet, öfke, şaşkınlık ve kızgınlık uyandıran bir kitaptı. Dahası kitapta anlatılan aşk –ya da adı her neyse– hissettiklerine çok benziyordu. Kitabı soluksuz okurken şu satırlara rastladı:

"Her şey yok olup yalnız o kalsa, benim varlığım gene devam ederdi; her şey yerinde kalıp da o ortadan kaybolsa, dünya bana büsbütün yabancı olurdu."

Cümleyi birkaç kez daha okudu. Yataktan kalkıp kapının arkasına astığı çantasından el yordamıyla ajandasını çıkarıp bu sözü not etti. Kitabı kapatıp gece lambasını söndürdü. Sol kolunun üzerine yatmış, henüz karanlığa alışmamış gözlerini kırpmadan karşıya bakıyordu. Hissettiği boşluk böyle bir şey miydi, bunu düşünüyordu. Hiçbir saniyesini boş geçirmemeye çalışıyor, zihnini ve bedenini sürekli meşgul ediyordu. Ama içinde anlam veremediği bir boşluk, bir hiçlik hissi vardı. Boşluk hissini ya da bomboş hissetmeyi tanımlayabiliyor, anlamlandırabiliyordu. Ne var ki hiçlik onun için daha karmaşıktı.

Batı felsefesindeki hiçlik kavramı ile Doğu mistisizmindeki hiçlik farklıydı. Nihilizmde tüm doğru kabul edilenleri, değerleri ve neredeyse her şeyi reddeden bir anlayış vardı. Bu da Günce'ye pek uygun değildi. Ama tasavvuftaki "hiç"ten "hep" yaratılıyordu. Bu "hep" yine "hiç"e dönüşüyor ve mükemmel bir uyum yakalanıyordu. Nefsi ve egoyu törpüleyen, körelten, ölmeden önce ölmeyi insana öğreterek "hep"e varmasını sağlayan bu felsefeyi seviyor ve benimsiyordu. Sonuçta herkesin bir nefsi vardı ve herkes, herkese meyledebilirdi. Önemli olan kendini bu konuda kontrol altında tutabilmekti. Kendini bununla iyileştirme fikri ona iyi gelmişti. Evli bir adama âşık olmak onun suçu değildi ama nefsini köreltememek, ona sahip çıkamamak kendi hatası olacaktı. "Hiç olma" yolunda çaba sarf etmesi gerekecekti ama sonunda önemli bir mükâfatı olacaktı. Dinginleşecekti... Zaten şeytanı da "kulun hiç olması"ndan daha çok korkutan bir şey yoktu. Çünkü hiçliğe ulaşan kul, şeytana uymazdı.

Günce tüm bunları düşünürken aklına Mevlana'nın papağan hikâyesi geldi. Gözlerini kapatıp zihninde göz alıcı renkleriyle ihtişamlı bir papağan hayal etti.

Kocaman gri demirli bir kafeste evin başköşesine yerleştirilmiş akıllı bir papağan... Sahibi ticaret için Hindistan'a giderken, papağana oralardan bir istediği olup olmadığını sordu.

Papağan da ona "Oradaki akrabalarıma bu esaretten nasıl kurtulacağımı sor," dedi. Tüccar dediğini yaptı ve pazardaki papağanlara bu soruyu iletti. İçlerinden bir tanesi soruyu duyunca titredi ve tünediği daldan kafesin dibine düştü. Tüccar kaşlarını şaşkınlıkla kaldırdı ve "Herhalde bizimkinin bir akrabası, yazık, üzüntüden ölüverdi" diye düşündü.

Evine döndüğünde yaşadığı bu anıyı papağanına anlatınca papağan da aynı Hindistan'daki papağan gibi titredi ve tünediği daldan düşüverdi. Tüccar çok şaşırsa da herhalde bu ikisi birbirini tanıyordu diye düşündü. Kafesin kapısını açıp papağanı içerden çıkarır çıkarmaz papağan uçup yüksek bir dala kondu. Hindistan'daki papağan, ona hal dili ile bir mesaj iletmişti; ölmeden önce ölmek, hiç olmak, özgürlüğün anahtarı, esaretten kurtulmanın yoluydu. Ve kendisine gönderilen bu mesajı anlayan papağan özgürlüğüne kavuşmuştu.

Gözleri kapalı bunları düşünürken nefsine hâkim olamadığını bir kez daha anlıyordu. Bu tür tutkulardan arındırmıştı kendini oysaki. Hakan'a âşık olduğunu düşünmek saçmalıktı. Hem kendi ahlakı hem aile terbiyesi böyle bir ilişki yaşamasına müsaade etmezdi. Bu esaretten kendini kurtarmalıydı. Tüm bunları düşünürken tatlı tatlı uykuya daldı.

Ertesi gün masasına oturduğunda telefonuna tanımadığı bir numaradan mesaj geldi:

"Özlettin kendini, akşam gelsene."

"Tanıyamadım," diye cevap yazdı.

Anında cevap geldi:

"Hakan ben."

Günce'nin kalbi öylesine hızlı çarpmaya başlamıştı ki, sol kolu uyuştu. Şimdi ne yapması gerektiğini bilmiyordu. Bunu hiç hesaba katmamıştı. Şimdi bir karar vermesi gerekiyordu. Koşarak kafeye gitmek istiyordu ama biliyordu ki bundan sonra hiçbir şeye engel olamayacaktı. Engel olmak da istemiyordu. Okuduğu şeyler, aldığı kararlar bir anda uçup gitmişti. Sanki bir aydır bu anı beklemişti, "Akşam gelsene," mesajı onu ikna etmişti. Hakan adeta önünde diz çökmüş, kendisiyle olması için dil dökmüştü.

"Gelirim, akşam görüşürüz," diye karşılık verdi.

Telefonu önüne koydu. Mutsuz olacağını biliyordu ama yüzüne kocaman bir gülümseme yayılmıştı. Çekmecesine koyduğu aynasını çıkarıp yüzüne baktı. Güzel görünüyordu. Keyfi daha da yerine gelmişti.

"Güler, kendi inanılmaz öyküsüyle karşımızdayken, aslında çok yakın dostu o iki genç kadını bize anlatıyor. İkisini de çok seviyor. Oysa Demet ve Selin birbirlerinden nefret ediyor. Çünkü onlar, tanışmasalar da birbirleri için nefret edilesi kişiler... Belki tanışsalardı, çok iyi birer arkadaş olabilirlerdi. Ama aralarında bir erkek var. Aşk geldiğinde, her şeyi bırakıp doludizgin gitmek mi gerek? Yoksa kendinle hesaplaşıp, kalmak mı durduğun yerde? Peki o zaman o yaşanılan, aşk mı? Bizim kahramanlarımız masum... Onlar masumsa kim suçlu? Aşk mı?... Madem karısına bu kadar düşkündü, neden bir başkasına âşık oldu? Madem o kadın duyacak diye bu kadar endişeleniyor, demek ki onu önemsiyor, bu da sevgi demektir. Birisini severken bir başka kişiye âşık olunur mu? Acaba beni sevmiyor da yalnızca basit ve geçici bir heyecan mı duyuyor? Heyecanı aşkla mı karıştırıyoruz? Nasıl anlayacağız peki duyduğumuz şeyin gerçek aşk olup olmadığını? Yoksa aşk bu mu yalnızca? Geçici bir heyecan..."

Duygu Asena - *Aşk Gidiyorum Demez*

Her şey böyle başlamıştı. Kafede masumca birbirine değen dizler, şimdi şehvetle kenetleniyordu. Sık sık buluşup sevişmeler, ardı arkası kesilmeyen aşk sözleri, gizli saklı gidilen tatiller, göz boyayan hediyeler, uzun uzun birbirine dokunmalar ikisini de kendilerinden geçirmişti.

Hakan'ın karısı defalarca düşük yapmış, bu kayıplar onları birbirinden iyice uzaklaştırmıştı. Hakan karısıyla artık birlikte olamadıklarını ve karısını sevmediğini anlatıyordu Günce'ye. En ufak kavgalarında kendisini arayarak evine geliyor, sürekli ondan bahsediyordu. Günce önceleri bu dertlere ortak olmaya çalışsa da gitgide sabrı taşıyordu. Öte yandan, Hakan'a karşı hissettikleri, yaşadıklarıyla perçinlenmiş ve her geçen gün ona daha çok bağlanmıştı. Kendi evinden çıkıp karısının yanına gittiği geceler Günce sinir krizleri geçiriyor, yanındayken karısı aradığında boynundan yukarı kabaran ateş dalgasından kendisini sıyıramıyor, ateşi söndüremiyordu.

Sık sık bu nedenle kavga etmeye başlamışlardı. Hakan, Günce'yi kendisine huzur vermemekle ve eski neşesini kaybetmekle suçlamaya başladı. İlişkileri iki seneye yaklaşmıştı. Güya Hakan karısıyla birlikte olmuyordu. Buna rağmen karısının düşük yapması, Günce'nin Hakan'a olan güvenini sarsmıştı. Bu sorgulamalar her seferinde bastırılması daha da zorlaşan tartışmalara dönüşüyor ve ikisi de birbirine ellerine geçirdiklerini atmaya başlıyorlardı.

Hakan bir akşam Günce'yi yemeğe çıkarıp karısının kendisine çok muhtaç olduğunu, onunla sevdiği için değil mecburiyetten birlikte olduğunu söyledi. Onu kendisinden daha da uzaklaştırabilmek için bir çocuk sahibi olmayı, o çocukla uğraşırken kendilerinin daha mutlu ve özgür olabileceklerini anlattı. Fakat Günce'nin takıldığı esas şey, karısıyla sevişip sevişmediğiydi. Hakan, Günce'ye yeminler etti; zaten doğal yolla çocukları olmadığı doktor raporuyla sabitti. Laboratuvarda döllenme gerçekleştiriliyor, ne var ki bebek rahme bir türlü tutunamıyordu.

Günce bu saçma duruma nasıl düştüğünü düşünmekten aciz, Hakan'ın anlattıklarının saçmalığını ise göremez şekilde, açıklamayı mantıklı buldu. Hakan'ı o kadar çok seviyordu ki, o bir mazeret bildirmese de Günce onun yerine özürler uyduruyor, kendi kendine açıklama yapıyor, bunlara da inanıyordu. Lakin kendini esir alan karamsarlık ve mutsuzluk hissiyle de baş edemiyordu. İkinci kadın olmak, âşık olduğu adamla asla bir yaşam kuramayacağını bilmek ve bunun bir sonunun olmayacağı düşüncesi kendisini mahvediyordu. Önce, "Aşk bir son için yaşanmaz, aşk an için yaşanır," diye kendini teselli ediyor, sonra da "aşk" diye kılıf uydurduğu bu ilişkinin tam bir aşağılama ve rezalet olduğunu düşünüyordu.

Bazen evdeki kadını düşünüyordu. Birkaç kez Hakan'ın sosyal medya hesaplarını kurcalamış ve tatil fotoğraflarını görmüştü. Kendisinden yaşça büyük, sarışın ve neredeyse güzel denecek bir kadındı. En azından genel kabul görmüş bir estetik anlayışı varsa, evet bu kadın neredeyse altın orana yakın hatlara sahipti. O zaman Günce şaşırmış ve sadece "çirkin" kadınların aldatıldığını düşünmüş olmasına hayret etmişti. İhanetin güzellikle bir ilgisi yoktu halbuki.

Hakan ile ilişkisini sadece en yakın arkadaşı Selin biliyordu. Neredeyse her gün, bir saat kadar bu konuyla ilgili telefonda konuşuyorlardı. O gün aradığında, Selin kendisini iş çıkışında yemek yemeye davet etti.

Günce o akşam Selin'in ismini verdiği restorana gitti. İki kadın sarılıp öpüştüler. Günce daha oturur oturmaz Hakan'dan, Hakan'ın karısından konuşmaya başladı. Selin ise her zamankinden farklı şekilde, ifadesiz bir yüzle Günce'yi dinliyordu. Günce arkadaşındaki bu tuhaflığın farkına çok geçmeden vardı.

"Neyin var Selin?"

"Günce, artık bu işe bir son vermelisin."

Günce şoke olmuştu. Selin, onun Hakan'a ne kadar âşık olduğunu biliyordu ama buna rağmen ondan ayrılmasını salık veriyordu. Herhalde bunca zaman anlattıklarından sıkılmış olacaktı. İşte demek ki arkadaşlıkları buraya kadardı...

"Ne demek istiyorsun Selin? Hakan'dan asla ayrılmayacağımı biliyorsun, yakın zamanda her şey sona erecek, biz evleneceğiz ve ben buna kimsenin engel olmasına izin vermeyeceğim!"

Selin, arkadaşının Hakan'a ve ilişkilerine karşı saplantılı bir hale geldiğini fark etmişti ama böylesine saçma fikirlere kapıldığını ancak görüyordu. Çünkü genelde serinkanlı davranmaya çalışıyor, altına girdiği yükü taşıyabileceğini göstermek istiyordu. Ama görünen o ki, günden güne kendine takıntılar yaratmış, bu bataklığa gittikçe daha çok saplanmıştı. Selin, arkadaşının gözlerinin önünde eridiğine şahit oluyordu. O neşeli, eğlenceli, özgüvenli, eğitimli kadın gitmiş; yerine ikinci kadın olmayı kabul etmiş, sevgilisinin geliş saatini gözleyen, duş alıp kremlenerek seksi iç çamaşırıyla erkeğini bekleyen bir geyşaya dönüşmüştü. Günce'nin tüm bu tavırlarının evdeki kadınla rekabet amaçlı olduğunu biliyordu. Acizce Hakan'a evdeki kadından daha iyi olduğunu, onu hep mutlu edeceğini göstermeye çalışıyordu. Halbuki Günce gerçekte böyle biri değildi! Bunlar onun tavırları ve düşünceleri kesinlikle olamazdı. Selin kaç senelik arkadaşını çok iyi tanıyor, kadın erkek ilişkilerindeki fikirlerini biliyordu. Fakat şu an tamamen ilkel güdüleriyle hareket ediyordu, kıskançlık ona tepeden tırnağa bir sarmaşık gibi dolanmış, onun gözünü karartmıştı.

"Günce, seni çok seviyorum. Liseden beri her şeyimizi paylaştık. Ben seni sıkılmadan, her aradığında, her bana koştuğunda dinledim, sen de beni. Ama artık bu ilişkinin seni tükettiğini görüyorum. Haline bak, zayıfladın. Öyle değilmiş gibi göstersen de perişansın, mutsuzsun. Hakan her eve gittiğinde kahroluyorsun. Neredeyse iki sene oldu. Eğer Hakan seni gerçekten sevse, şimdiye kadar çoktan boşanırdı. Peki bana söyle, bu kadın sürekli düşük yapıyor, sen hakikaten bunların laboratuvarda döllendiğine mi inanıyorsun? Sen bu kadar salak mıydın Günce! Allah aşkına kendine gel!"

Günce sinirden kızarmıştı. Duydukları karşısında neye uğradığını şaşırmış, bunu kendine söyleyen en yakın arkadaşı olmasına rağmen ondan nefret etmişti.

"Evet, öyle olduğuna inanıyorum! Sen nereden bileceksin! Benimle seviştiğinde, benimle uyuduğunda, gözlerimin içine baktığında hissediyorum bana ne kadar âşık olduğunu! Bunu benle Hakan'dan başka kimse bilemez! Hem sana ne nasıl döllendiğinden, sana ne!"

Sesi yükselmiş, boynundaki damarlar belirginleşmişti. Selin durumun vahametini fark edince tonunu yumuşattı.

"Bak hayatım, seni çok seviyorum. Ve sen gerçekten her şeyin en güzelini hak ediyorsun. İlişkinin, işin, arkadaşın, her şeyin... Ama sen bu ilişkide gün geçtikçe eriyorsun. Ne kadar yıprandığını görebiliyorum. Bak, Freud demiş ki, 'Dağlarda en kısa yol, doruktan doruğadır; ama bunun için uzun bacakların olmalı.' Senin bu ilişki için artık takatinin kaldığını sanmıyorum. İşteki performansın da düştü. Bak, terfiini alamadın bu sene. Senin bacakların bu kadar uzun mu?"

Günce sessizleşmişti, önündeki mönüye bakıyor, konuşmuyordu. Yoksa Selin sahiden haklı mıydı? Öyle olsa bile Hakan'dan nasıl ayrılabilirdi ki... Onu göremeyeceğini düşünmek bile sanki kalbine kramp girmesine neden oluyordu. Dudağı bükülmüş, yüzü gerilmişti. Kendini tutmasa saatlerce ağlayabilirdi.

Selin arkadaşının halini görüyor ve bir şey yapamadığı için kahroluyordu. Masanın üzerinden uzanıp Günce'nin elini tuttu. Sessizce birbirlerine baktılar. Yemeğin geri kalanında pek konuşmadılar ve geç olmadan kalktılar.

Günce elbise mi giyeyim, yoksa daha sıradan bir şeyler mi, diye düşünürken kapı çaldı. Günce'nin kalbi sevinçle çarptı. Hemen üzerine askılı, dizlerinin üstünde biten dar bir elbise geçirdi.

Gerdanına hızlı hızlı parfüm sıkıp kapıya koştu.

Genelde Hakan eşikten içeri girer girmez boynuna atılır; yanaklarından, dudaklarından, boynundan hızlı hızlı öper, sımsıkı sarılırdı. Hakan da gülümseyip saçlarını okşardı. Günce bugün de aynısını yaptı. Fakat Hakan, Günce'yi omuz başlarından tutup hafifçe kendisinden uzaklaştırdı. Yüzü bir tuhaftı.

Günce endişeyle sordu:

"İyi misin sevgilim?"

"İyiyim iyiyim. Hmmmm dön bakayım şöyle, ne güzelsin sen," diyerek ensesinden öptü.

Günce bir an çok korkmuştu. Hakan'ın öptüğü yer adeta yandı. İçi rahatladı. Hakan ayakkabılarını çıkardıktan sonra onu elinden tutup salona götürdü.

Normalde bir şeyler yer, bir kadeh içki içer, sonra da sevişirlerdi. Ne var ki bugün Hakan'ın acele eder gibi bir hali vardı. İçeri girer girmez Günce'yi kucakladı. Koltuğa yatırıp elbisesini sıyırdı. Bu sefer onu soymaya tenezzül bile etmemişti, gömleği üzerinde, eli Günce'nin boynunda, rahatlayana kadar kadının bedenine abandı.

Günce, hiç anlam verememişti. Sevgilisinin kendisini bu kadar özlemesi hoşuna gitse de bu kez Hakan adeta hissiz vaziyetteydi, Hakan'daki farklılığı anlamıştı. İçini bir sıkıntı kapladı.

Hakan dizlerinin üstünde geri çekildi, bonyaya gidip temizlendikten sonra pantolonunun fermuarını çekti. Kemerini bağlarken konuştu:

"Günce, gel, otur. Konuşalım biraz."

Kadın sessizce karşısına oturdu.

"Günce, çok uzatmayacağım. Karım hamile. 4 aylık oldu, tehlikeli süreyi atlattı çok şükür. Artık sanırım görüşmememiz gerekiyor."

"Karım hamile, şükür." Günce yanlış mı duyuyorum diye düşündü bir an. Suratına tokat yemiş gibiydi. Hani karısı oyalanacaktı çocukla, hani boşanacaktı, hani mutlu olacaklardı? Ayrıca az önceki neydi? Az önce üzerinde inlerken şimdi nasıl görüşmemeliyiz diyordu. Kitlenmiş, konuşamıyordu.

Her şeyden evvel, eğer böylesi bir konuşma yapılacaksa, bunu yapan kendisi olmalıydı. Bunca zaman ne için sabretmişti? Hakan'a inanmış, her şeyin güzel olacağını düşünmüştü. Şimdiyse karşısındaki adam ona yabancıydı ve buz gibi bir sesle ayrılık konuşması yapıyordu. Gözleri doldu. Ağlamak istemiyordu. Bu kadar hain ve sinsi olabilen bir adamın karşısında ağlamamalıydı. Gözlerindeki yaşlara güçlükle engel olurken parmağıyla kapıyı gösterdi:

"Defol!"

Hakan ayağa kalktı. Günce'nin yüzüne baktı. Bir şey söyleyecek gibi olduysa da, arkasını dönüp kapıdan çıktı. Kapı kapanınca Günce olduğu yere yığıldı. Hıçkıra hıçkıra ağlamaya başladı.

Bütün gün ağladığından gözleri açılmıyordu. Gözleri şiş, hıçkırmaktan göğsü yanar haldeydi. Yanakları ıslanıyor, nefes alamıyordu. "Ne için ihanet ettim onca şeye, prensiplerime, değerlerime! Kendimden utandım, kendimle savaştım, aşk, aşk diyerek kendimi küçük düşürdüm... İşimi, arkadaşlarımı ihmal ettim, ne için? Evli bir adamla mutlu olacağıma inanmak ne büyük saçmalıktı... Peki ya diğer kadın? Her şeyden habersiz, çaresizce kıskandığım, bazen nefret ettiğim, fotoğraflarına ağlayarak baktığım, aptalca kendimle kıyasladığım ama benden bihaber, yuvasını büyütmeye çalışan o kadın, bir gün karşıma çıksa ne diyeceğim?"

Günce uzun zaman bunları düşündü. Pek çok geceyi ağlayarak geçirdi. Hakan'ı özledi. Sosyal medya hesaplarına gizlice baktı. Karıkocanın mutluluklarını gördüğü zaman kahroldu. Ama karşısındaki kadına hiç kızamıyordu. Aksine, kendini ona karşı hep suçlu hissediyor, utanıyordu. Ama Hakan'dan öylesine nefret eder olmuştu ki, defalarca karısını aramayı ve ilişkilerini anlatmayı düşündü. İçi ancak böyle soğuyacaktı. Ama bu, bebeğe haksızlık olurdu. Hakan'ın ve kendisinin hatasını olan bitenden habersiz bu iki insana yükleyemez, onları acıya boğamazdı.

Artık ona düşen, acısını çekip bu konuyu kapatmaktı. Unutmayacaktı hiçbir saniyesini, biliyordu. Birlikte uyudukları geceler kor olup yakacaktı göğsünü. Yaşlandığında dahi o omzun kokusunu hatırlayacaktı ama bunu ne Hakan ne de başkası bilecekti.

Günce aylarını bu düşüncelerle geçirdi. Yas tuttu, kafeden uzak kaldı. Ona Hakan'ı hatırlatacak her şey, herkes ve her yerden kaçtı. Sadece ortak arkadaşlarından bebeğin doğduğunu, Hakan'ın baba olmaktan dolayı çok mutlu olduğunu söylediğini öğrendi.

Artık canının acımadığını düşündüğü anda bu haberle yıkıldı. Başka erkeklerle olmayı denese de hep Hakan'ı aradı onlarda, bulamadı. En sonunda aramaktan vazgeçti, anılardaki sevişmeleri, sarılmaları, dertleşmeleri, gülüşmeleri, öpüşmeleri düşünerek avunur oldu. Terk edilmeyi, tercih edilmemeyi hazmetmişti, hatta Hakan'ı da affetmişti ama kendisini affedemiyordu. Aylarca yalanlara boğmuştu zihnini, uydurduğu bahanelere inanmış, sahte şeyler yaşamıştı. Gerçekliği olmayan düşüncelere saplanmış, hayal dünyasında gezinip durmuştu. Hakan karısına bu ihaneti nasıl açıklardı bilemiyordu ama Günce, kendine ettiği bu ihaneti hiçbir şekilde açıklayamıyordu.

Hayatının geri kalanında kendine karşı dürüst olmaya yemin etmişti. Çünkü insanda en büyük vicdan azabını yaratacak ve en çok tahribata neden olacak meselenin, kişinin kendini aldatması olduğunu anlamıştı.

Bazen mutluluk kaldırım kenarına atılmış
teneke içecek kutusundan çıkar.

...

Saydamdır aşk, o naif şeytan
Gözlerin, çıplak memelerin, dudakların
Böyle işte böyle gel gir yatağıma.
Ve öp sonra da
Durmadan bir daha, bir daha öp beni
Böyle uzun bir yolculuk ister aşk.
Ve çek sonra da, daha bir kendine beni
Çek ki
Bileyim benim olduğunu.
Böyle işte böyle kasık kasığa.

İlhan Berk - "Bakmak Aşktır"

Ferhan

Nazlı, Ferhan'ın başında durmadan konuşuyordu. Birbiri ardına elbiseleri üzerine tutup aynaya bakıyor, arada Ferhan'ı "Hadi kalk," diye ayağıyla dürtüyordu.

Ferhan yattığı yerden manasızca tavana bakıyor ve kendisini itekleyen arkadaşına en ufak bir tepki vermiyordu.

"Nazlı, Allahını seversen siz çıkın işte Hasan Abi'yle," dedi.

Nazlı gözlerini kocaman açarak:

"Kızım sen buraya niye geldin, kafa dağıtmaya değil mi, evde mi yatacaksın şimdi! Hayatta izin vermem, hadi kalk Yalıkavak'a gideceğiz bu akşam."

Ferhan, Nazlı'nın nasıl bu kadar enerjik olabildiğine şaşırıyordu. Hep gülümsüyor, hep hareket ediyor ve durmadan konuşuyordu.

"Giyecek kıyafetim yok, bir iki şortla tişörtten başka bir şey getirmedim," dedi

Nazlı gözlerini kısıp dudağını ısırdı:

"Bahaneye bak, bende kıyafetten bol ne var! Sen yeter ki kaldır şu kıçını yataktan."

Ferhan dayanamayıp güldü.

"Aman Nazlı, vallahi delisin sen, tamam şu bavulda bi tulumum var, onu giyer çıkarım. Bak çok geçe kalmayacağız ama," dedi.

"Tamaaaaaaam, hadi kalk süslennnnn."

İki genç kadın gülüşerek hazırlanmaya başladı. Ferhan'ın

asık suratı düzelmiş, yavaş yavaş Nazlı'ya uyum sağlamaya başlamıştı. Odanın kapısı çalındı.

Kapı aralığından saçları jöleyle arkaya yatırılmış, parlak beyaz tişörtünden yayılan parfüm kokusuyla Hasan Abi kafasını uzattı.

"Kızlaaaaar, hazır mısınız?"

Ellerini birbirine çarpıp ovuşturduğu görülüyordu. Yüzünden eksilmeyen sinsi sırıtmasıyla komik bir hali vardı.

"Bu gece Yalıkavak'ı yakıcaz kızlaaaarrr, şöyle çıtırından manitalar bizi bekliyoor, hadi hadi oyalanmayın!"

Nazlı, Ferhan'a doğru kaşlarını kaldırarak sus işareti yaptı, ardından Hasan'a dönerek "Abi sen aşağı in, biz iki dakikaya geliyoruz," dedi.

Hasan kapıyı kapatınca Ferhan'a döndü:

"Aman Ferhan, Hasan Abim pek normal değildir aman bu gece içip de bir şey derse ciddiye alma."

Ferhan önündeki küçük aynaya dalmış bakarken belli belirsiz kafasını salladı.

Yola koyulduklarında Nazlı ve Hasan Abi önde, son ses müzikle bağıra çağıra şarkı söylüyor, Ferhan ise dalgın dalgın camdan dışarı bakıyordu. "Bu sülale çatlak, kuzen oldukları nasıl da belli," diye gülümsedi.

Gümüşlük'ten Yalıkavak'a giden karanlık ve dönemeçli yollar, Ferhan'a geçmişini hatırlatıyordu. Hep karanlık, mutsuz ve engebeli yollardan geçmişti. Nazlı gibi güler yüzlü değildi, çünkü küçük yaştan itibaren omzuna ağır sorumluluklar yüklenmişti. Ona hiç başarısız olma şansı tanınmamış, hataları tolere edilmemişti. Nazlı gibi mutlu ve huzurlu da olamıyordu çünkü ailesine ait, mutfağında her daim yemek pişen bir yazlığı ya da evi yoktu. Gece geç gelince endişelenip camda bekleyen bir babası yoktu. Deli de olsa Hasan Abi gibi eğlenceli bir kuzeni de yoktu.

Mutlu olmanın şartı bunlar değil, bunların verdiği güven ve huzur ortamıydı elbette. İnsanın sırtını dayayabileceği birilerinin olması her zaman rahatlatıcıydı.

Hayatına giren erkekler de onu hep incitmiş ve kırmıştı. Zayıf yanlarını ona karşı kullanmış, onun enerjisini, bedenini ve ruhunu sömürmüşlerdi. Hep hayal kırıklığı ve gözyaşı vardı ilişkilerinde.

Arabada bangır bangır müzik çalmasına rağmen kafasındaki sessiz mağaraya çekilen Ferhan, araba durunca müziğin farkına ancak araba durunca vardı.

"Atlayın kızlar, ben arabayı şuraya park edeyim."

Nazlı bir hareketle arabadan atlayıp Ferhan'ın kapısını açtı. Durduğu yerde bir şarkı mırıldanıp hafif hafif sallanıyor, etrafına bakıp gülücükler saçıyordu. Ferhan, Nazlı'ya döndü:

"Bana bak, kaşla göz arası bir şey mi içtin sen?" dedi, gülüştüler.

"Benim bir şey içmeme gerek var mı Ferhan?"

Ferhan okkalı bir kahkaha patlattı. Hakikaten bu kadının ne dans etmek için ne de çılgınca bir şey yapmak için içmesine gerek vardı.

Hasan Abi arabayı park edip yanlarına gelince 300 metre ötede, sol taraftaki ilk kapıdan girdiler. Ortada bir bar, etrafında stantlar ve bar tabureleri olan, 90'lı yıllardan şarkılar çalan bir mekândı burası. Daha saat erken olduğundan ortada 360 derece dönen barda tek tük insan vardı. Üçü geçip yan yana bara oturdular. Karşıda DJ kabini vardı. Bar kısmında oturan herkes birbirini görebiliyordu. Nazlı'yla insanlara bakıp yorum yaparak eğleniyorlardı. Hasan Abi bir kadeh sek viski, Nazlı'ysa margarita söyledi. Ferhan çay içmek isteyince iki taraftan da itiraz sesleri geldi. Ama o, itirazlara kulak asmadı.

Tam karşısında esmer, küçük yüzlü ve oldukça yakışıklı bir adam oturuyordu. Daha bara oturdukları ilk an Nazlı, Ferhan'ı dürtüp adamı göstermiş, Ferhan ise oralı olmamıştı. Ancak gitgide adam ona daha hoş gelmeye başlamıştı. Adam gözlerini Ferhan'dan ayırmıyordu. Arada başka yöne bakıyor gibi yapsa da, sonra yine gözlerini Ferhan'a dikiyordu.

Nazlı ikisinin arasındaki bu bakışmayı fark edince barmenden bir peçete ve kalem istedi. Kimseye çaktırmadan peçeteye Ferhan'ın numarasını yazdı. Biraz sonra Ferhan tuvalete gitmek için kalktığında Nazlı adamın yanına koşuverdi.

"Arkadaşıma baktığını gördüm, al, bu onun numarası," diyerek göz kırptı.

Adam hem şaşırmış hem de memnun olmuştu. Herhangi bir çaba sarf etmeden bu güzel kadının telefonunu elde etmek keyfini yerine getirmişti.

Ferhan tuvaletten döndüğünde telefonuna gelen mesajı gördü:

"Hep mi böyle güzel bakıyorsun, yoksa üzerime alınayım mı?"

Ferhan çok şaşırmıştı, numaranın kime ait olduğunu bilmemesine rağmen mesajı karşısındaki adamın attığından emindi. Telefondan kafasını kaldırdı. Dudaklarında belli belirsiz bir gülümsemeyle adama baktı.

Neden bilinmez, içi kıpır kıpır olmuştu.

Nazlı neler olduğunu gizli gizli izlerken dayanamayıp Ferhan'ın böbreğine doğru dirseğini geçirdi. Sağa doğru acıyla kıvrılan Ferhan, şaşkın gözlerle Nazlı'ya baktı. Nazlı, Ferhan'ın kulağına eğildi:

"Doğru düzgün cevap ver, gece eve almam, kedi gibi sokakta yatarsın!"

Ferhan'ın acıyla nefesi kesilmişti; gülse mi, kızsa mı bilemez halde kafasını salladı.

"Bu kız bana resmen şiddet uyguluyor, ben bununla niye arkadaşım ki?" diye içinden geçirse de telefonu eline alarak, "Üzerine alınabilirsin," yazdı.

Aslında o da adama mesaj göndermek istiyor ama bunu kendine yediremiyordu. Bir şeyleri ağırdan almayı sever, meraklı gibi görünmek istemezdi. Nazlı olmasa adamla asla tanışamazdı. Arkadaşının kendisini böyle iteklemesinden hoşnuttu, nitekim kendi kendine, bunu Nazlı istediği için yapmış olduğu yalanını söyleyebiliyordu.

Adam bir mesaj daha attı ama Ferhan cevap vermedi. Hoşuna gitse de kendini tüm bu işler ve ortamlar için fazlasıyla yorgun hissediyordu.

O sırada, Hasan Abi yandaki genç kadınlara içki ısmarlamış ve muhabbeti koyulaştırmıştı. Nazlı'ysa DJ kabinine doğru göz kırpıyor, oturduğu taburede sürekli dans ediyordu.

Ferhan adama hafifçe gülümsedikten sonra ayağa kalkarak arkadaşlarına seslendi:

"Hadi artık gidelim."

Hasan Abi ve Nazlı şaşırsalar da diretmediler. Eşyalarını toplayıp arabaya yürüdüler.

Ferhan'ın gözleri kapanıyor, Nazlı ise DJ'in ne kadar yakışıklı olduğunu anlatıyordu.

O gece Ferhan yatağa girer girmez derin bir uykuya daldı.

Ertesi güne güzel başladı. Aklına ilk olarak adamın gözleri ve gülümsemesi gelmişti. Yan tarafta yatan Nazlı'ya döndü:

"Ne güzel gülümsüyordu," dedi.

"Evet kızım, ben dün gece DJ'in numarasını aldım, onla yazışıyorum. Bu akşam da oraya gideceğiz."

Ferhan bir an şaşırsa da karşısındakinin erkekleri büyüleyebilme özelliğini çok iyi biliyordu. Bir kahkaha patlattı:

"Sen hangi ara oraya gittin, âlemsin!" diyerek yataktan doğruldu.

Ferhan bütün günü bardaki genç adamı düşünerek geçirdi. Akşam yine aynı yere gideceklerdi ama adamın gelip gelmeyeceğini bilmiyordu. Mesaj göndermeye karar verdi:

"Biz akşam yine aynı yere gidiyoruz."

Sanki adam mesajını bekliyormuşçasına anında cevap verdi:

"Ben de orada olacağım."

O akşam Ferhan özenle hazırlanmıştı. Evden çıkmak için sabırsızlanıyor, Gümüşlük'ten bara giden 40 dakikalık yolu bir an evvel kat etmek istiyordu. Yalıkavak'ta aynı otoparka arabayı bıraktıktan sonra neredeyse bara koşarak girecekti.

Genç adam, barda aynı yerde oturuyordu. Ferhan'ı görünce yüzü aydınlandı. Ferhan da dün oturduğu yere yerleşti. Karşılıklı bakışıyor ve aynı anda mesajlaşıyorlardı. Gecenin ilerleyen saatlerinde genç adam Ferhan'ın yanına geldi. O anda Ferhan adamın adının ne olduğunu bile bilmediğini fark etti. Neredeyse 24 saattir adını bilmediği bir adamı düşünüyor, heyecanlanıyor ve onunla mesajlaşıyordu. O anda adın çok da önemli olmadığını düşündü. Adı ne olursa olsun, o yine aynı şeyleri hissedecekti. Yakışıklı adam yine aynı şekilde gülümseyecek, yine derin gözlerini gözlerine dikecekti. "İsmini hiç öğrenmesem ve bu heyecan hep sürse, alışmasam, aynı şeyleri baştan yaşamasam ve bu büyü hiç kaybolmasa..." diye geçirdi içinden.

O gece, genç adamın adının Mert olduğunu, senelerdir tatil için Yalıkavak'a geldiğini, mühendis olduğunu ve oldukça tanınan bir şirkette yöneticilik yaptığını öğrendi. Duruşu, konuşması ve bakışları gerçek bir beyefendi olduğunu kanıtlıyordu. Yakından daha da etkileyiciydi. Ferhan ise karşısındaki adamın bir yanılsama olmamasına sevinmişti. Zira bu yakışıklı, elinde tespih sallayıp lüks arabaya binen ve her cümlesini "Anadın mı!" diye bitiren bir adam da olabilirdi. Ferhan gerçekten bir hayal kırıklığını daha kaldıramazdı. Hatta bu düşüncesini anlattığında Nazlı gözlerini devirerek:

"Of Ferhan, Serhan'ı biliyorsun, tespihi de vardı, inşaat da yapıyordu ama öyle değildi. Sen de hemen herkesi kategorize etmesen diyorum!"

Ferhan bir kahkaha patlattı:

"Haklısın, tamam tamam, kızma."

O akşam Mert'in yanına oturduğu andan sabahın ilk ışıklarına kadar güldüler. O gece, bir öncekinden farklı olarak Ferhan kendisine içki söylemişti ve gecenin sonuna doğru çakırkeyif olup yanında oturan adamın sakallarını okşamaya başlamıştı. Kahkahalar atıyor, ayağından düşmek üzere olan terliklerini tutmaya çalışırken Mert'e terliklerimi tut deyip kıkırdıyor, genç adam da kadının bu sarhoş ve sevimli haline gülümsüyordu.

El eleydiler. Mert, Ferhan'ın sırtını okşuyor, gözlerini ondan ayırmıyordu. Ferhan gittikçe bu gözlere çekildiğini hissediyordu. Hasan Abi kafasını ikisinin arasına sokup, "Ferhaaaaaaan, abinin içine düştün be yaaa, aramıza dön. Koç, sen ne iş yapıyorsun?" dedi.

Mert, Ferhan, Nazlı ve Hasan Abi'nin barda tanıştığı Demet'le Ayça bu yorum ve soru karşısında kahkahalara boğulmuşlar, sonrasında koyu bir sohbete başlamışlardı.

Zamanın nasıl geçtiğini anlamadan barda müzik bitmiş, gün ağarmaya başlamıştı. Gitme vakti gelmişti. Mert ve Ferhan el ele arabaya yürüdüler. Mert o gece Ferhan'ın kokusunu içine çekerek boynundan öptü, sonra yüzünü ellerinin arasına alıp yanağına küçük bir öpücük kondurdu:

"İyi geceler."

Ferhan ondan küçük adımlarla uzaklaşıp arabaya bindi. Yine arka koltuktaki yerini aldı, gözleri camdan dışarıya dalmıştı ki telefonuna mesaj geldi.

"Seni özledim."

"Ben de," diye cevap yazdı ve kafasını koltuğa dayadı. Yüzünde kocaman bir gülümseme vardı.

Sabah uyandığında içi içine sığmıyordu. Nazlı ile bütün gün Mert hakkında konuştular. Hasan Abi arada gelip Ferhan ile dalga geçiyordu. Bu gece de aynı yere gideceklerdi.

Bu kez barda değil stantta oturdular. Kalabalık bir grup olmuşlardı. Nazlı birkaç arkadaşını davet etmiş, Hasan Abi'nin arkadaşları gelmişti. Sohbet edip gülüyorlardı. Mert ve Ferhan müzik ve gürültüden birbirlerini duyamadıkları için birbirlerine çok yakın duruyorlardı. Mert, Ferhan'ın kulağına her eğildiğinde saçlarının kokusunu içine çekiyordu. Ferhan'sa bu derin koklamayı hissediyor, zevkten titriyordu. Daha önce kimse onu böyle koklamamıştı. Vücudunu adama yapıştırmış çenesini öpüyor, bırakmaksızın adama sarılıyordu.

Birbirlerine öylesine odaklanmışlardı ki masadakilerin kendileriyle dalga geçtiğini bile fark etmiyorlardı. Ferhan, Mert'in kendisini öpmesini bekliyor ama adam bir türlü öpmüyordu. Artık dayanamaz hale gelmişti. Adamı boynundan tutup kendisine çekti. Mert hiç direnmedi. Bütün gece, tüm o kalabalığa rağmen gün ağarana kadar öpüşüp sarıldılar.

Gitme vakti geldiğinde, Mert onunla kalmasını istedi. Nazlı, Gümüşlük'teki adresi Mert'e verdikten sonra çok geçe kalmadan arkadaşını eve getirmesini sıkı sıkı tembihledi. Çünkü sabah Ferhan'ın uçağı vardı ve İstanbul'a dönecekti.

Nazlılar gittikten sonra el ele bardan çıktılar. Adam nereye gittiğini bilirmiş gibi hızlı adımlarla yürüyordu.

Bir kafeye girdiler. Bahçesinde bank şeklinde uzun oturakları ve puf minderleri vardı. Mert, Ferhan'a bir kahve söyledi. Kahve gelene kadar Ferhan, Mert'in omzunda uyuyakalmıştı. Bir elin karnını okşadığını hissediyordu. O kadar yumuşak ve sevecen bir dokunuştu ki, en son kendisini annesinden başka kimin böyle sevdiğini düşündü uykusunda. Gözlerini araladığında adamın gözünü kırpmadan kendisine baktığını gördü.

"Çok güzelsin," diye fısıldadı Mert.

Ferhan gülümseyerek tekrar gözlerini kapadı. "Bu bir rüya mı? Yarın büyüsü bozulacak mı?" diye içinden geçirirken Mert artık gitmeleri gerektiğini söyledi. Eve gitmeliydi ama Mert'ten ayrılmak içinden gelmiyordu. Çaresiz kalktı...

El ele, taksiye bindiler. Yolculukları bir saate yakın sürdü. Arka koltukta Ferhan, bacaklarını toplamış, kafasını Mert'in omzuna yaslamış uyukluyordu. Adam, Ferhan'ın açılan eteğinden bacağını okşuyordu. Elini yavaş yavaş yukarı kaydırmış, kadının kasığı ile bacağının birleştiği yeri küçük dokunuşlarla okşamaya başlamıştı. Ferhan öyle ince bir elbise seçmişti ki, iç çamaşırı iz yapmasın diye içine bir şey giymemişti. Mert, kadının külot giymediğini fark ettiğinde ereksiyon oldu. Ferhan, Mert'in sertliğini hissettiğinde heyecanlandı. Gözlerini yumup kendini kasığına yönelen küçük dokunuşlara bıraktı.

Vardıklarında gün iyice ağarmıştı. Arabadan inip birbirlerine sımsıkı sarıldılar. Mert kadının suratına bakıp "Aaaa senin çillerin varmış," diye güldü.

Ferhan da güldü:

"Hakikaten ilk defa ışıkta birbirimizi görüyoruz, neyse, Allah'tan kaşın gözün yerinde."

Gülüştüler. İstanbul'da en yakın zamanda görüşmek üzere sözleştiler. Ferhan eve gider gitmez mesaj yazdı.

"Bunun adı ne?"

"Aşk," diye cevap geldi hemen.

Ferhan gülümseyerek uykuya daldı.

...
İşe bak sen gözlerin de burda
Gözlerinin ucu da burda yaşamaya alışık
İyi ki burda yoksa ben ne yapardım
Bak çocuğum kolların işte çıplak işte
Bak gizlisi saklısı kalmadı günümüzün
Gözlerin sabahın sekizinde bana açık
Ne günah işlediysek yarı yarıya
...
Cemal Süreya - "Güzelleme"

Mert, İstanbul'a Ferhan'dan bir hafta sonra döndü. Bu sürede gece gündüz es vermeden mesajlaştılar. Birbirlerine fotoğraflar yolluyor, saatlerce telefonda konuşuyorlardı. Ferhan, Mert'i en yakın arkadaşlarından birinin bir hafta sonra Dalyan'da yapılacak düğününe davet etti. Birlikte gidecek, üç gün orada kalacaklardı.

Mert, cuma sabahı Bodrum'dan dönmüştü. O akşam Ferhan'a gitti. Koltukta yan yana oturup saatlerce sohbet ettiler. Birkaç saat sonra Mert, Ferhan'ı kendisine çekip öpmeye başladı. Ferhan'sa kendini adamın kollarına bırakıp sadece o anı düşündü. Vücuduna değen dudakları hissediyor, sakallarının sırtında dolaşmasını zevkle duyumsuyordu. O gece sabaha kadar seviştiler.

Sabah Mert, Ferhan'ı öperek uyandırdı. İkisi de o kadar mutluydular ki, sanki dünya küçülmüştü de onlar da dünyayı yutmuşlardı. Dünya midelerinde dönüyor, dönüşü ikisini de gıdıklıyordu. İşte öylesine mutluydular. Kalkıp hazırlandılar. Mert arabasını apartmanın önüne park etmişti. Güzel, gösterişli bir cipi vardı. Yaklaşık 7 saat süren eğlenceli bir yolculuğa çıktılar. Saatlerce sohbet edip güldüler.

Dalyan'a varıp otelde ayırttıkları odalarına girer girmez bavulları bir kenara atıp tekrar seviştiler. Sanki birbirlerine senelerdir dokunmamış gibiydiler, öylesine özlemişlerdi birbirlerini. Sevişmeleri öyle uzuyordu ki, yorulana kadar birbirlerine dokunuyor, birbirlerini öpüyorlardı. O gün ilk defa Mert, Ferhan'ın kulağına "Sana âşık oldum," diye fısıldadı. Ferhan gözleri dolu bir şekilde "Ben de," dedi ve ikisi birbirinin içinde kayboldu.

Akşam yemeğe indiklerinde Mert sıkıntılı görünüyordu. Telefonu çalınca sessize alıyor, Ferhan daha sormadan, "Sonra bakarım, önemli değil," gibi anlamsız açıklamalar yapıyordu. Ferhan dikkatle Mert'i izliyor, hareketlerini anlamlandırmaya çalışıyordu.

"Sana bir şey söylemem gerekiyor."

"Söyle canım."

"Ferhan, ben evliyim."

Ferhan beyninden vurulmuşa dönmüştü. Donmuş vaziyette adama bakıyor, konuşmuyordu.

"Ne olur bir şey söyle," dedi Mert.

Ferhan kırgın bir yüz ifadesiyle söyleyecek bir şeyi olmadığını mırıldandı. Şoktaydı. Böyle bir şeyi kendisinden nasıl saklayabildiğini aklı almıyordu. Kendini kandırılmış ve kullanılmış hissediyordu.

"Bak, beni dinle..."

"Nesini dinleyeceğim, neyi dinleyeceğim! Metresin mi olacağım senin! Ne oldu, unuttun mu söylemeyi! Yoksa benimle yatmak için miydi her şey!" Ferhan'ın sesi yükselmişti. "Kahretsin!" diye haykırdı.

"Hayır, asla unutmadım. Resmen sakladım senden. Söyleyemedim. Benden uzaklaşmanı istemedim. Çünkü ilk gördüğüm anda sana âşık oldum."

"Yahu sen benim buna inanacak kadar tecrübesiz olduğumu mu düşünüyorsun! Karımı sevmiyorum, seni seviyorum deyip ikinci, üçüncü çocuğunu yapanları çok gördük! Ben ikinci kadın olamam ve beni böyle kandırdığın için seni asla affetmeyeceğim!" Ferhan adeta çığlık atıyordu.

Etraftaki masalarda oturanlar onlara bakıyordu.

Mert susmuş, başını öne eğmişti. Ferhan masadan kalkıp odaya gitti. O gece ikisi yatağın birer ucunda sırtları birbirine dönük, konuşmadan yattılar. Ferhan sessizce ağlıyordu. "Umut etmek bile anlamsızdı zaten. Bunun bir rüya olduğunu o zaman anlamalıydım. Gerçek olamayacak kadar masumdu..."

Sabah olduğunda Ferhan, Mert'e düğüne gelmemesi gerektiğini söyledi:

"Ben arkadaşlarımın karşısına evli bir adamla çıkamam, kendimi rezil rüsva edemem. Kusura bakma, baştan dürüst davransaydın seni buraya çağırmazdım bile," dedi.

"Haklısın, ben seni odada beklerim," dedi Mert.

Ferhan onun bu yüzsüzlüğüne de ayrıca sinir olmuştu. Hâlâ "Odada beklerim," diyordu.

"Kendine ayrı bir oda tutsan iyi edersin, geldiğimde seninle aynı yatakta yatmak istemiyorum."

O iki gün ayrı odalarda kaldılar. Her ne kadar kahvaltıyı beraber yapsalar da Ferhan, Mert'e o kadar soğuk davranıyordu ki, adam binlerce kez özür dilemiş, pişmanlığını dile getirmişti. Ferhan ise Nuh diyor, peygamber demiyordu. Dönüş yolunda da ağzını bıçak açmamıştı. Öyle ki, konuşsa Mert'e hakaret edecekti. Vardıklarında soğuk bir "Hoşça kal" deyip arabadan indi. Kapıyı da olabildiğince sert bir şekilde çarpıp ters bir bakış atmayı ihmal etmedi.

O hafta Ferhan ölü gibiydi. Mert'i çok özlüyor, aramamak, onun mesajlarına cevap vermemek için kendini zor tutuyordu. Ama Mert ile görüşmemek konusunda çok netti. Babası, annesini senelerce aldatmıştı ve bu yüzden annesinin kıskançlık krizlerine şahit olarak büyümüştü. Annesi zaman zaman hafiyeliklerine kendisini de alet ediyordu. Babasının telefonunu karıştırıyor, olmadık zamanlarda "Ara, 'Baba seni özledim' de" diyerek telefonu eline tutuşturuyordu. Ferhan küçük bir çocuk olsa da annesinin bu çaresizliğini ayan beyan görüyordu.

Son olarak babası, annesinin en yakın arkadaşıyla aşk yaşamıştı ve bunu öğrendikten sonra annesini bir daha toparlayamamışlardı. Ferhan bu olaydan sonra babasını affetmemişti. Onu bir daha görmemişti bile. Annesi ancak reçeteli haplarla ayakta duruyordu, senelerdir kafası yerinde değil gibiydi. Son senelerde Ferhan'a söylediği en manalı söz, "Eğer evli bir adamla olursan sana sütümü helal etmem"di.

Ferhan, asla girmem dediği bu tür bir ilişkinin içerisine cebren ve hile ile çekilmiş olmasını hazmedemiyordu. Mert ise günlerdir bir kez yemeğe çıkabilmek için yalvarıyordu. En sonunda hem özlemine hem de merakına yenik düşüp kabul etti. Mert arabasıyla onu evden alıp şık bir restorana götürdü.

Masaya oturup bir şişe kırmızı şarap sipariş ettiler. Ferhan içmemesi gerektiğini biliyordu ama o kadar gergindi ki, gevşemek istiyordu.

"Ferhan, senden binlerce kez özür diledim, yine diliyorum. Amacım asla seni kandırmak değildi. Seni kaybetmek istemedim. Yanına geldiğim andan beri seni seviyorum ve o an seninle her şeyin çok farklı olacağını hissettim. Ben seninle olmak istiyorum, sadece bana zaman ver, her şeyi yoluna koymam için bana zaman ver."

"Yoluna koymak ne demek?" diye sordu Ferhan

"Ben tam ayrılacağım zaman Deniz hamile kaldı. Annem, annesi hepsi baskı yaptılar. Her şeyin bir hayrı vardır diyerek evlendim."

"Bir de çocuğun mu var!" Ferhan çıldıracak gibi hissediyordu.

"Sen benimle dalga mı geçiyorsun! Artık bu kadar da olmaz!"

"Dinle Ferhan..."

"Hadi konuş! Çünkü gideceğim, bir daha da seninle görüşmeyeceğim, hadi konuş!"

Ferhan adeta haykırmıştı. İri gözleri kısılmış, nefretle karşısındakine bakıyordu. Böyle erkeklerden oldum olası nefret etmişti. Kadınlarla gününü gün edip sonra birden evli olduğunu hatırlayan, "Karımı zaten sevmiyordum, zorla evlendirdiler," diyerek güllük gülistanlık bir evlilik yürütenler... Bunlardan piyasada o kadar çok vardı ki... Ama kendisi bu yalanlara kanacak bir zavallı değildi. Zaten o kadınlardan da ayrıca nefret etmişti. Hangi tür bir kadın, evli olduğunu bile bile o adamla ilişki yaşardı ki, bu ne yüzsüzlük ne umarsızlık ne aymazlıktı! İnsan aynada kendi yüzüne bakmaya utanırdı.

"Ferhan, ben bu evliliği sadece oğlum için yürütüyorum, o olmasaydı çoktan bitmişti bu ilişki."

Ferhan küçümseyerek gözlerini devirdi. Demek ki Mert de boşanmaya cesaret edemeyen, boşanıp mutlu olmak yerine korkakça o ilişkiyi sürdüren, derbeder bir hayat yaşamayı tercih edenlerdi. Gittikçe gözünden düşüyordu.

"Seni seviyorum ben, seninle olmak istiyorum. Ben kendimi hayatımın geri kalanını sabrederek, razı gelerek yaşamaya alıştırmıştım. Birini sevebileceğimi, bu evlilikten çıkabileceğimi hiç düşünmedim. Deniz... Deniz biraz problemli bir kadın."

Hah şimdi de kadını kötülüyordu! Oh ne âlâ dünya! Hem kadını aldat hem beni kandır. Yakalanınca da beni kötülersin. Eminim aldattığın ortaya çıksa, karının ayaklarına kapanıp sulu sulu özür dilersin, alçak!

"Bu hafta düşündüm taşındım. Senin hayatımda olmadığını düşünemiyorum. Başkasının yatağında, başkasının yanında kendimi hayal edemiyorum. Ev dar geliyor, Deniz bir şey söyleyince bağırasım geliyor, boşanmaya karar verdim. Sen olsan da olmasan da boşanacağım. Bil ki, ben hayatımda senin kadar kimseyi sevmedim."

"Doğru mu söylüyor cidden? İnsan bu kadar kısa zamanda, böyle sevebilir mi? Bir evliliği bitirecek, düzenini bozacak kadar sevebilir mi? Yine mi kandıracak beni? Çocuğu ne olacak? Seviyor mu cidden? Ona bakınca içim titriyor, boynuna atlayıp ağlamamak için direniyorum. Ben nasıl oldu da bu kadar kısa zamanda sevdim bu adamı? Tanrım lütfen bana yardım et!" Düşünceler aklında dönüp duruyordu.

"Mert, ben asla yuva yıkan bir kadın olamam. Böyle bir yükün altına giremem. Beni daha fazla acıtma, lütfen benden uzak dur."

"Durmayacağım, seni asla bırakmayacağım. Lütfen, benimle şu an görüşmesen bile beni bekle, ben bu işi bitirip sana geleceğim. Ve inan senin yüzünden değil, sana yemin ediyorum. Senelerdir bir kâbusta gibi yaşıyorum, o ev açık ceza infaz kurumu gibi. Mutsuzum bu evlilikte. Senin varlığın bir şeyleri kolaylaştıracak. Sadece biraz zaman. Benden nefret etme, yalvarıyorum."

Ferhan yumuşamıştı. Söylediklerinin gerçek olup olmadığı şüphesi içini kemirse de, göğsündeki yükü biraz hafifletmişti. O gece Ferhan'a gidip tek vücut oldular. O haftanın özlemiyle sabaha kadar seviştiler, konuştular...

Sabah Mert evden çıktığında Ferhan'ın kalbini yine gri bir duman kapladı. Mert gerçekten boşanacak olsa dahi, bunu kime, nasıl açıklayacaktı? Nasıl "Ben bir yuvayı yıktım," diyecekti? Yine mutsuzdu, her şekilde mutsuzluk vardı sonunda. Başka bir kadının mutsuzluğu üzerine kendisi nasıl bir ilişki yaşayacaktı, bilmiyordu.

Beklemeyi tercih etti.

O hafta Mert, Ferhan'a Deniz ile konuştuğunu ve boşanmak istediğini söylediğini anlattı. Deniz'in de bunu kabul ettiğini ve yakında her şeyin biteceğini söyledi. Haftanın dört günü kendisinde kalıyor, beraber hafta sonları bir yerlere kaçıyorlardı. Ferhan bu ilişkinin cidden zoraki devam ettiğine inanır olmuştu. Sonuçta hiçbir evli erkek bu kadar evden uzak kalamazdı. İlişkileri bu şekilde bir ay devam etti ama ortada hâlâ bir boşanma davası yoktu. Ferhan gittikçe sabırsızlanıyor ve şüpheye düşüyordu.

Nazlı durumları biliyor, sık sık ona akıl veriyordu. Ferhan Nazlı'ya içindeki çatışmalardan söz ediyordu. Bir gün Nazlı'ya şunu sordu:

"Nazlı sence ben bir yuvayı mı yıktım?"

Nazlı düşünceli bir şekilde Ferhan'a baktı. Ferhan onu böyle görmeye pek alışık değildi. Genelde bir şeylerle dalga geçer, gülerdi. Fakat bu sefer ciddi bir ifadeyle karşısında duruyordu.

"Bana kalırsa, herhangi bir yuvayı yıkmış değilsin. Çünkü bu gerçek bir yuva olsa, daha 40 gündür tanıdığı bir kadın için boşanma kararı almazdı. Belli ki uzun zamandır kafasında olan bir şey bu."

Ferhan söze atıldı:

"O da öyle söylüyor."

"Evet, ben nedense bu adamın doğru söylediğine inanıyorum. Aslına bakarsan benim düşündüğümden de hızlı oldu her şey. Bu süreç uzasa sen çıldırırdın. Senin kaldırabileceğin türde bir ilişki değil bu. Ayrıca kadını da tanımıyoruz, baksana senelerdir sabrediyorum demiş. Eh, seninle her şeyin nasıl güzel, nasıl başka olabileceğini görmüş adam. Kızııım senin gibi fıstığı nereden bulacak bir dahaaaaaa..." Birden neşelenmiş, yüzü aydınlanmıştı.

Ferhan da istemsizce gülüp sessizce düşünmeye başladı. Yuva, evlilik, aile... Bunlar neydi, bilmiyordu... Hiç evlenmemişti, annesiyle, annesinin ilaçları ve sinir krizleriyle bir hayat yaşamıştı. Çocuğu yoktu ve hiçbir zaman olmayacağına inanıyordu. Oysa şimdi bunları sorgular olmuştu. Sürekli ihanet hikâyeleri dinliyor, insanlara hayret ediyordu. Çok kadını ve erkeği kınamıştı. Adına aşk deyince yapılan ahlaksızlık, ahlaksızlık olmaktan çıkmıyordu neticede. Oysa şu an noktasına virgülüne, kınadığı bir duruma düşmüştü.

Öyle ya da böyle yuva yıkan kadın olarak anılmak istemiyordu. Yarın bir gün Mert'in kendisine "Senin için boşandım," demesini de istemiyordu.

Peki boşanmak? Evlenince insanlar birbirinin tapusunu mu alıyordu? Hoş, tapu bile başkasına devredilebilirken, insanlar evliliklerini artık karşısındakini sevmedikleri için bitiremiyorlar mıydı? Bitirdikleri zaman da lanetlercesine suçlamak ne kadar doğruydu?

Kirayı paylaşıp birbirinden habersiz şekilde aynı evde yaşamak mı yuvaydı? Yoksa birbirini seven iki insanın aşkı mı yuvaydı? Düşünüyordu... Ona kalırsa evinde Mert ile geçirdiği anlar; yatağa girip mum yaktıkları, müzik dinledikleri, yemek pişirdikleri, film izledikleri anlardı yuva. Evdi. Güven, huzur ve aşktı. Yaşadıkları çok büyük bir günah mıydı, masum bir imkânsızlık mıydı? Düşüne düşüne içinden çıkamıyordu.

O bunları düşünürken, Nazlı konuştu:

"Bak Ferhan, bazen hayatlar, olaylar ve durumlar dışarıdan göründükleri gibi değildir. Sana bir hikâye anlatayım: İkinci Dünya Savaşı'nda, Münih yakınlarındaki Dachau Toplama Kampı'ndan kurtulan Yossi adında Alman Yahudisi bir adam, karısını kampta kaybeder; gaz odasında ölür kadın. Aynı zamanda oğlu da kendileriyle birlikte kampa alınır ama Dachau, toplama kampları içerisinde neredeyse en çok insan öldürülen kamp olduğundan oğlunun sağ kalmış olabileceğine pek ihtimal vermez. Rusların Almanya'ya girmesiyle biten savaş sonucunda, toplama kampları boşaltılmaya başlayınca Rus subaylar Yossi'yi ve onunla birlikte sağ kalanları bir deri bir kemik halde bulurlar.

Toplama kampından kurtulduktan ve sağlığına kavuştuktan sonra Yossi, soykırımdan kurtulan çocukların verildiği yetimhaneleri bir ümit alt üst ederek, inanır mısın, oğlunu bulur. Düşünsene, mucize gibi bir şey. O günden sonra Tanrı'ya şükretmek için hiç durmadan ibadet eder ve kipasını* bir an bile başından çıkarmaz. Oğlunu ve torunlarını da koyu bir Yahudi olarak yetiştirir.

Seneler sonra madden sıkıştıklarında Yossi, büyükannesinden kaldığını söylediği kıymetli bir mücevheri satar. Bir iki hafta sonra, kapılarına tanımadıkları yaşlı bir kadın gelir. Elinde mücevher vardır ve bu kolyeyi nereden aldıklarını sorar. Yossi kadından son derece rahatsız olmuştur ve kadına kolyeyi daha önce hiç görmediğini söyler. Yossi'nin torunu Anshel bu olayı çok garipser.

Anshel, yaşlı kadını takip eder ve onu bir yerde durdurup konuşmak istediğini söyler. Geleneksel Yahudi kıyafetleri içerisindeki bu genç adamın Yossi'nin torunu olduğunu anlayan kadın, genci yakınlardaki bir kafeye davet eder.

Kadın Anshel'e bu mücevherin büyükannesine ait olduğunu ve kendisinin Dachau Toplama Kampı'nda diğer aile üyeleriyle birlikte katledildiğini anlatır. Mücevheri çok iyi hatırladığını ve küçük bir çocukken, bunu takmak için büyükannesine yalvardığını fakat diğer tüm kıymetli eşyaları gibi bunun da Nazi subayları tarafından yağmalandığını anlatır.

* Yahudilerin taktığı başlık.

Anshel bu duruma gerçekten anlam veremez. Babası başka bir Yahudi ailesinin mücevherini çalmış olamaz. İlk başta bu kadınla akraba olabileceklerini düşünse de kadın kendilerinin soyadında kimseyi tanımadığı konusunda ısrarcıdır. Anshel, kadının büyükannesinin adını ve soyadını öğrendikten sonra gerçekten böyle bir Yahudi aile olup olmadığını araştırmaya başlar. Araştırmaları sonucunda gerçekten de yaşlı kadının söylediği soyadı bulur. Kendi ailesine de bakmak ister ancak soyadlarını bu kayıtlarda bulamaz. Bu durum Anshel'i çok huzursuz eder. Daha sonraysa Dachau'ya ait resimli devlet arşivlerini incelemek için yetkili kurumlardan izin ister. Kendisi bizzat mağdur yakını olduğu için kolaylıkla izni alır. Kayıtlarda dedesi Yossi ve kalp krizi geçirip geçen sene vefat eden babası Mosa'nın fotoğraflarını aramaya başlar.

Ne var ki gördüğü bir şey onu adeta şok etmiştir. Nazi subaylarından birisi dedesine inanılmaz benzemektedir. Benzemenin ötesinde dedesinin birebir aynısıdır. 'Bu basit bir tesadüf olabilir mi?' diye düşünür ama kimsenin kimseye bu kadar benzeyemeyeceğini bilir. Çünkü fotoğraftaki Nazi subayı dedesidir.

Anshel araştırmasını daha da derinleştirdiğinde, senelerdir koyu bir Yahudi olarak bilinen dedesinin aslında bir Nazi subayı olduğunu ve yargılanıp hüküm giymemek için kamptan bazı kıymetli eşyaları çalarak kaçtığını, kimsenin gözüne batmamak için bir Yahudi gibi davrandığını ve Mosa'yı da yetimhaneden değil, kamptan, hayatta kalan çocuklar arasından aldığı gerçeğini ortaya çıkarır.

Düşünsene Ferhan! Yalan üzerine kurulu koca bir hayat! Doğru ve gerçek sandığın her şeyin bir kurmaca olması! Kimin hayatının ne kadar gerçek olduğunu nereden biliyoruz? Düşünsene, Mert gerçekten doğru söylüyor olabilir. Her erkek mi yalancı senin gözünde Ferhan? Gerçekten âşık olmuş olamaz mı? Şans vermezsen nereden bileceksin ha?"

Ferhan gerçekten etkilenmişti. Hem hikâye güzeldi hem de bunu Nazlı'nın biliyor oluşu şaşırtıcıydı.

"Çok güzel bir hikâye bu Nazlı, nerede okudun?"

Nazlı cevap verdi:

"Ne okuması, CSI New York'ta izledim."

Ferhan bu yanıt karşısında kahkahalarla güldü.

Bazen, bazı kararlar acı verir. O kararları almak ve uygulamak imkânsız gibi gelir insana. Ama bu iradeyi göstermek, daha sonraki mutluluklar için gereklidir. Bil ki bu kısa süreli acılar, sonrasında yaşanacak daha büyük acılara engel olacak. Kişi bazen küçücük sandığı şeyler ve kısacık dediği anlarda neler kaybettiğini ya da kazandığını bilemez. O kısacık denen süre bir sonsuzluktur aslında... Ve bazen o kısa sonsuzluğa düşüp kaybolur insan. Çıkış yolunu bulamaz. O zaman kendini buraya itenin ne, kim olduğunu sorgular ama bir türlü emin olamaz. İtildi mi, yoksa kendi dikkatsizliğinden mi düştü büyük bir muamma ile baş başa kalır... Bunun tek çıkar yolu cesur olmaktır. Karar almaya, uygulamaya ve sonuçlarına katlanmaya yetecek kadar cesur olmak.

Ferhan, Mert ile tanışalı iki ay olmuştu. Her şey çok güzel gidiyor, Mert sürekli boşanmaktan bahsediyordu. Ama yine de ortada atılmış bir adım yoktu. Bu durum Ferhan'ı gerse de Mert'i sıkmak istemiyordu.

Haftaya yine iç sıkıntısıyla başlamıştı. Bilgisayarını açmış, sevimsiz raporlara bakarken telefonu çaldı. Arayan Mert'ti.

"Ferhan!" Mert adeta bağırıyordu.

"Noluyo ya?" diye sordu Ferhan.

"Duruşma günü belli oldu!"

"Ne duruşması?" dedi Ferhan. Düşündüğüm şey olamaz herhalde," diye içinden geçirdi.

"Boşanma davasının duruşması!"

"Mert, sen boşanma davası mı açtın?"

"Eveeeeet!"

"Benim niye haberim yok!" diye çıkıştı Ferhan.

"Hayatım, sen bana demedin mi, bundan bahsetme sinirim bozuluyor, yapacak adam yapar zaten diye..."

"Evet, öyle dedim."

"Ee ben de öyle yaptım işte. Bak, ne uysalım, ne söz dinliyorum... Adeta bir kedi gibiyim, akşam geleyim de ensemden sev beni biraz..." diyerek miyavlamaya başladı.

Ferhan sevgilisinin bu şaşkın haline gülüyordu. Kalbi coşkuyla çarptı. Seviyordu bu adamı. Sabrettiğine değmişti işte. Sadece birkaç gün sonra her şey sona erecekti.

"Seni çok seviyorum Mert," dedi

"Ben de," dedi Mert, "inan ben de, hem de çok. Ne dersin, akşama geleyim mi, miyavlayayım mı?"

"Gel, geeel" diye kahkaha atı Ferhan. "Gel," diye geçirdi içinden, "gel ve hiç gitme..."

Ferhan telefonu kapar kapamaz Nazlı'yı aradı.

"Nazlı, duruşma günü alınmış, boşanıyorlar!"

Telefonun ucundan kulağı sağır edecek bir çığlık, ardından keyifli bir melodi geldi.

...

Bir korkusuzluk aldı yürüdü çevremizde
Sen çıkardın utancını duvara astın
Ben masanın üstüne koydum kuralları
Her şey işte böyle oldu önce

Cemal Süreya - "Önceleyin"

Ferhan akşamı nasıl ettiğini bilemedi o gün. Akşam ne yeseler, ne içseler, bunları düşünüp durdu. Artık hayatları bambaşka olacaktı. Baş başa olacaklardı.

"Vay be, nereden nereye..." dedi kendi kendine. Bu fikri kafasından atamıyor bir türlü inanamıyordu.

İşten çıkmaya yakın, içini bir sıkıntı kapladı. Boşanmak, o ya da bu şekilde zordu. Annesi, babasından boşanmaya cesaret edemediği, aldatıldığı, gururu kırıldığı için akıl sağlığını kaybetmişti. Peki aklına getirmemeye çalıştığı o kadın, Deniz, nasıl hissediyordu? Muhakkak üzgündü. İstenmemek, vazgeçilmek ve bunların yarattığı hırs, kimsenin kolay kolay üstesinden gelebileceği şey değildi.

Zaman zaman Mert yanına geldiğinde, halinden, tavrından hırpalandığı hissediliyordu. Kendisine yansıtmamaya çalışsa da perişan bir hali oluyordu. Evde nasıl bir fırtına kopuyordu kim bilir... Bunu anlasa da üzerine gitmek istemiyordu. Çünkü duyacaklarından korkuyordu.

Deniz'in de boşanmak istediğini düşünmek onu rahatlatıyordu. Çünkü kocasına âşık bir kadının "yuvasını yıkmak" istemiyordu. O zaman şunu düşündü: Bir tarafın diğer tarafa âşık olması ya da ayrılmak istememesi; sevmeyen, ayrılmak isteyen tarafı bu ilişkide bir mahkûma çevirmez mi? Cezaevine konmuş bir hükümlüden ne farkı kalır o kişinin? Gitmek isteyenin kadın ya da erkek olması neyi değiştirir? Bir ilişki ya da evlilik ancak iki taraf da birbirini seviyor ve ilişkiyi devam ettirme iradesini sürdürüyorsa anlamlı değil midir? Başkasına âşık olmak suç mudur? Ya da âşık olunan neden bu yuvanın yıkıcısı olarak görülür?

Bu ilişkinin nasıl başladığını insanlara hiçbir zaman anlatmayacaktı, anlatamayacaktı. Çünkü o zaman biliyordu ki, insanlar kendisine farklı bir gözle bakacak, ayıplayacaklardı. Ama bu hikâyeyi bilmeden onları tanısalar, birbirine âşık iki genç insan göreceklerdi.

Seviyordu insanlar dedikodu yapmayı. Başkalarını yargılamayı ve eleştirmeyi, ayıplamayı kendilerine bir vazife biliyorlardı. Üstelik bu insanlar ayıpladıkları çoğu şeyi de gizliden gizliye yapıyorlardı. Ferhan, bu durumu hep büyük bir riyakârlık olarak değerlendir ve bazen bunu onların suratına haykırma arzusuyla dolup taşardı. Onun yerine, yanında şehvetle dedikodu yapanlara Sadi Şirazi'nin bir hikâyesini naklederdi:

Sadi Şirazi çocukluğunda ibadete çok düşkünmüş. Geceleri kalkar, ibadet edermiş. Bütün gece gözünü kırpmadan Kuran okur, kutsal kitabı elinden bırakmazmış. Bir gün babasına, "Baba gece uyuyan şu insanlar kalkıp da iki rekât teheccüd* namazı kılmaya tenezzül etmiyor, ölü gibi uyuyorlar," demiş.

Babası bu durum üzerine kaşlarını çatmış ve şöyle demiş:

"Oğlum! Başkalarının dedikodusunu edeceğine, keşke sen de onlar gibi uyusaydın."

Ferhan bu hikâyeyi çok sever dedikoduculara büyük bir zevkle anlatırdı. Suratlarının aldığı ifadeye bayılsa da oradan gittikten sonra kendisinin de dedikodusunu yaptıklarını çok iyi bilirdi. Şimdi bu riyakâr insanların onu yuva yıkan kadın olarak damgalamalarını istemiyordu ama her şeyin bir bedeli

---

* Teheccüd namazı: Gece bir süre uyuduktan sonra kılınan namaz.

vardı. Bu ilişkinin alnına yazıldığını düşünüyordu. Zaman zaman Mert ile konuşmalarından Mert'in de böyle düşündüğünü anlıyordu. O zaman mutlu oluyor ve ilişkisinin arkasında durması gerektiğini hissediyordu. "Evet," dedi, "sonu neye varırsa varsın bu benim ilişkim. Karşımdaki adam dürüst, birbirimizi seviyoruz ve ben bu ilişkinin arkasındayım."

Evliliğini cezaevine benzeten, nefes alamıyorum diyen bir erkeği ya da kadını o ilişkide çok fazla tutmak mümkün olmazdı. Olmamalıydı da. Mert iki hafta içinde boşandı, karar kesinleşti ve evini taşıdı.

Ferhan karşısındaki adamın kendisiyle olabilmek için neler yaptığına birebir şahit olmuştu. Yüklü miktarda bir tazminat ödemişti bir an evvel boşanabilmek için. Artık kimse ne dağılan yuvadan ne evlilikten ne de ihanetten bahsedebilirdi. Kimsenin buna hakkı yoktu. Kimse bir imzaya kölelik etmek zorunda değildi. Gerçek bir aşk ve sevgi, başkaları kabul etmekte zorlansa da her zaman galip gelecekti.

Ferhan ve Mert yıllarca bıkmadan birbirlerini sevdiler.

Hayatım hata, pişmanlık ve bunları yüzüme çarpan insanlar toplamıdır.

Berrin

48 yaşına girmişti o gün. Üç çocuk, 32 yıllık evlilik, bitip tükenmek bilmeyen ev işleri ve ilgisiz bir kocayla tüketmişti ömrünü. Çocuklarını çok seviyordu. Hayırlı, terbiyeli, vefakâr evlatlar yetiştirmişti, böyle düşünüyordu. Ne de olsa saçını süpürge etmişti. Bir oğlu evlenmiş, ikincisi iyi bir iş bulup çalışmaya başlamıştı. En küçüğü ise henüz lisedeydi. Umudu onun da iyi bir üniversite kazanıp kendi ekmeğini kazanmasıydı. Bu umut onu rahatlıyordu biraz. Ne de olsa kimse hayatını boşa yaşadığı düşüncesinden hoşlanmazdı. O da boşa yaşamamış, aslan gibi üç yiğit yetiştirmişti.

Ama yine de o gün bir burukluk vardı içinde. Yıllardır bir eksiklik hissediyordu. Öyle bir eksiklikti ki bu, ne ahşap boyama kursu ne de uğraştığı diğer şeyler doldurabiliyordu bu boşluğu. Aradığının ne olduğunu kendisi de bilmiyordu. Bu evde yok sayılmaya alışmıştı. Çocukları bir "Eline sağlık anne," demese göründüğünü bile unutacaktı.

Kocası Halim zaten kendisiyle pek alakadar değildi. İşe gidiyor, akşam eve geldiğinde soyunup dökünüyor, televizyon karşısında uzanıp şarkı yarışması izliyordu. Bazı akşamlar da belediyenin açtığı lokale gidiyor, mahallenin erkekleriyle kâğıt oynuyordu.

Berrin onu da anlıyordu. Sabahtan akşama kadar çalışıp didinip eve ekmek getiriyor, bin bir türlü ağız kokusu çekiyordu.

Kızsa da kocasına kıyamıyor, hemen meyvesini soyuyor, çayını demliyordu. Sonuçta bir görev dağılımı vardı doğada. *Erkek çalışır, eve ekmek getirir; kadınsa çocuklarını büyütür, evin düzeninden sorumlu olurdu.* Berrin bu görev dağılımını öylesine benimsemişti ki, bir robot gibi dur durak bilmeksizin ev ahalisine hizmet ediyordu.

Herkes bu durumu kanıksamıştı. Yaptığı en ufak şeyi hastalık ya da başka nedenle yapamaz olsa evdekiler huysuzlanıyor ve hesap soruyordu...

O gün Berrin'in doğum günüydü ve tüm bunları düşünüyordu; ömrü nasıl geçmişti, neden böyle geçmişti ve hissettiği boşluk neydi... Bunları düşündüğü sırada işe ve okula dağılan çocuklarından kalan bulaşıkları yıkıyordu. Bulaşık süngerini elindeki bardağın içine sokmuş kıpırdamadan camdan dışarı bakıyordu. Hayatı sanki boşa geçmişti. Hiçbir şey üretmemiş, kocası tarafından sevilmemiş, çocukları tarafından da hizmetçi gibi görülmüştü. Bir gün yoktu ki kocası ona aşkla, şehvetle sarılsın... Her birleşmeleri çiçek sulamak gibiydi. Hani ölmesin diye mecburen sularsın ya, öylesi... Ya da tatile giderken eşe dosta evin anahtarını verirsin de kedine mama verir. Öyle bir zorundalık, öyle bir hissizlik vardı yataklarında. Başka kadınların nasıl seviştiğini düşündü, zevk alıyorlar mıydı, kocaları ya da sevgilileri onlara nasıl dokunuyordu, bunu hayal etti.

Bıkkınlıkla bardağı yıkamaya devam etti. Hayatını boşa yaşadığı düşüncesi giderek şiddetleniyordu.

Sevilmeye öyle muhtaçtı ki, gördüğü her sevgi kırıntısını topluyordu. Sürekli arkadaşlarını arıyordu, eve su getiren oğlana göz süzüyor, kıyma alırken kasabın saçma esprilerine anlamsız biçimde şuh kahkahalar atıyordu. Eve döndüğünde ise bu yaptığına pişman oluyordu ama çaresizdi. Değersiz bedeni gün geçtikçe daha da yaşlanıyordu ve işlevsiz hale gelene kadar artık bu bedenin tadını çıkarmak istiyordu.

En yakın arkadaşı Serap'a bu konuyu açmıştı. "Âşık olmak istiyorum," demişti. Serap şaşkınlıkla kaşlarını kaldırmış ve "Nereden çıktı Berrin şimdi bu?" diye sormuştu. Berrin ise hiç düşünmeden konuşmaya başlamıştı:

"Hayatım başkalarına hizmet etmekle geçti. Kendimi bildim bileli temizlik yapıyorum. Kocam çok sıkışmadıkça bana elini sürmez. O da beş, bilemedin on dakika. Ne babam ne kocam ne de çocuklarım bir kere sormadı bir şeyin eksik mi, bir şeye ihtiyacın var mı, mutlu musun, nasılsın diye. Bana baktılar ama beni görmediler. Gördükleri tek şey bir hizmetçi... Onlara yaşamaları için yemeleri gereken yemeği yapan, gömleklerini ütüleyen bir odacı. Oysa benim de hayallerim oldu, yapmak istediğim şeyler, arzularım oldu. Ben de güzel bir kadın olduğumu hissetmek istedim. O kadar güzel değilim biliyorum ama güzellik ne gördüğün ile ilgili değil midir? Geçen gün Halim yatağa girince başımı omzuna koymak istedim. Bana 'Napıyorsun?' dedi. 'Napacağım, sana sarılmak istedim,' deyince 'Sen çok izliyorsun bu dizileri, bu saatten sonra romantizm kasamayacağım! Hadi Berrin, yat, uyu!' deyip kıçını döndü. O kadar ağırıma gitti ki... Bunca yıllık evlilik sonunda birbirimize daha sıkı bağlanmamız gerekmez miydi? Çocuklar büyüttük, yokluğu paylaştık, ölümler, doğumlar gördük... Bunca şey paylaşmamıza rağmen iki yabancı gibiyiz. Bilmiyorum, belki ona da haksızlık ediyorum. Çalış, çabala, sabahtan akşama kadar... Eve yorgun geliyor tabii... Bilmiyorum, düşünceler arasında sıkıştım kaldım. Ama artık mutlu olmak, kendim için bir şey yapmak istiyorum."

Serap biraz üzgün, biraz şaşkın:

"Maşallah, şair olmuşsun sen be, edebiyata bak!"

Gülüştüler. Serap, Berrin'e sanki bir şey söylemek istiyor gibiydi. Parmaklarını çıtlatırken yanındaki çekyatta oturan Berrin'e söyleyeceklerini tasarlıyordu.

"Berrin, sana bir sır versem ömür boyu saklar mısın?"

Berrin şaşırmıştı. Çünkü Serap ile senelerdir arkadaşlardı ve kocalarıyla geçirdikleri özel anlara kadar her şeyi birbirlerine anlatırlardı. Serap'ın onca senelik arkadaşlıklarına rağmen hâlâ kendisinin bilmediği bir sırrı olmasına hem şaşırmış hem de içerlemişti.

"Hayırdır Serap?" dedi.

"Şu bizim fotoğrafçı Kenan var ya..."

"Eee?"

"Ben onunla görüşüyorum"

"Niye kız, sen fotoğraf bile çekmezsin ki..."

"Dalga mı geçiyorsun Berrin?"

"Ay niye dalga geçeyim? Anlatsana, ne demek görüşüyorum?"

"Sevgiliyiz."

"Yok artık!"

Berrin'in gözleri öylesine açılmıştı ki, adeta yuvalarından fırlamıştı. Bunca yıllık arkadaşının neler karıştırdığını anlamamış olduğu için kendine, böyle bir şeyi sakladığı için de arkadaşına kızıyordu.

"Yahu niye söylemedin bana daha önce?"

"Ayıplarsın diye düşündüm. Çekindim. Belki benle arkadaş olmak istemezdin o zaman. Ama bugün sen bana bu isteklerini anlatınca beni anlayacağını düşündüm."

Berrin kafasını sallıyordu. Gerçekten de yadırgamamıştı. Aslında "İyi yapmış," diye düşünüyordu. Her iki kadın da senelerce kocaları tarafından aldatılmış, acı çekmiş ve tüm bunları sineye çekmek zorunda kalmışlardı. Onların göstermediği ilgiyi başkaları gösterdiği zaman, kusura bakmasınlar ama haksızlardı...

"Kaç yaş küçük kız o senden?" Berrin gülümsüyordu.

"12 yaş."

"Allahsız, almışın sabi sübyanı koynuna, bak hele Serap'a-aa! Sabahlar olmasıııııın, oooh sefan olsun!"

Berrin, Serap'ın yağ tutmuş yanlarını iki parmağıyla sıkıştırmış hafifçe dürtüyordu. İki kadın karşılıklı gülüşmeye başladılar. Serap o gün büyük bir iştahla nasıl tanıştıklarını ve bu ilişkinin ne kadardır sürdüğünü anlattı.

Berrin o gün eve gittiğinde uzun uzun bu meseleyi düşündü. Demek Serap'ın o kadar mutlu ve enerji dolu olmasının sebebi buydu. Kendisine hayranlık duyan genç bir erkek, kocasıyla yaşamadığı bir cinsellik, arada alınan hediyeler ve her şeyden önemlisi değerli olduğunu hissetmesi... Aslında kendisi de cinselliğin bu kadar önemli olduğunu son birkaç seneye kadar düşünmemişti. Seks çocukluktan itibaren kendisine ayıp ve günah olarak tanıtılmıştı ama yaş aldıkça, bedeni, hormonları ve zihni değiştikçe cinselliği yaşamayı ister olmuştu. Merak ediyor, keşfetmek istiyordu. Kalkıp da kocasından internette bakındığı o değişik pozisyonları istese, kesinlikle "Sen bunları nereden öğrendin orospu!" diye dayak yerdi.

Serap bu ilişkiyi bir seneden fazla zamandır götürebildiğine göre kendisi de böyle bir ilişki yaşayabilirdi.

Berrin biliyordu ki, bu fikir aklına bir kez düşünce, elbet günü gelip gerçekleşecekti. İster bir ay ister bir sene olsun içten içe bunu istiyordu. Hatta belki de uzun zamandır istiyordu. Yaşayacakları için pişmanlık duymayacağını şimdiden biliyordu. Sadece doğru yer, zaman ve insanı beklemeliydi.

Serap o hafta Berrin'i arayarak Kenan ile buluşacağını, eğer kendisi isterse Kenan'ın da bir arkadaşını getireceğini söyledi.

Berrin son derece heyecanlanmış ve hemen kabul etmişti. Seneler sonra kocasından başka bir erkekle aynı masaya oturacaktı. Tabii ki hayatında bir sürü erkekle; eş dostla, akrabayla görüşmüş, yemek yemişti fakat hiçbirini gerçek anlamda bir erkek olarak görmemişti. "Ne giysem?" diye tatlı bir telaş kapladı içini...

Kenan'ın arkadaşı da tıpkı Kenan gibi gençti ve yakışıklı denebilirdi. Boynundaki iri âdemelması, çıkmaya başlayan sakalları ve diri vücudu gençliğinin göstergesiydi. Berrin çocuğa bakmaktan kendini alamamıştı. İçinde uzun zamandır kabaran sevişme arzusu bu genç adamı görünce daha da belirginleşmişti. Çocuğun kendisine mahcup bakışları, toyluğu, kadınları tanımıyor oluşunun verdiği kızarma huyu, Berrin'i neşelendirmişti. Yönetilmenin, itilip kakılmanın ve sürekli ezilmenin karşısında seneler sonra yönetecek, öğretecek ve bilmişlik taslayacaktı. O gün bol bol gülüp hafta içi bir gün Kilyos'a gitmeye karar verdiler. Genç adam ve Berrin birbirlerine telefon numaralarını verip vedalaştılar...

Berrin ile genç adamın ilişkisi neredeyse sekiz ayı bulmuştu. Çocuk saf bir aşkla kadına bağlanmıştı, "Çocukların, benim de çocuklarım," diyordu ama çocuğum dedikleri kendisinden sadece birkaç yaş küçüktü. Berrin onun bu saf halini seviyordu. Tatlı dilli, yumuşak huylu bir çocuktu. Kendisine çok nazik davranıyordu. Bazen defalarca sevişmek istiyordu. Halim kendisini bir kere bile bu şekilde istememiş, arzulamamıştı. Üzerinde üç dakika tepindikten sonra böğürerek geliyor, sonra da uyuyakalıp horlamaya başlıyordu. Üstelik bazen ter kokardı. Berrin çoğu kez kendisini ayakkabılığın üzerinde duran, eve girince anahtarların fırlatıldığı çukur tabak gibi hissediyordu. Fakat artık durum öyle değildi. Vücudu kıymetliydi, karşısındaki erkek ona her dokunuşunda zevk vermek istiyordu, onu mutlu etmek, onun gözüne girmek istiyordu.

Berrin o kadar mutluydu ki, değişimi fark edilmeyecek gibi değildi. Yüzü aydınlanmıştı. Sürekli gülüyor, şakalar yapıyor, Halim'in kaba saba tavırlarını umursamıyor ve kocası yatakta kendisine ne zaman yanaşsa bir bahaneyle onu geri çeviriyordu. Bu durum Halim'i rahatsız etmeye başlamıştı. Akşam yemeklerinden sonra çayını önüne getirip meyvesini soyan karısı, "Kalk kendin al, hizmetçin yok senin!" diyen birine dönüşmüştü. Karısı sürekli Serap'la buluşuyor; telefondan kafasını kaldırmıyordu. Bir iki sefer çekmecesinde dantelli külotlar görüp heyecanlanmış, karısının bunları giymesini beklemişti. Ama o gün nedense bir türlü gelmiyordu. Üstelik bunların biri kirli sepetine atılmıştı. Sepette dantelli külotu gördüğü gün korkunç bir tartışmaya giriştiler. Halil, Berrin'i saçlarından tutuğu gibi çekyata fırlattı, kadına alabildiğine vuruyor ve o külotu kim için giydiğini soruyordu. Berrin o gün yalvardı ve kimse olmadığına dair yeminler etti. Halil'in siniri biraz geçmişti.

"O zaman bu akşam giy de bir görelim!"

Burnundan kanlar akan Berrin gözlerle Halim'e baktıysa da, adam ona sırtını dönmüştü.

"Akşam gelicem, hazırlan bekle."

Kapıyı büyük bir gürültüyle çarparak çıktı. Berrin ağlayarak Serap'ı aradı. İkisi de çok korkmuştu. Daha dikkatli olmaları gerektiğine karar verdiler. Bu iş ikisinin de sonu olurdu.

Halim, o gece Berrin'e adeta tecavüz etti. Berrin ise kaderine razı, derin nefesler alarak sadece bitmesini bekledi. Halim üzerinden yana düşüp uyuyakalınca da koşarak banyoya gitti. Uzun uzun yıkandı.

Halim karısındaki tüm bu değişikliklerin farkındaydı elbette. Fındık büyüklüğündeki beyni küçük olsa da fonksiyoneldi. Her ilişkiden sonra kendisine sırnaşan, sarılmaya çalışan karısı şimdi koşarak banyoya gidiyordu, bir şey vardı, biri vardı... Bulacaktı.

Berrin, Halim'in durumu bu kadar kafasına taktığının farkında değildi. Yine de olabildiğince dikkatli davranıyor, artık genç adamı gündüz eve çağırmıyordu. Görüşmeyi azaltmışlardı. Serap önlem olarak bir süre görüşmemeleri gerektiğini söylemişti.

Ne kadar deneseler de uzun süre ayrı kalamadılar. Genç adam şehrin merkeze en uzak ilçelerinden birinde, bir otel odası ayırtmıştı ve orada buluşacaklardı. Berrin çok heyecanlı ve mutluydu, heycanını bastırmaya çalışsa da gözleri parlıyordu. Halim, Berrin'in neden bu kadar mutlu olduğuna anlam verememişti ama işkillenmişti. Berrin'i takip etmeye karar verdi.

Berrin önce duraktan bir otobüse bindi, üç durak sonra inip arka sokağa doğru yürümeye başladı. Sokağın arkasındaki bir duraktan ise tam tersi istikamete giden bir minibüse bindi.

Halim beyninden vurulmuşa döndü:

"Vay orospu! Vay orospu! Bir de takip edilme ihtimaline karşı vasıta değiştiriyor!"

Aynı yöne giden bir minibüse atladı, öndeki minibüsle aralarında epey bir mesafe vardı ama gözden kaçırmamaya çalışıyor, hiç değilse Berrin'in inip inmediğini görebilmeye çabalıyordu. Birbirini sollayan arabalar, sinyalsiz, kuralsız anayola dönen kamyon ve tırlar, birbirine küfreden şoförler arasında minibüsü gözden kaçırdı. Ama yine de arabadan inmedi. Son durağa kadar minibüste kaldı. Son durakta inen yolcuların arasında Berrin yoktu... Nereye gittiğini öğrenememişti, ama en azından ne için gittiğini tahmin edebiliyordu.

Halim, dönüş yolunda minibüste gizli gizli ağladı. Kaç yıllık karısı bu hainliği kendisine nasıl yapmıştı, çocuklarının annesi, evinin kadını, baş tacıydı o. Namusu, onuru, gururu iki paralık olmuştu. Başka bilen var mıydı; gören, duyan olmuş muydu? Arkasından gülüp dalga geçiyorlar mıydı, boynuzlu diyorlar mıydı?..

Oğullarının yüzüne nasıl bakacaktı? "Bir kadına sahip çıkamadın," demezler miydi? O bunu hak edecek adam mıydı? Bu kadın nasıl şerefsiz, arsız, hayasız kadındı böyle...

Gözyaşlarını sildi.

Bu işi nasıl temizleyeceğini biliyordu.

Halim üç gün işe gitmedi, eve uğramadı. Berrin ısrarla aramış fakat o cevap vermemişti. İş yerinden arasının iyi olduğu Mahmut, Halim'i aramış, iyi olup olmadığını sormuş ve "Yenge seni arıyor, ulaşamamış, meraklanmış," demişti. Halim, Mahmut'u geçiştirmek istemişti. Mahmut ise Halim'in cılız sesini garipsemiş ve yanına gelmek istediğini söylemişti.

İki adam, o gece sahilde derme çatma bir balıkçıya gitmiş ve rakı içmeye başlamışlardı. Halim, Mahmut'a utana sıkıla durumu anlattı. Mahmut, Halim'in anlattıklarına ve küfürlerine iki mislini daha ekledi.

"Vay ahlaksız kadın! Vay şerefsiz kadın!"

O böyle konuştukça, Halim daha da hiddetleniyor, Berrin'i adeta parçalara ayırmak istiyordu.

"Bana silah bulabilir misin Mahmut?"

Mahmut soru karşısında afallamıştı. Evet, Mahmut'un öfkesini körüklemişti ama bir suça ortak olmaya da niyeti yoktu:

"Saçmalama yahu, boşarsın olur biter. Oğlanın velayetini alırsın, beş kuruşsuz atarsın sokağa. İki tane de ağzına çakıp sinirini aldın mı, biter bu iş! Silah milah hiç girme o işe..."

"Sen onu bunu bırak, bana silah bulabilir misin, onu söyle!"

"Yani, bir arkadaş var bu işlerden anlayan, istersen onla tanıştırayım seni."

"Tamam, iyi olur."

O gece Halim, Mahmut'un evinde kaldı. Sabah birlikte işe, akşam da Mahmut'un bahsettiği arkadaşının yerine gittiler. Gittikleri yer, bir elektrik tesisatçısının dükkânının altındaki depoydu. Çuvalların arkasına büyükten küçüğe birçok silah saklanmıştı. Adam silahları gösteriyor, fiyatlarını söylüyordu. En son çıkarttığı silah kalaşnikoftu.

"İşte beyler, Rusların kadınlarından ve votkasından sonra sahip oldukları en güzel şeyi Mihail Timofeyeviç Kalaşnikov yapmış; RPK ve AK-47. Bu RPK'nın desteği var. AK-47, işte bildiğiniz keleş. Aynı şeyler aslında."

Sonra adamlara dönüp:

"Abi siz ne vuracaksınız?"

Halim ile Mahmut kekelediler. Mahmut atıldı:

"İşte domuz, domuz gibi bir şey, o büyüklükte yani..."

"Abi, ben size pompalı vereyim, işinizi görür. Hem de daha ucuz."

İki adam sessizce başlarını sallayıp pompalı tüfekle depodan ayrıldılar. Mahmut işin ciddiyetini anlasa da anlamazlıktan geliyordu:

"Abi benden bu kadar, sen beni görmedin, duymadın, bilmiyorsun. Ama bir daha düşün."

Halim anladım dercesine kafasını salladı:

"Hakkını helal et, hadi, selametle."

Her şeyi ayarlamıştı. Çocuklar akşam ağabeyine yemeğe gidecekti. Berrin evde yalnız olacaktı çünkü bugün iş yerinden arayıp akşam geleceğini söylemişti. Silah talaş doldurulmuş çuvalın içindeydi ve dışarıdan bakınca kimse orada bir pompalı tüfek olduğunu anlayamazdı.

Eve doğru yavaş yavaş yürüyordu. Aklına bir duble rakı içmek geldiyse de vazgeçti. Bu kadınla evlenirken sonlarının böyle olacağını hiç düşünmemişti.

Apartmana girip merdivenleri ağır ağır çıktı. Zile basınca heyecanla öten kuş sesi kulaklarında yankılandı. Bu sesi bir daha kaç yıl sonra duyacağını içten içe merak etti.

Berrin sırtında çuvalla eve giren Halim'e hışımla çıkıştı:

"O ne be! Kaç gün sonra çıkıp geliyorsun! Leş gibisin, hale bak. Yürü geç banyoya, o çuvalı da kapının önüne koy."

Halil ayakkabılarını çıkartırken alttan alta Berrin'i kesti.

"Sus Berrin."

Berrin elini "amaan" dercesine havada savurdu, salona geçti.

Halim gerilmişti. Daha fazla beklemek istemiyordu. Çuvaldan pompalı tüfeği çıkardı ve salona doğru yürüdü. Televizyonun karşısında oturan Berrin'in gözleri yuvalarından fırlayacak gibi oldu. Elindeki kumandayı fırlatıp oturduğu koltuğun üzerine sıçrayarak kolunun altındaki yastığı çaresizce siper etti.

"Napıyorsun, delirdin mi, ne o Halim!"

"Yapmayacaktın Berrin, yapmayacaktın!"

"Ayağını öpeyim Halim! Ne yapmışım, yapmadım bir şey, yeminle yapmadım!"

"Kimle buluşuyorsun lan sen gizli gizli! Hangi orospu çocuğuyla! Söyle laan, söyleee!"

Halim'in ağzından tükürükler saçılıyordu. Yüzü kıpkırmızı olmuş, tüfeğin namlusunu kadının göğsüne dayamıştı.

"Yat yere Berrin!"

"Halim kurbanın olayım bak, Allahını kitabını seversen Halim!"

"Yere yatmazsan beynini parçalarım burada!

Yat yere dedim! Yaaat!"

Berrin çaresiz gözlerinde yaşlar, yere yattı.

"Aç kollarını bacaklarını Berrin!"

Kadın hıçkırıklarla ağlıyor, kocasına yalvarıyordu. Çocukları düşün, yalvarırım!" diyordu.

"Orospuluk yaparken düşünecektin Berrin bunları! Aç, bacaklarını aç! Öldürmeyeceğim seni, sakat bırakacağım. O gizli gizli buluştuğun herif seni sikecek mi bakalım bacaksız, kolsuz! Aç Berrin aaaç!"

"Gözünü seveyim Halim, yapma!"

"Merak etme, öğrendim ben! 7 seneye çıkarmışım hapisten. Benim değilsen, kimsenin olmayacaksın, anladın mı! Aç kollarını da aaaç!"

Halim'in boynundaki damarlar belirmiş, yüzü mosmor olmuştu. Berrin alnına doğrultulmuş pompalı tüfeğin korkusu ile fazla direnmeden yere yatıp bacaklarını açtı.

"Kollarını da ayır!"

Berrin hıçkıra hıçkıra ağlıyordu, çaresizce kollarını ayırdı. Halim pompalı tüfekle kadının önce sol bacağına ateş etti. Tetiğe bastığı gibi bacak patlamıştı. Berrin'in sol bacağı, dizinin altından itibaren yoktu. Berrin şoke olmuş vaziyette kafasını güçlükle sola çevirdiğinde etrafa saçılmış et parçalarını gördü.

Ölüyordu. Böyle öleceğini hiç düşünmemişti. Öldüğünde mobilyalara yapışmış parçalarını bulacaklardı. Çocuklar annelerinin etrafa sıçramış kanını görünce bir daha toparlanabilecek, iyi olabilecekler miydi? "Ah yavrum, sabah evden çıkarken iyice koklasaydım keşke..."

Halim beklemedi, aynı şekilde sağ bacağa ateş etti. Sağ bacak, kurşunun isabet etmesiyle paramparça oldu. Berrin çığlık çığlığa yattığı yerde ters dönüp sürünmeye başlamıştı. Can havliyle odanın öbür ucuna gitmişti bile. Halim bu arada dört kez daha ateş etti, kurşunlardan biri solu, biri sağı ıskaladı. Son kurşunla Berrin kendisinden geçmişti.

Halim silahı yere atıp Berrin'in yanına giderek nefes alıp almadığına baktı. Göğsü inip kalkıyordu. Ölmemişti. Birden etrafına bakmak aklına geldi. Her yer kana bulanmıştı. Kanın bu denli çok akmasına şaşırmıştı. "Daha temiz olur" diye düşünüyordu. Kan neyse de, şu dağılan etler kötüydü.

Silah sesine bütün apartman ayağa kalkmış, kapıya dayanmıştı. Kapıyı yumrukluyorlar, çığlık çığlığa bağırıyorlardı. Halim hızla yürüdü, kapıyı açtı:

"Ambulans çağırın, ben polise gidiyorum."

Ambulans Berrin'e yetişemedi. Sürünerek gittiği köşede kan kaybından ölmüştü. Olay yeri inceleme ekibinin işi bittikten sonra komşuları günlerce evi temizledi. Koltukları, masa örtüsünü, yastık kılıflarını defalarca yıkadılar. Kan öyle bir akmıştı ki parkelerin arasını diş fırçasıyla ovaladılar. Ağlaya ağlaya, ince ince...

Halim dört ay sonra mahkemeye çıktı. Poliste verdiği kendinden emin ifadesini değiştirmişti. Karısının kendisinin erkeklik onurunu zedelediğini, kendisine hakaret ettiğini öne sürdü. Karısının "Sen de erkek misin, erkek olsan başkalarıyla yatmazdım şerefsiz," dediğini, o anda cinnet getirdiğini, öldürme kastıyla hareket etmediğini, sadece onu korkutmak için silah doğrulttuğunu ve karısı üzerine atlayınca silahın patladığını söyledi.

Ruhsatsız pompalı tüfeğin evde ne aradığı muamması ise tanık Mahmut'un beyanlarıyla açıklığa kavuştu:

"Ben bu pompalıyı işyerinin arkasındaki şantiyede buldum, Halim'e getirdim. Halim, 'Bunu polise götürelim,' dedi. Ben de 'Olur ama akşam bizde misafir var, sen götür,' dedim. O da 'Tek başıma götüremem. Sen buldun, sabah beraber götürürüz,' dedi. Ben de hanım kızar, korkar diye 'Abi bu sende kalsın madem, yarın hallederiz,' dedim. Bizim oralarda gençler bazen atış yapar şantiyede, öyle bir şey sandım. Önemsemedim."

Halim'in avukatı böylece cinayetin tasarlanmadığı tezini güçlendiriyordu. Her şey tesadüf eseri meydana gelmişti. Kadın çıldırmış, adamı tahrik etmiş ve masum, aldatılmış koca, ertesi gün polise teslim edilmek üzere eve getirilmiş ruhsatsız, üstelik içi dolu bir silah ile hain karısını öldürmüştü.

Tahrik indirimi, üstelik ağır tahrik sayılabilirdi, iyi hal indirimi garanti gibiydi. Olayların böyle gelişmediğini ispat eden herhangi bir delil de yoktu. Maktulü genç sevgilisiyle sağda solda görenler olmuştu. Bu olaydan sonra genç adam sırra kadem basmıştı. Her şey Halim'in anlattığını doğrular nitelikteydi. Tanık ifadeleri, cinayetin işleniş biçimi... Tüfeğin balistik incelemesinde daha önce işlenen bir suçta kullanılmadığı tespit edilmişti.

Halim 12 yıl hapis cezası aldı. Berrin ise bacak ve kollarından kopan parçaları olmadan, babasının yanına sessiz sedasız gömüldü. Annesi ve çocukları onu hep yüzkarası olarak anacaktı, onun sadece sevgi isteyen bir kadın olduğunu düşünmeden...*

* Hikâyede Berrin'in vurulma biçiminde gerçek hayattaki bir olaydan esinlendim. 6 çocuklu Arzu Boztaş, kocasının zihinsel engelli bir kadına tecavüz ettiğini öğreniyor. Kocası kendisine kızın ailesinin varlıklı olduğunu, bu durumda kızı kendilerine vermek zorunda kalacaklarını ve aileden bolca para alıp refah içinde yaşayabileceklerini söylüyor. Nitekim aile de olayı örtbas etmek için dini nikâhla evlenmelerine göz yumuyor. Ne var ki Arzu, kocasına bunu asla kabul etmeyeceğini, kendisinden boşandıktan sonra istediğini yapabileceğini söylüyor. Bunun üzerine koca Arzu'yu pompalı tüfekle vurarak sakat bırakıyor. Arzu'nun iki bacağı tamamen kopuyor ve kolları tüm işlevini kaybediyor. Mahkemece kısıtlanıyor ve 6 çocuğu Çocuk Esirgeme'ye gönderiliyor. Arzu ile tanıştım. Her şeye rağmen güler yüzlü genç bir kadın. Çocukken başlık parası uğruna evlendirilmiş. "O zamanın parasıyla iyi paraydı, 3 bin liraya verdiler beni," dedi. 3 bin lira... Kocasının hapishaneden, "20 sene yatacağımı bilseydim vurmazdım," diye haber yolladığını, annesinin ise "Damadın yarım bıraktığı işi biz bitireceğiz," dediğini, kollarını kullanamadığı ve yardımsız hiçbir şekilde hareket edemediğinden artık başörtüsü takamadığı ve namaz kılamadığı için yakın çevresinde ayıplanarak dışlandığını bizzat bana anlattı.

Bazen insanlardan istediğin küçük bir şeydir ve genelde onlara bir şey ifade etmez. Küçük de olsa senin için ne kadar değerli olduğunu anlamayan insanlardan uzak dur, onlar bencildir.

Ece

"Çocuklarımın velayetini almak istiyorum Avukat Hanım."

"Buyurun dinliyorum, ne zaman boşandınız?"

"4 ay oldu, 4 ay önce."

"Anlaşmalı boşandınız sanıyorum."

"Evet."

"İlam var mı yanınızda, bakabilir miyim?"

"Getirmedim, ama çok bir şey yazmıyor. Üzerime iki daire vardı. Onları kocama, yani eski kocama devrettim, çocukların da velayetini verdim. Bankada biraz param vardı, onu da verdim."

"Peki anlatır mısınız, tüm bunları neden boşandığınız eşinize verdiniz?"

Kadın yaşlı gözlerle avukatın yüzüne baktı.

"Ben... Ben büyük bir hata yaptım. Bu nedenle bunların hepsini verdim."

"Anlatmak isterseniz, tabii hiçbir detay atlamadan, sizi dinlerim."

"Evet, anlatırım. Ama şey..."

Tedirgin bir halde kapıya baktı, sesini alçaltarak:

"Anlatırım da kapıyı kapatmamız mümkün mü?"

Kapı kapandıktan sonra anlatmaya başladı...

"Evet Ece Hanım, rahat olun, bu odada anlattıklarınız bu odada kalır. Çekinmeyin, buyurun."

Ece 34 yaşındaydı. Üniversite mezunuydu, kocasıyla severek evlenmişti. Dünya tatlısı iki çocukları vardı. Mali müşavirdi. Yaşına göre iyi kazanıyordu; zeki, tutumlu ve pratik çözümleri olan bir kadındı. Kocasından fazla kazanıyordu. Ama ona maaşının gerçek miktarının çok altında bir rakam söylemişti. Her ay maaşlar alınıp ortak ödemeler yapıldıktan sonra kalanı kendisine harcıyor, kimsenin bilmediği o birkaç bin lirayı da bankada biriktiriyordu.

Elbette kocasını seviyordu ama 40 senelik evliliklerin dahi bittiğini görmüştü. Boşanan kadınların en çok parasızlıktan mağdur olduğuna tanık olmuştu. Evlenip çoluk çocuk için işi bırakan, kocasının eline bakan kadınlar, boşanmanın manevi rahatlığını tatmadan, hayatın maddi sillesini yiyorlardı. Kocasının onu aldatabileceğini ya da ondan başka bir kadın için boşanabileceğini sanmıyordu ama yine de tedbirli olmak gerekiyordu.

Yolunda giden tüm bu düzen içerisinde, hayatının tüm akışını bozan, defterlerini tuttukları bir müşterileriydi. Ofislerine geliyor, çekici kahkahasıyla ofisteki herkesi kendisine hayran bırakıyor, ona iltifatlar ediyordu. Ece yakışıklı adamın kendisine gösterdiği bu ilgiden memnun olmuş ve kendisini kötü hissetmişti. Kocasına ve çocuklarına karşı kendini suçlu hissetmişti. Bu durumun farkında olan iş arkadaşı Ayten bir gün imalı imalı konuştu:

"Pek de sıkı fıkısınız Gökhan Bey'le, Allah muhabbetinizi artırsın."

Ece elektrik çarpmışa döndü.

"Ne diyorsun Ayten Hanım, ağzından çıkanı kulağın duysun."

"Aman bir şey demedik canım. İş hayatı bu, napıcan, biraz taviz vereceksin..."

"Ne tavizi, ne işi, herkes işine baksın, kimse haddini aşmasın!"

Ayten suratında sinsi bir gülümsemeyle işine geri döndü. Dönerken de "En iyi müşterimiz, birinin idare etmesi gerekiyor," diyerek Ece'ye göz kırptı.

Ece sinirden morarmıştı...

Aradan birkaç gün geçmişti. Gökhan Bey, Ece'yi cep telefonundan aramış ve öğle arası kahve içmek için davet etmişti. Aslında bu durum Ece'nin hoşana gitmişti. Yıllar sonra hâlâ bir erkeğin ilgisini çekiyor olmak iyi hissettirmişti. O gün ofiste Ayten ile birlikte odayı paylaştıkları iş arkadaşları Dilek söze girdi:

"Ay bu erkeklerin Facebook mesajları beni deli ediyor, geri zekâlının attığı mesaja bak: 'Güzel bayan, mesaj atıyorum atıyorum cevap vermiyorsun. İnsan olsan verirdin, seni sayfamdan siliyorum.'"

Üç kadın kahkahayı patlattı.

Ece döndü ve Dilek'e sordu:

"Biz öyle bir şartlanmışız ki bize yaklaşan her erkeğin kötü niyetli olduğuna, hemen hepsinin suratına bir şamar atmaya hazırız. Haksızlık değil mi bu biraz?"

Aynı odayı paylaştığı Dilek kafasını salladı:

"Yani bu açıdan baktığın zaman haklısın, ama ortam da belli yani, düzgün insan kalmadı. Bilemiyorsun ki karşındaki ne istiyor?"

"Tamam Dilek o bakımdan da sen haklısın, ama mesela iş çevremizde, sosyal hayatımızda erkeklere yabani gibi davranıyoruz, konuşmaya çekiniyoruz, sen değil miydin geçen gün Erol ile öğle yemeğine giderken bana 'Sen de gel, yanlış anlaşılmasın' diyen?"

"Evet de aynı şey mi?"

"Aynı şey tabii. Erol bizim mesai arkadaşımız, üç senedir bu ofisteyiz. Ben evliyim, senin uzun bir ilişkin var. Erol'la yalnız yemek yiyince neden dedikodu olacak diye korkuyoruz ki? Arkadaşımız yahu o bizim!"

Kadınların iş hayatında kibar davrandıkları erkeklerin, nezaketi kur sanıp kadınlara asılmaları bir gerçekti. Bu nedenle kadınlar, kimi zaman erkeksi tavırlar içerisine girip "GEÇİŞ YOK" diyor ya da mümkün mertebe erkeklerden kaçıyorlardı.

Dilek söze girdi:

"Ama Ece ben bunun da erkeklerin suçu olduğunu düşünüyorum. Neredeyse her zaman, istedikleri her kadına istedikleri gibi davranabileceklerini düşünüyorlar. 'Hayır'dan anlamıyor, ısrar üstüne ısrar ediyorlar. Hayır, artık sevgilim falan var da kesmiyor."

Ece gülümseyerek:

"Ay benim gözüm kadar alyansımı bile tınlamıyorlar, aç kurt gibi hepsi."

Ayten dayanamadı:

"Hadi hadi, istemem yan cebime koycusunuz hepiniz."

Dilek ve Ece, Ayten'e sinir oluyorlardı. Fesat kelimesinin can bulmuş haliydi. Kıskanç, içten pazarlıklı ve kem gözlüydü. Ece bir türlü bu kadının neden bu kadar mutsuz olduğunu anlamazdı. Her şeyi vardı. Evi barkı, çocukları, kocası, işi, parası... Ama galiba kötülük insanın kalbine erken yaşta ekiliyordu.

Bunları düşünürken Ayten'e dönüp ters ters:

"Hayır Ayten Hanım, ne ilgisi var, biz basmakalıp yargıları kırmaktan, erkekleşmeden, cinsiyetimizden utanmadan da çalışabilmekten bahsediyoruz. Niyeyse sizin akıl fikir hep başka yerde..."

Dilek'le Ece bakışıp gülüştüler.

Ayten ise suratı asık bilgisayarına ve önündeki faturalara geri döndü."İşte böyle başladı Avukat Hanım. Sonra yakınlaştık epey. Eşim öğrendi tesadüfen."

"Öğrenince ne yaptı?"

"Emin olamamış önce, takip etmiş beni, farkında değildim hiç. Sonra emin olunca çocukları annesine yolladı bir hafta. Servis oradan aldı çocukları. Bir hafta dövdü beni evde.

Avukat kaşlarını kaldırmıştı:

"Siz ne yaptınız?"

"Hiçbir şey..."

"Ne demek hiçbir şey, polisi aramadınız mı, karşı koymadınız mı?"

"Yapmadım... Çocuklar bir hafta sonra geldi eve, onlara çaktırmamak için epey çabaladım. Yüzüm, gözüm, her yerim şişmişti, makyajla kapattım. 'Hastayım,' deyip işe gitmedim. Bir hafta sonra bitecek sandım ama beni eve kilitledi, 'İşe gitmeyeceksin,' dedi. İşyerimi aramış gelmeyeceğimi söylemiş. Evdeki modemi söktü, cep telefonumu aldı, kimseyle iletişim kuramadım..."

"Kapılar da mı kilitli, çocuklar okuldan dönünce nasıl karşıladınız? Kapı kilitli değilse pekâlâ evden çıkabilirdiniz, neden çıkmadınız?"

"Çocukları ben karşıladım, 'Kimseyle konuşmayacaksın,' dedi. 'Ailene, arkadaşlarına, herkese rezil ederim seni,' dedi. 'Çocuklarının yüzünü göremezsin,' dedi. O kadar utandım, o kadar pişman oldum ki, karşı koyamadım yaptığı, söylediği hiçbir şeye... Sustum."

"Ne kadar sürdü bu durum?"

"İki ay..."

"Peki bu iki ay boyunca neler oldu, anlatır mısınız? İsterseniz biraz bekleyelim, bir çay daha alır mısınız? Yasemin çayı yaptırayım mı size, rahatlatır..."

"Yok, anlatayım bitsin artık. İki ay boyunca evden çıkarmadı beni. Çocukların olmadığı her an şiddet ve hakaret vardı. Geceleri zorla benle birlikte olmaya çalışıyordu."

Ece gözyaşlarına hâkim olamadı:

"Her seferinde 'Beni sevdiğini söyleyeceksin,' diyordu, 'Bana ait olduğunu söyle,' diyordu. Zorla yapıyordu bunu. Canım çok yanıyordu, çok zordu."

Avukat şakaklarını ovdu. İfadesiz, sessiz ama anlayan gözlerle Ece'ye bakıyordu. Ece, avukatın bakışlarından cesaret alıyor, anlatmaya devam ediyordu:

"Bazı yazışmalarımızın ekran görüntüsünü almıştı, yazışmalar biraz cinsel içerikliydi, onları Youtube'a koyacağını söyledi. Gizlice çektiği bazı görüntülerimi internete yaymak, aileme göndermekle tehdit etti. Yapacak bir şey bulamadım. Kolumu kanadımı kırdı. Utandım, çok utandım.

Avukat son derece sert bir ses tonuyla sordu:

"Kendiniz de kötü bir şey yaptığınıza mı inanıyorsunuz?"

Ece'nin başı öne eğikti, dizlerinin üstüne koyduğu avuçlarına düşen gözyaşları görülüyordu. Yavaşça kafasını salladı.

Avukat oturduğu koltuktan kalkıp masasının öbür tarafına geçti. Kadının karşısındaki koltuğa oturup ellerine uzandı:

"Bana bakar mısınız Ece Hanım..."

Ece kafasını kaldıramıyor, sessiz hıçkırıklardan bedeni sarsılıyordu.

"Ağlayın, rahatlayın. Ben sizin avukatınız, kız kardeşinizim, paylaşın. Yaptığınızı bir hata olarak görebilirsiniz. Özür dileyebilirsiniz. Özrünüzü kabul edip etmemek karşınızdaki kişinin bileceği iştir. Evet, evlilikteki sadakat yükümlülüğünüze aykırı davranmışsınız ve hukuken kusurlu sayılırsınız. Ama bu kadar. Ece Hanım bana bakın, bu kadar, anlatabiliyor muyum? Kimse sizi eve kapatamaz, dövemez, rezil rüsva edemez, size sövemez. Özel görüntü ve kayıtlarınızı ortalığa saçamaz. Bunların hepsi ayrı ayrı suçtur. Bir eşin, kendisine ihanet eden eşten alabileceği tek şey TAZMİNAT'tır. Bazı teknik istisnalar daha var, zinaya dayanarak karşı tarafın edinilmiş mal rejimindeki payının azaltılmasını talep etme gibi... Bu kadar. Bunlar hep parayla ilgili... Kimsenin kimseye bu eziyeti etme hakkı yok, ne yaparsanız yapın. Anlatabiliyor muyum Ece Hanım?"

Ece gözlerindeki yaşları elinin tersiyle silip karşısındaki gözlerine gözlerini dikmiş kendinden emin kadına baktı. Doğru söylüyordu.

"Peki bana söyler misiniz, velayet, ev ve paranızı verişiniz nasıl oldu?"

"İki ay sonunda sanki hırsı biraz geçmiş gibiydi. 'Boşanacağız ama evleri bana vereceksin,' dedi. Üniversitede ailemize yakın, hasta bir psikiyatrın bakımını üstlenmiştim. Ailem, psikiyatrın avukatı ile bir sözleşme imzalamıştı. Bana kalacak iki daire karşılığında ona baktım. Tam 5 sene. Bu nedenle okulu uzattım. Devam zorunluluğum da olmadığından, her gün orada psikiyatra kitap okuyordum. Bir hemşire de tıbbi ihtiyaçlarını karşılıyordu. Annem ve babam da gelirdi sürekli."

"Kişi ölünce daireler size mi devredildi?"

"Evet. Beş sene emek verdim. Arkadaşlarım okul çıkışı kafeye giderken, ben psikiyatra Jacques Lacan'ın doktora tezini okuyordum. Memnundum yine de. O iki daire paha biçilemez değerdeydi çünkü..."

"Ve bu daireleri tapuda eski eşinize mi devrettiniz?"

"Evet, daireleri, çocukların velayetini ve bankadaki paramı. Şimdi de bana çocukları göstermiyor.

"Bütün bunları neden yaptınız Ece Hanım?"

"Çünkü bana, aldatan kadınlara velayetin verilmediğini, mahkemeye gidersek bütün delilleri ortaya koyacağını, rezil rüsva olup insan içine çıkamayacağımı söyledi. İki aydır bana sistematik işkence uyguluyordu. Artık aklım çalışmıyordu, sadece bu eziyetin bitmesini istiyordum. Bu yüzden kabul ettim.

Göremeyecek miyim bir daha çocuklarımı? Ne olur söyleyin, göremeyecek miyim? Bir hatanın bedeli bu kadar büyük mü olur ha, söyleyin bana?"

Ece tekrar gözyaşlarına boğulmuştu. Avukat uzanıp tekrar ellerini tuttu.

"Ece Hanım, sizi çok iyi anlıyorum. Size yardım etmek için elimden geleni yapacağıma emin olabilirsiniz. Öncelikle şunu bilin, velayette her zaman çocuğun üstün yararı gözetilir. Sadakatsizlik, evlilik birliğini ve eşleri ilgilendiren bir boşanma nedenidir, velayeti etkilemez. Beni dinliyor musunuz? Bakın bana, anlatabiliyor muyum? Geri alacağız, her şeyi düzelteceğiz, haklarınızı bilin. Siz eğitimli bir kadınsınız, kötü bir iki ay yaşadınız. Hepimizin güçsüz olduğu zamanlar var, geçecek, biliyorsunuz değil mi? Ben yanınızdayım, geçecek..."

Ece gözyaşlarını sildi. Avukatın elini sıktı.

"Çocuklarımı alın, ne olur..."

Avukat gülümsedi:

"Çocuklarınızı da alacağım, dairelerinizi de, eh mal canın yongasıdır ne de olsa, değil mi?"

Karşılıklı gülüştüler.

Avukat sekreterini çağırdı:

"Derya, Ece Hanım'a lavaboyu göster, yüzünü yıkasın, vekâletname örneğimizi de ver, bugün hemen vekâlet çıkaracak. Sonrasını konuşacağız. Anlaştık mı Ece Hanım?"

Ece hıçkırıktan bozma bir iç çekmeyle "Evet," dedi. Yüzünü yıkadıktan sonra kendini daha iyi hissediyordu. Aynada yüzüne baktı, "Evet, hata yaptım ama karşılığı bu değil, savaşmam gerek," dedi. Vekâletname örneğini alıp notere doğru yola koyuldu.

Yeniden içimde bir umut yeşermişti...

Haklının kim olduğu, nereden baktığına göre değişir.

İkinci Bölüm

Tespitler

Aldatmak ve Aldatılmak

Sadakatsizlik bir boşanma nedenidir. Elinizde delil varsa, ihanete uğradığınızı ispat edebiliyorsanız boşanabilir ve tazminat talep edebilirsiniz. Bu tazminatın tahsili ise karşı tarafta size nakit olarak dönebilecek bir mal varlığı mevcutsa mümkündür.

Bu yaklaşım size biraz duygusuz gelse de eğer boşanmayı kafanıza koyduysanız iyi bir teselli yöntemidir. Hayatta her kötü olayın iyi getirilerine bakmak bir meslek alışkanlığı bende. "Evet, röntgeninize baktım, kansersiniz," diyen hekim ile "5 sene yatarın var," diyen avukat, karşısındakini ne denli şoke ettiğini zaman zaman fark etmeyebilir. Günde belki on kez tekrarladığı bilimsel ve hukuki gerçeklerdir çünkü bunlar. Çoğu zaman gördüm ki benim neden-sonuç arasında kurduğum denklem, giriş-gelişme ve sonuca verdiğim önem ya da davadaki muhtemel netice-i talebim müvekkillerimin umurunda olmayabiliyor. Çünkü onlar acı çekiyorlar. Benden onları dinlememi istiyorlar. Zaman zaman intikam, zaman zaman da sadece hakları olan şeyleri istiyorlar.

Dinliyorum. Gerçekten kulak veriyorum. Bazen öyle şeyler görüp duyuyorum ki, insan psikolojisi ya da sosyoloji ile ilgili ciddi tespitler yapabileceğim hissine kapılıyorum. Eminim benim gibi düşünen binlerce adliye, hastane, sosyal hizmetler çalışanı vardır. Hayat buralarda akıyor çünkü.

Kaç çift boşadığımı bilmiyorum.

Boşandığı için duruşma zaptını mendil yapıp halay çekeni gördüm. Duruşma salonundan boşanmalarına rağmen el ele çıkanı gördüm. Boşandığı için şampanya patlatanı, "Hâkim Bey, ben karımı seviyorum," diye kürsüye çöküp hüngür hüngür ağlayanı gördüm.

Bizzat boşanan bir kadın olarak asaleten acı çektim. Yakın çevremde boşanan insanların acılarına tanıklık ettim.

Boşanma sebeplerinden hepsini gördüm; aldatma, kısıtlılık, akıl hastalığı...

Sanıyorum herkesi en çok yaralayan ise ihanet... Acı çektiren...

Amerika Birleşik Devletleri Colorado Üniversitesi'nden Nöroloji ve Psikoloji Profesörü Tor Wager, özel bir tarama yöntemiyle görüntülenen beyinde, hem acının etkilerinin hem de miktarının gözlenebildiğini açıklamış. Wager ve ekibi 114 kişi üzerinde yaptığı deneyinde, deneklerin koluna 43 ila 49 derece arasında bir ısı veriyor ve beyinlerindeki değişimi de belgeliyor. Bu deneyden çıkan sonuca göre, acı kişilerin karakteristik özelliklerinden farklı olarak, beyinlerinde hemen hemen aynı etkiyi yapıyor ve bunun belli bir miktarı oluyor.

Fiziksel acının hissedildiği *dorsal anterior cingulate* denen bu bölgenin psikolojik bir acı gerçekleştiğinde de harekete geçtiği gözlemlenmiş. Yani psikolojik ve fiziksel acı halinde beynin aynı noktası harekete geçiyor.*

Bu yapılan pek çok deneyde deneklerin beyni fMRI (Fonksiyonel Manyetik Rezonans Görüntüleme) ile görüntüleniyor ve reddedilme, dışlanma halinde fiziksel acı hissedildiğinde aktifleşen kısım harekete geçiyor.Bazı deneklere ağrıkesici gru-

* J. Cacioppo, P. S. Visser, C. L. Pickett, *Social Neuroscience: People Thinking About People*, MIT Presss, s14

bundan ilaç verilerek bir reddedilişlerini hatırlamaları isteniyor ve ağrıkesici alan denekler ile almayanlar arasında ciddi bir acı hissetme farkı olduğu ortaya çıkıyor. Biliminsanları ilaç kullanımı ile bu acının azaltılmasının da sosyal acı ve fiziksel acı arasındaki bağın en temel unsuru olarak görüyor.Aslına bakarsanız hepimiz psikolojik acılarımızı, fiziksel acılarımızdan daha canlı hatırlarız. Çektiğiniz bir fiziksel acıyı hatırlamanızı istesem muhtemelen kafanızda aşağı yukarı bir canlandırma yaparsınız. Ne var ki, bir kalp acınızı ya da çok utandığınız, rencide olduğunuz bir anı seneler geçse de aynı şekilde hatırlar, aynı acıyı duyarsınız. Evrimsel psikologlar* insanların beyinlerinin hâlâ kabile dönemlerinde yaşayan sosyal hayvanlar olduklarını belirtirler. O halde dışlanmak, kabileden itilmek, ölüm demekti. Bu nedenle beynimiz dışlanmaya karşı hâlâ aynı tepkiyi vermektedir. Bu bir teori olmakla birlikte RNA ile yüzyıllarca kodlarımızda nesilden nesle aktarılan özelliklerimizi düşündüğümüzde bana pek de imkânsız gelmemekte.Evrimi bir kenara koyup bugüne bakarsak bir gruba, bir yere ait olma isteği var. Ait olma, sevme, sevilme ihtiyaçları da öyle. Aileye, en yakın arkadaşa, bir kediye, bir dine, bir sosyal hizmete ya da STK'ya kendini adamak bunun bir belirtisi. Buralardan dışlanmak ise ait olma ihtiyacımızın istikrarsızlaşmasına, bu da haliyle bizim psikolojimizin bozulmasına yol açar.**

Bu hallerde kişiler üzerinde yapılan çalışmalarda düşük IQ skorları, mantık ile bağdaşmayan beyan ve talepler, özgüven eksikliği gibi durumların ortaya çıkabildiği gözlemlenmiş bir

* Evrimsel Psikoloji: Dil, algı, bellek gibi psikolojik özelliklerin ne tür uyum ve adaptasyon geçirdiğini inceleyen bilim dalı.

** Yazdığım bu kısımların bilimsel bir değeri olmadığını lütfen göz önüne alın. Psikoloji, Psikiyatri ve Nöroloji ciddi bir eğitim ve alan çalışması gerektiren önemli bilim dalları olmakla birlikte yazdıklarım sadece kendi çıkarımlarımdır.

biçimi olup olmayacağı ayrı bir tartışma olsa da bana göre sürmeyen ilişkiler, terkedilme, aldatılma, dışlanma ile aynı etkiyi yaratmakta. Benim gibi düşünenler yok değil. İstanbul Tıp Fakültesi Liyezon Psikiyatri Bölüm Başkanı Prof. Dr. Sedat Özkan aldatılan kişinin bir kanser hastası gibi acı çekebileceğini, yataklara düşebileceğini, bu durumun kişide kalıcı hasar bırakabileceğini belirtmektedir. Özkan, bu kişilerin fiziksel bir acı çekeceğini ama bunun psikoloji kaynaklı olduğunu söylemektedir.

O yüzden boşanma sebeplerinin içinde ihanet en çok acı vereni oluyor. Etrafımda, işimde karşılaştığım aldatılan insanların acı içerisinde olduğunu görüyorum.

Evet, aldatılmak çok acı. Buna şüphe yok. Acının miktarı ve varlığını bilim de kabul etmiş. Asıl mesele bu acı karşısında gösterilen tepki.

Herkes acıya farklı karşılık veriyor. Aldatılma durumunda verilen tepkilerin neredeyse çoğu kadın erkek ilişkilerine nasıl bakıldığına bağlı olarak değişiyor.

Hayatındaki kadını, eş, sevgili, nişanlı, eşya değil de birey olarak gören erkekler şiddet içeren tepkiler vermiyor. Fakat karşısındaki kadını kendi malı olarak gören erkekler hikâyelerdeki gibi korkunç yollara başvurabiliyorlar. Fiziksel şiddet uygulanmasa dahi psikolojik şiddet her zaman oluyor.

Kadınlarda ise tepki, kadının "bağımlılık" derecesine göre farklılık arz ediyor. Ekonomik özgürlüğü ve kendine ait bir hayatı olmayan kadınlar, bence aldatılmaya çok daha fazla tepki veriyor ve çok daha büyük bir yıkım yaşıyorlar. Çünkü gidemiyor, gitmekten korkuyorlar.

Bu çaresizlik ise onları daha derin bir hüzne sürüklüyor.

Fakat öyle ya da böyle, aldatılmak ya da aldatmak her zaman kadının sorunu olarak algılanıyor. Eğer aldatıldıysa kocasıyla ilgilenmeyen, onu elinde tutamayan, evden kaçıran, başka kadınlara iten, ihaneti hak eden, aldatılan eş olarak görülüyor.

Öteki kadın da "el âlemin yuvasını yıkan, aşüftelik yapan, ahlaksız, milletin kocasını ayartan" oluyor. Kimse de çıkıp, "Kardeşim, ne yuvası!" demiyor. Kimse, "Ortada bir yuva varsa yıkılır, ihanetin olduğu yerde demek ki bir yuva yoktur," demiyor. Yuvadan kasıt evlilik ise, "Hayır, o hukuki bir işlemdir," derim. Evlenmeden de bir insanla yuva kurabilirsiniz, o yuva iki kadın, iki erkek, arkadaş, anne-çocuk, baba-çocuk, büyükanne-torun ile de kurulabilir. Yuva bana göre huzurlu olduğun, mutlu ve güvende hissettiğin, yatınca yaşadığına şükrettiğin yerdir. Hayır, ihanetin olduğu yer yuva değildir. İhanet ortada bir yuvanın olamadığını, bir zamanlar olduysa bile zaten yıkılmış olduğunu gösterir. Elbette bu tür pişmanlıklardan sonra sarılabilen yaralarda vardır. Devam edilen, tekrar aile olunabilen ya da bazen öncekinden daha güzel ve sıcak bir ilişki yürütebilen...

Ama yinede bu durumda erkeğe, "Kardeşim, sen ne yapıyorsun," demek kimsenin aklına gelmez. İki kadın birbirine düşman kesilir, adam paylaşılamaz, iyice kendini bir şey sanır. Evdeki ötekini suçlar, öteki evdekini kötüler. Kimse de "Durun siz kardeşsiniz" demez!

Ben şimdi söyleyeceğim:

"Durun, siz kardeşsiniz!"

Durun, düşünün.

Cidden.

***

Aldatılan eş ve öteki kadını yeterince suçladıysak, kadının aldattığı durumlara geçelim, ki ülkemizde kırmızı çizgidir. Allah vermesin! Bir ara internette bir video dolaşıyordu. Bir odada pek çok genç toplanmış, yerde mumlardan kalp çizilmiş. Gözleri kapalı bir genç kadın odaya getiriliyor. Onu elinden tutarak odaya sokan genç "Şimdi gözlerini aç," diyor. Kadının karşısında bir genç adam daha...

"Sen ne yaptığını sanıyorsun," diyerek ona hakaret ediyor ve okkalı bir tokat atıyor.

İzleyenler olayı kameraya kaydederken son derece keyifli görünüyor. Videonun açıklaması ise, "İki erkeği bir arada idare eden kızın hazin sonu..."

Videoyu izlediğimde resmen kalbim kırıldı. Normal şartlarda erkeklerin yapmaktan gurur duyduğu, her yerde göğsünü gere gere anlattığı, hatta bu konuda çekilmiş Türk filmlerinin* kült sayıldığı bir durumda kadın bulunduğu zaman "namussuz" sayılıyor.

Toplumda erkeğin ihanetini normal sayarken, kadının ihanetine ciddi bir tepki veriyor ama bu tepki kanımca ikiyüzlülükten öte gitmiyor.

Bunu önce kadınlar kabul etmeli. İhanet ihanettir ve kadın yapınca ayrı, erkek yapınca ayrı tepkiye, cezaya, sonuca tabi değildir. Medeni Kanun, ihanetin sonucunu hem kadın hem erkek için tek bir şekilde düzenlemiştir. O yüzden ne aldattınız diye şiddeti ya da ölümü hak edersiniz ne de rezil edilmeyi...

Bu görünür olma gerekliliğiyle ilgili biraz da... Kültürler kadın ve erkeğe hem ayrı ayrı hem de birlikte anlamlar yüklüyor. Bu anlamlar içerisinde en az değeri kadın görüyor. Erkeğin acıları ve dertleri hep göz önündeyken, erkeğin gururu kutsal iken, kadının onuru yok sayılıyor. Kadınlık, erkekliğe tabi, tali bir cinsiyet olarak görülüyor. Daha sonra bu "kimin daha önemli olduğu" ayrımı, ırklar, devletler ve çıkarlar arasında da yapılıyor.

* Örneğin Tarık Akan ve Gülşen Bubikoğlu'nun başrollerini paylaştığı 1975 yapımı *Ah Nerede* filmi.

"Yaşamlar farklı şekillerde desteklenir ve sürdürülür, insan yararlanabilirliği, dünyaya radikal olarak farklı biçimlerde dağılmıştır. Kimi yaşamlar had safhada korunacak ve kutsallık iddialarının ilgası savaş güçlerini harekete geçirmek için yeterli olacaktır. Öteki yaşamlar böyle hızlı ve hiddetli bir destek görmeyecek ve hatta 'yası tutulabilir' olma niteliği bile kazanamayacaktır.

Bir yas hiyerarşisi dökümü yapabiliriz kuşkusuz. Buna tanık olduk bile, ölüm ilanlarında yaşamlar çabucak derlenip özetleniyor, insanlaştırılıyor, genelde evli oluyor ya da evlenmek üzere, heteroseksüel, mutlu, tekeşli. Oysa bunun gösterdiği tek şey yaşamla bir başka ayrımcı ilişkidir, çünkü ABD'nin desteklediği İsrail ordusu tarafından öldürülen binlerce Filistinlinin ya da çoluk çocuk sayısız Afgan'ın adlarını neredeyse hiç duymuyoruz. Onların adları ve yüzleri kişisel tarihleri, aileleri, hobileri, yaşamlarını belirleyen sloganları yok mu?"*

Sonuç olarak, aldatılırsanız, reddedilirseniz, istenmediğinizi anlarsanız bunun sadece hayatın içerisinde olabileceğini kabul edin ve fiziksel acılar gibi bunun da sona ereceğini bilin.

Geçiyor.

---

* Judith Butler, *Kırılgan Hayat*, Metis Yayınları, s. 46-47.

Bayan mı, Baymayan mı?

Kulağımı tırmalıyor. "Kadın" yerine telaffuz edilen her "bayan" kelimesi kulağımı kanatıyor. Buna engel olamıyorum. Tanıdığım, bildiğim insanların bulunduğu yerlerde buna müdahale etsem de ilk defa girdiğim ortamlarda ağzımı açmaya yeltenip vazgeçiyorum. Sonra vazgeçtiğim için kendime kızıp konuşmaya başlıyorum. Beni tanımayan insanların zaman zaman yüzünü buruşturduğunu görüyorum, bazen katılmadıklarını belli eder şekilde kafalarını salladıklarını... O zaman daha hırsla konuşuyorum, boynumda damarlar beliriyor ve belki hırstan yüzüm morarıyor. Uzun zaman boyunca, bu yaptığımın kendimi hırpalamaktan başka neye yaradığını sorguladım durdum. Umutsuzluğa kapılıp pes eder gibi olduğum zamanlar olmadı değil. Ama sonra fark ettim ki, her tartışma, anlaşmazlık ve karşıt fikir, karşımdakinin kafasına bir çentik atıyordu. Durup düşünüyor, haklı olabilir miyim diye tereddüt ediyor ve hatta bazen haklı olmamdan korkuyorlardı. O zaman, bunun o kadar da etkisiz bir yöntem olmadığını fark ettim. Çünkü bireysel olarak gerçekleştirebileceğim en önemli şey, üzerime düşeni yapmaktı. Yaptığım eylemin, söylediğim sözün ne etki yarattığı beni pekâlâ ilgilendirse de hepsinden daha önemlisi, yapmak eylemi için sarf ettiğim çabaydı. Beni hayata bağlayan ve yaşamıma anlam katan o çabaydı işte.

Çabalamak ve zaman zaman bu çabanın olumlu sonuçları olduğunu görmek, daha çok uğraşmak ve çalışmak adına beni yenileyen ve azimle dolduran bir durum.

O nedenle sözünü ettiğim temel tartışmayı hatırlatmak istiyorum:

Neden BAYAN değil de KADIN?

Bazıları bayan kelimesinin baydan türediği önermesi ile bu sözcüğü kullanmayı kabul etmese de, benim görüşüm bundan daha ziyade geleneksel bir anlayışı simgelediği ve toplumda bu nedenle tercih edildiği yönündedir.

Bayan her şeyden evvel, bir hitap biçimidir. Bayan Altun, Bayan X, Bayan Y, yolda gördüğünüz bir kadına seslenmek için "Pardon bayan, paranızı düşürdünüz!" ya da "Bayan, para üstünü arkaya uzatır mısınız?" gibi kullanımlar doğrudur.

Cinsiyetimizi belirten kelime ise KADIN'dır. Bay unvanının karşılığı bayan ise erkek kelimesinin karşılığı kadındır. Yani iki cinsiyet vardır: Kadın ve erkek. Tabii sokakta bir kadına seslenirken "Kadıın, kadıın" diye seslenmezsiniz, "Bayaan, bayaan bakar mısınız?" doğru bir kullanımdır. Bayan yerine "hanımefendi" de olabilir, ki tercihimdir.

Bu nedenledir ki bayan hakları değil kadın hakları diyoruz. Partilerin bayan kolları yok, kadın kolları var... Pozitif ayrımcılık bayanlar için değil, kadınlar için vardır; seçme ve seçilme hakkı bayanlara değil kadınlara tanınmıştır. 8 Mart, "Dünya Emekçi Bayanlar Günü" değil, "Dünya Emekçi Kadınlar Günü"dür ya da 25 Kasım, "Uluslararası Bayana Karşı Şiddete Hayır Günü" değil, "Kadına Karşı Şiddete Hayır Günü"dür. Spor kulüplerinde bayan takımları değil kadın takımları vardır, ligler de bayan ligi değil kadın ligidir.

Peki ne oldu da kadın kelimesinin yerini bu resmi, soğuk ve cinsiyetsiz bayan kelimesi aldı? Nasıl oldu da kadınlar dahi kendilerine bayan demeye başladılar?

Ülkemizde tüm namus ve şeref kavramı bekâret üzerinden yapılandırıldığı için bakire olan kadın ile olmayan kadın arasında önemli bir ayrım yapılmaktadır. Bakire olana "kız", bakire olmayana ise "kadın" denir.

Hatta bu Anadolu'da –metropollerde dahi– çok sık karşılaşacağımız bir kullanıma sahiptir: "Ben kızken...", "Kızoğlankız", "Kızlığımda kullandığım bu eşya..." gibi kullanımlar bakire olunan zamanı simgeler. Her ne kadar kız ve kadın kelimelerinin bekâret ima edilmeksizin, yaş ve dış görünüş ile doğru orantılı olarak kullanıldığı zamanlar olsa da ben her zaman "genç kadınlar" demeyi yeğleyerek dilimdeki kız-kadın ayrımını ortadan kaldırmaya çalışıyorum.

Bu kız-kadın ayrımı zaman zaman ataerkil toplumumuzu zihnen zorladığından, bireyler karşıdaki bakire mi, değil mi bilemediğinden cinsel deneyim yahut cinsel kimliği işaret etmeyen bayan kelimesini kullanmayı tercih ederler. Öyle ki birkaç sefer erkek arkadaşlar bana gelip "Bir kadın arkadaşımıza 'kadın' dediğimizde, 'Ben henüz evli değilim' cevabını alıyoruz. Ne diyeceğimizi şaşırdık," dediğinde durumun nasıl bir kısırdöngü olmaya başladığını gördüm. Çünkü kadın arkadaşlarımız dahi bu kullanımı bilinçaltında "kendi namuslarının ve iffetlerinin en büyük simgesi olan bekâretlerinin(!)" henüz bozulmadığını topluma dolaylı şekilde deklare etmenin yolu olarak görüyorlar.

Bazı erkek ve kadınların "daha kibar" olduğu iddiasıyla bayan demesinin de mantıklı bir açıklaması yoktur. Zira kadın kelimesi kaba bir kelime olmadığından daha kibarını kullanmaya da gerek yoktur.

Burada asla ve asla kadınları suçlayamam. Maalesef hepimiz, zamanında bunu ispatlamaya, bekâret denen et parçasına bekçilik etmeye mahkûm edildik. Bizler cinsellikten zevk alınacağını bilmeyen kadınların yaşadığı ülkede bunu onlara anlatmaya çalışan ve yüksek sesle "Bekâretin canı cehenneme," demeye cesaret edebilmiş kadınlarız.

Kadının cinsel aktivitesinin tek nedenini üremek olarak gören ve onu erkeğin zevk nesnesi haline getiren patriyarka, pek tabii soyunun bizzat kendisinden olduğundan şüphe etmemek için kadının bakire (yani daha önce cinsel deneyim yaşamamış) olduğundan ve devamında da başkalarıyla sevişmeyeceğinden emin olmak ister.

Peki bu böyle midir? Yani bekâret hâlâ birkaç yüzyıl önce taşıdığı anlamları simgelemeye devam eder mi, tartışalım...

Ben Sigmund Freud'un da dediği gibi "kıyaslanamayacak kadar serbest bir cinsel yaşam" taraftarıyım. Tabii bu taraftarlığım cinselliği yaşamama kararının hür ve serbest irade ile verildiği durumlar için de geçerlidir. Ne var ki cinselliğin yemek, içmek gibi bir ihtiyaç olduğuna inanan biri olarak belli sorunlar dışında özgür iradeyle ve arzuyla yaşanmadığını düşünüyorum. Kadınlar ve erkekler bedenlerini keşfetmeye başladıkları andan itibaren bu dürtülere sahipler ve kendilerini tatmin etmek için çeşitli yollara başvurmaktalar. Düzgün bir cinsel eğitim almayan çocuklarımız, kendi bedenlerini ve karşı cinsin bedenini tanımak için deneme yanılma yöntemini tercih edip bunu da çok erken yaşta yapmaktalar. Bana göre cinsel eğitim verilen çocuklar –buradaki eğitim pratik anlamda bir cinsel eğitim değil, bedeni ve mahremiyeti hakkında çocukları eğitmek– daha geç yaşta cinsellik yaşıyorlar.

Temel konumuza dönersek; cinsel yaşam, gerekli ve istenen bir şey olduğundan ama kadın ve erkekler, bekâret konusunda çok ama çok dikkatli olmaları gerektiğine inandıklarından penetrasyon harici tüm aktiviteyi gerçekleştirmelerine rağmen, kadınlar, evlendikleri zaman kendilerinden bakire olmalarını bekleyen erkeklere, tam da istedikleri gibi, bekâretlerini sunuyorlar.

Eğer bekâret, erkeklerin pek hoşlandığı gibi tecrübesizliği simgeliyor ve ilk olmanın hazzını yaşatıyor ise her şeyi yaşamış olan bu çılgın bakirelik neyi simgeliyor? Yani kadınların mecbur edildiği bu çelişkiyi erkekler kusura bakmasın ama hak ediyorlar. Sakın yanlış anlaşılmasın burada yerdiğim kadınlar değil, kadınları buna mecbur eden ikiyüzlü düzendir elbette. Erkeklerin pek çok kadınla birlikte olma arzusu ve devamında kimseyle cinsel ilişki yaşamamış bir kadınla –ki kendileri bu kadını "bağyan" olarak nitelerler– evlenme istekleri gerçek bir ikiyüzlülüktür.

Ya da bekâretini kaybeden kadınların operasyon geçirerek zar diktirmeleri de bundan dolayı yaşadıkları korkuya delalettir.

Bana göre bekâret zarı bu konuda gerçek bir delil bile değildir (herhangi bir şekilde de değildir de bir örneğe girizgâh yaptım). Bana anlatılan bir hikâyede kadın arkadaşımız birleşme gerçekleşmemesine rağmen vajina ağzına gerçekleşen ejakülasyon sonucu hamile kalmış ve zar, kürtaj için, doktor tarafından bozulmuştu. Komedi.

"Evlenilecek kadın ve eğlenilecek kadın" ayrımı tüm bunların annelerimiz ve babalarımızda can bulmuş halidir. Onlar açıktan bu konuya girmese de bize hep bu yönde telkinlerde bulundular. Kendini ağırdan sat, ağır ol, edepli ol, çok kişiyle gezme, mümkünse ilk erkek arkadaşınla evlen, laf getirme gibi bitmek bilmeyen telkinlerle beynimize bunu kazıdılar.

Ayrıca erkeklerin kadınları "motorize, kaşar, paralı asker, yollu vb." kelimelerle aşağılaması da kendi bilinçaltlarının ürünüdür. Nitekim kadınları arabaya ya da peynire benzetmek ya da militarize etmek veyahut kendileriyle birlikte olan bir kadının bu mahrem anını ballandıra ballandıra anlatmak bir aşağılık kompleksinin ürünüdür. Bunu hakaret olarak söylemiyorum; bu kompleks, erkeklere kendini ispat etmek için kadın bedeni üzerinden övünmenin ve kadın bedenini aşağılamanın şart olduğu fikrinin aşılanmış olmasından kaynaklanır. Erkekler ya da eril düşünen kadınlar bu nedenle kadınları kaç kez cinsel ilişkiye girdikleri ya da bekâretleri üzerinden değerlendirerek kıymetli, değerli, namuslu ve iyi sayarlar ya da saymazlar. Burada Freudyen bir teoride bulunuyor olsam da her sivri şeyi penisle ve her boşluğu olan objeyi vajinayla eşleştiren Freud'a çok sevdiği puronun neyi simgelediğini sorduklarında "Bir puro bazen sadece purodur," diyerek konudan sıyrılmaya çalışmasını da unutmamak gerekir. Kıymetli bir biliminsanı olsa da neticede Freud da bir erkektir.

Tüm bunların ışığında diyebilirim ki, bu konuyu kimsenin konuşmuyor oluşu ya da görmezden gelişi, bunların olduğu ve yaşandığı gerçeğini değiştirmiyor. Üstelik bekâret saplantısının kadınların aşağılanmasına, toplumdan dışlanmasına ve hatta öldürülmesine neden olduğu da acı bir gerçektir.

Daha ileri gidersek, kadınlardan bekâret raporu talep edildiğine de rastlamaktayız. Hatta bu uygulama 90'larda liselerde ve ortaokullarda okul müdürleri tarafından yaptırılıyordu. Bekâret kontrolü nedeniyle intihar vakaları yaşanmış ve feminist eylemler sayesinde bu uygulamaya son verilmiştir.

Üstelik bekâret raporunun bilimselliği de tartışmalıdır.

"Bekâret muayenesinin tecavüz davalarında gerekli görülmesine karşı gösterilen bütün tepkilere karşın, ülkemizde doktorların da bunun gerektiğine dair genel görüşü pek değişmemiştir. Örneğin, Frank ve diğer araştırmacıların 1999'da Türkiye'de gerçekleştirdiği anket çalışmasına katılan adli tıp doktorlarının yüzde 92'si, bekâret muayenesinin tecavüz davalarında delil toplama konusunda faydalı olduğunu belirtmiştir. Üstelik aynı çalışma, bekâret muayenesinin bilimsel temelini de sorgulayarak himenin* ne kadar güvenilmez bir veri kaynağı olduğunu bir kez daha göstermiştir. Araştırmaya katılan doktorların üçte ikisinden fazlası, verdikleri bekâret raporunun daha önce başka doktorlar tarafından verilmiş bekâret raporlarıyla çeliştiğini dile getirmiştir. Bekâret muayenesi gibi sonucu ölüm kalım meselesi olabilecek bir uygulamanın, aslında nesnellik kılıfı altında sunulan öznel bir kurgudan başka bir şey olmadığı, ortaya çıkmıştır. Buna karşın, doktorların, yasaların ve bireylerin hâlâ bu uygulamayı savunabilmeleri üzücüdür."**

Ayrıca ülkemizde özel hastanelerde para karşılığı alınabilen bekâret raporları da vardır. Buna belki itiraz edenler olacaktır ama maalesef her meslekte ettiği yemine sadık kalmakta zorlanan kişiler mevcut...

Ayrıca zar meselesinin kadınların ölümüne neden olduğunu göz önüne alırsak tıbbın da bu geleneksel anlayışa riayet ettiğini görürüz. Mesela kapalı himen tedavisi denen bir şey var. Bu bekâret zarı tamamen kapalı olduğu için adet kanamasının dışarı atılamaması sonucu, önce vajinanın, sonra da rahmin kanla dolması neticesinde şiddetli karın ağrısı üzerine yapılan bir cerrahi müdahale. Burada hekim bekâret zarını keserek içerideki kanı temizliyor ve kadına "Zar cerrahi müdahale ile bozulmuştur," (tam böyle olmasa da) anlamına gelen bir rapor veriyor.

Ne mutlu kadına ki zifaf gecesinde raporunu kocasına gösterebilir ve bekâretinin nasıl bozulduğunu açıklayabilir. Koca da herhalde çerçeveletip duvara asar.

---

* Himen: Kızlık zarı.

** Hanne Blank, *Bekâretin "El Değmemiş" Tarihi*, İletişim Yayınları, s. 26

Emek Ergün*, bu alternatif kapalı himen tedavi yöntemini geliştiren Ali Acar ile bir röportaj yapmış ve zarın haç şeklinde kesilerek kolay ve zahmetsizce müdahaleyi sona erdirmek varken neden daha zahmetli olan alternatif bir yol arayışına girdiğini sorduğunda, doktor eline bir paket kâğıdı almış ve şu cevabı vermiş:

"Bunun anlamı ne? Daha önce kimse açmadı bunu. Kâğıt içerisinde geliyor, kapalı. Daha önce kullanılmadı. Himenin görevi o. Bir organ olarak görevi yok. Hani olanın sağlığı iyi olur, olmayanın kötü olur gibi bir şey yok."

Bu cevaptan sonra Emek Ergün'ün sözleriyle devam ediyorum:

"Burada insanı şaşkına çeviren, doktorun, himenin bedensel hiçbir işlevi olmadığını bilmesine karşın, sırf bu sağlık açısından işlevsiz zarı kurtarabilmek için onca zahmete girerek yeni bir yöntem yaratmasıdır. Bu örneğin de açıkça ifade ettiği gibi himenin tek işlevi, kadının bir başka erkek tarafından kullanılmadığını gösteren bir 'mühür' olarak görülmesidir. Kadını alınan satılan, kullanılan bir malmış gibi metalaştıran bu himen tanımı, ataerkil zihniyetin bir yansımasıdır. Bu tanımın bir başka uzantısı da düğünlerde gelinin beline takılan ve gerdek gecesinde gelinden akması beklenen kanı simgeleyen kırmızı kurdeledir. Kurdeleye sarılı açılmamış bir hediye paketi gibi, kadın bedeni, evlilik yoluyla babadan kocaya geçer."

Düğünlerde kadının beline sarılan o kırmızı kurdele Emek Ergün'ün de dediği gibi bakireliği simgeler ve kadının cinsel hayat istatistiğini de cümle âleme ilan eder. "Kızımız bâkire, el değmedi, sevişmedi, hepimiz bugün burada bununla gurur duyalım." Bence artık kadınlar bu gelenek denen aşağılamaya karşı çıkmalı ve o kurdeleyi, münasip şekilde, bunu takmasını talep edene hediye etmelidir.

* Emek Ergün, *Bekâretin "El Değmemiş" Tarihi*'nin çevirmeni. 1979, Antakya doğumlu. Feminist çeviriler üzerine çalışmaktadır.

Bir kadın takipçim, düğününde eşinin ceketinin üzerine kırmızı kurdele bağlıyor ve nikâha öyle çıkarıyor. Tabii bütün konuklar gördükleri karşısında şoke oluyorlar. Daha sonra sosyal medya hesabında yaklaşık bir ay boyunca bakir bir erkekle evlendiğine, eşine daha önce el değmediğine dair paylaşımlar yapıyor. Ne var ki damadın ailesinden tez zamanda uyarı alıyor. O zaman kendisi de bunca zaman kadınların bu şekilde aşağılandığını ve bundan rahatsız olmamalarına rağmen neden oğullarıyla ilgili bu paylaşımlara kızdığını soruyor. Tabii, elle tutulur bir cevap alamıyor.

Kendisinin ve eşinin yazılı rızası ile fotoğrafı –rızaya rağmen yüzlerini kapatarak– yayımlıyorum.

Hayatımda gördüğüm en esprili, en okkalı isyan desem yeridir.

Sonuçta bir kadının kolay yetişmediği bu topraklarda her bir kadına çok ihtiyacımız varken Çilem Doğan'ın* dediği gibi bir kadın kardeşimin kirpiğinin bile yere düşmemesi gerekir. Hele hele bekâret denen uydurma namus göstergesi için hiç.

Belki bundan yüzyıllar önce çocuğun soyunun belirlenmesi için kadının bakire olması, erkeğe soyun kendisinden devam ettiği gerçeğini kanıtlıyor olabilirdi** ama bugün DNA testi denen bir şey var. Artık herhangi bir şeyi bekâret ile kanıtlamak

* Çilem Doğan, 8 Temmuz 2015'te kendisini fuhuşa zorlayan kocasını öldürdükten sonra 15 yıl hapis cezası almış, kadın hareketinin büyük desteği ve kamuoyundan gelen tepkiler sayesinde 50 bin TL kefaletle serbest bırakılmıştır. Türkiye'de eşlerini öldüren erkeklere bolca indirim yapılırken ve kocalarını öldüren kadınlar bu indirimlerden yararlandırılmazken, bu karar kadınlar ve Çilem'e destek veren erkeklerce sevinçle karşılanmıştır. "Hep mi kadınlar ölecek?" diyen Çilem cezaevinden kadınlara mektup yazmış ve "Kadın arkadaşlarım, hiçbir zaman kirpiğiniz yere düşmesin. Alnınız hep dik; dimdik onurlu kalsın" yazmış ve kadın hareketinde bir simge haline gelmiştir.

** Önceki sayfalarda verdiğim zar bozulmadan hamile kalma örneğine baktığımızda zarın soyun kimden devam ettiğine dair kesin bir ispat aracı olmadığını da söyleyebiliriz.

zorunda olduğumuza inanmıyorum. Çünkü kadın bedeni erkeğe armağan olarak sunulmuş bir paket değildir ki ilk defa onun açması beklensin. Tıp dünyasının da kabul ettiği üzere bekâret zarının bir organ olarak hiçbir vasfı yoktur.

Çocuk Gelin Meselesi ve Pedofili

Bu kitabı yazdığım sıralarda, iktidar partisi vekillerinin 16 Kasım 2016 tarihinde Meclis'e sunmuş olduğu bir yasa tasarısı ülkemizi ikiye böldü. Fakat kızgın kesim çoğunluktayken bu tasarıyı savunanların "Ama ama ama bi dakika..." diyen cılız sesleri de kulağımıza çalınıyordu.

Aslında yazmayacaktım ama tarihe not düşmek istedim. Bu kitabı alıp okuyan kadın ve erkeklerin kütüphanesinin tozlanmış raflarında fikirlerim ve yorumlarımla yer almışken, olur da çocukları ya da torunları, kitabı raftan çeker ve okumaya başlarlarsa, 2016 Türkiyesi'nde neler olup bittiğini hayretler içerisinde görsünler istedim. Zira onların daha aydınlık günlerde yaşayacaklarını ümit ediyorum.

Tasarı metni şöyleydi:

"Cebir, tehdit, hile veya iradeyi etkileyen başka bir neden olmaksızın 16 Kasım 2016'ya kadar işlenen cinsel istismar suçunda, mağdurla failin evlenmesi durumunda CMK'daki koşullara bakılmaksızın hükmün açıklanmasının geri bırakılmasına, hüküm verilmişse cezanın infazının ertelenmesine karar verilecek. Zamanaşımı süresi içinde evliliğin failin kusuruyla sona ermesi halinde, fail hakkında hüküm açıklanacak veya cezanın infazına devam edilecek. Fail hakkında hükmün açıklanmasının geri bırakılmasına veya cezanın infazının ertelenmesine karar verilmesi durumunda, suça azmettiren veya işlenişine yardım edenler hakkında kamu davasının düşmesine veya infazın ortadan kaldırılmasına karar verilecek."

Kamuoyunda oluşan "Çocuklar istismarcısıyla, yani tecavüzcüsüyle evlendirilecek!" çığlıklarına Bakan Bekir Bozdağ, "Bu geçici bir düzenlemedir. Tecavüzcü ile evlenerek cezadan kurtulma imkânı getirilmemiştir. Bunun aksini iddia edenler, konuyu bilerek ve isteyerek çarpıtanlardır," ifadelerini kullandı.

Tüm bunları ayrı ayrı ele alıp sonuca varalım istiyorum. Tane tane...

İktidar partisi* vekillerince teklif edilen bu yasa tasarısı Meclis'te arbede çıkmasına neden oldu. Hükümet her ne kadar bu yasayı çıkarma konusunda büyük bir heves taşısa da toplumdaki tepki de o derece büyüktü.

Metin kısaca şunu diyordu: 18 yaşından küçük olup da kendi "rızasıyla" cinsel ilişkiye giren ve evlenen kadınların kocalarının o ya da bu şekilde kanun gereği cezaevine girmesi nedeniyle bu "aileler" mağdur olmuştur. Bu nedenle bir kereye mahsus olmak üzere –af yasasına benzer ya da toplumca öyle algılanan– bu düzenleme yapılacak, bu kadınların kocaları hapishaneden çıkarılacak, hem bu ailelerin huzuru sağlanacak hem de hapishanelerde yer açılacaktır.

Bakan Bozdağ verdiği bir örnekte, kendisine bir gün yanında büyükçe bir çocukla karnı burnunda bir kadının geldiğini, köyde davul zurna ile evlenmelerine rağmen doğum için hastaneye gittiklerinde hekimin ihbarı sonucu jandarmanın gelip kocasını tutukladığını ve hakkında kamu davası açılması üzerine 7 yıl hapis cezası aldığını söyledi.

Konuya daha vâkıf olabilmek adına Türk Ceza Kanunu'ndaki düzenlemelere bakalım. TCK'nın 103'üncü madde şöyleydi:

---

* Adalet ve Kalkınma Partisi.

1) Çocuğu cinsel yönden istismar eden kişi, sekiz yıldan on beş yıla kadar hapis cezası ile cezalandırılır. İstismar sarkıntılık aşamasında kalırsa üç yıldan sekiz yıla kadar hapis cezası verilir. Sarkıntılık eylemini gerçekleştiren de çocuksa, mağdurun velisinin ya da vasisinin şikâyeti aranır.

a) Cinsel istismar, 15 yaşını doldurmamış, doldursa dahi fiilin anlam ve sonuçlarını anlayamayacak haldeki çocuklara karşı yapılan cinsel davranışlardır.

Bu maddeden "15 yaşını doldurmamış" olma şartı Anayasa Mahkemesi'nce kaldırılmıştır. Çünkü 4 yaşındaki bir çocuğa yöneltilen cinsel davranış ile 14 yaşındaki çocuğa yöneltilen cinsel davranış arasında fark vardır ve 14 yaşındaki çocuk "rızasıyla" da cinsel ilişkiye girmiş olabilir. "Suça sürüklenen çocuklar yönünden 12 ile 15 yaş arasında olup da kendisine yönelik eylemin anlam ve mahiyetini algılama yeteneği olan mağdurun rızasına hukuki sonuç tanınmadığı, bu mağdurların rızasıyla yaşadığı cinsel eylemler hakkında cezanın çok yüksek olduğu, suçun en nitelikli hali için en düşük yaşın 15 olarak belirlenmesinin suç ve cezada korunmak istenen hukuki yarar ile müeyyide arasındaki orantıyı bozduğu" öne sürülmüştür.

b) Diğer çocuklara karşı sadece cebir, tehdit, hile veya iradeyi etkileyen başka bir nedene dayalı olarak gerçekleştirilen cinsel davranışlardır.

2) Cinsel istismarın vücuda organ veya sair bir cisim sokulması suretiyle gerçekleştirilmesi durumunda, on altı yıldan aşağı olmamak üzere hapis cezasına hükmolunur.

Öncelike suçun oluşması için gereken şartları değerlendirelim: Vücuda organ sokmak, anlaşıldığı üzere penis, parmak gibi uzuvların vücuda sokulması; sair cisim ise herhangi bir objenin kullanılmasıdır. Tabii bu, vücuda sokmaya elverişli bir obje olmalıdır.

Bu madde de Anayasa Mahkemesi tarafından iptal edilmiştir. Çünkü 16 yıldan az olmamak üzere öngörülen ceza bazı durumlarda, somut olayın özellikleriyle bağdaşmayacak ve suçla yaptırım arasında bulunması gereken adil dengeyi ortadan kaldıracak ölçüde ağır cezaların verilmesi sonucunu ortaya çıkarabilecek bir niteliğe sahiptir. Bu nedenle kural ölçüsüz bir yaptırım öngördüğünden hukuk devleti ilkesine aykırı olduğu gerekçesiyle iptal edilmiştir.

3) Cinsel istismar suçu birden fazla kişi tarafından birlikte, insanların toplu olarak bir arada yaşama zorunluluğunda bulunduğu ortamların sağladığı kolaylıktan faydalanmak suretiyle, üçüncü derece dahil kan veya kayın hısımlığı ilişkisi içinde bulunan bir kişiye karşı ya da üvey baba, üvey ana, üvey kardeş veya evlat edinen tarafından, vâsi, eğitici, öğretici, bakıcı, koruyucu aile veya sağlık hizmeti veren ya da koruma, bakım veya gözetim yükümlülüğü bulunan kişiler tarafından, kamu görevinin veya hizmet ilişkisinin sağladığı nüfuz kötüye kullanılmak suretiyle işlenirse verilecek ceza yarı oranında artırılır.

Madde devamında nitelikli hal ve neticesi sebebiyle ağırlaşmış haller düzenlenmektedir. Konumuz olmadığı için tüm maddeyi buraya ekleme gereği görmedim. Ancak kitabın sonunda kanunun ayrıntılı haline ulaşabilirsiniz.

TCK'nın 104'üncü maddesi ise reşit olmayan ile cinsel ilişkiyi düzenler.

Burada 15 yaşını doldurmuş fakat henüz reşit olmamış çocuk ile cebir, tehdit ve hile olmaksızın cinsel ilişkide bulunan kişi, şikayet üzerine, iki yıldan beş yıla kadar hapis cezası ile cezalandırılır.

İptal edilen TCK 104'ün ikinci fıkrası failin, mağdurdan beş yaştan daha büyük olması halinde, şikâyet koşulu aranmaksızın cezanın iki kat artırılacağını düzenliyordu. Buna göre, suçu işleyen kişi, mağdurdan beş yaştan daha büyük ise, şikâyet olmasa da suç resen kovuşturularak kamu davası açılacak, suçun sübutu halinde de faile, maddenin 1 numaralı fıkrasında yazılı ceza iki kat artırılarak verilecektir.

Burada küçüğün kadın ya da erkek olması fark etmiyordu. Örneğin 16 yaşındaki bir erkek çocuk ile cinsel ilişkiye giren 20 yaşındaki kadının yargılanması şikâyete bağlıydı. Ya da 16 yaşındaki bir çocuk ile ilişkiye giren 21 yaşındaki (5 yaşı geçmemek üzere) erkeğin cezalandırılması da şikâyete bağlıydı. Fakat bu yaş 5'ten fazla olursa resen, yani şikâyet gerekmeksizin kamu davası açılması gerekiyordu.

Burada gözetilen aslında birbiri ile sevgili olan gençler arasındaki her cinsel ilişkinin tecavüz sayılamayabileceği ve her birinin şikâyet aranmaksızın mahkeme önüne gelmesinin ciddi mağduriyete sebep olabilme ihtimaliydi.

Ama bu madde iptal edilmiştir.

Gerekçelerden biri (tam metni kitabın arkasında bulabilirsiniz) şudur: "Ceza hukukunda yasa önünde eşitlik ilkesinin uygulanması da kuşkusuz, aynı suçu işleyen tüm suçluların kimi özellikleri gözardı edilerek her yönden aynı kurallara bağlı tutulmalarını gerektirmemektedir. Mağdurun veya failin durumlarındaki farklılıklar bunlara değişik kurallar uygulanması sonucunu doğurabilir. Ancak, suçun takip şekli veya failin cezalandırılmasında esas alınan özellikleri, kuralla korunmak istenen hukuki yarar bakımından sonuca etkili değilse, bu durumda faillerin farklı durumda oldukları kabul edilerek aralarında ayrım yapılması eşitlik ilkesine aykırılık oluşturur."

Tüm bu bilgilerden anlaşılacağı üzere Türk Ceza Kanunu vücuda organ ya da sair cisim sokmak suretiyle işlenen cinsel saldırı suçlarında üçlü bir ayırım öngörmüştür:

- 0-15 yaş arası (15 yaşını doldurmamış) - 16 yıldan az olmamak üzere ceza (16 yıl ceza iptal edildi.)
- 15-18 yaş arası (18 yaşını doldurmamış) - 2 yıldan 5 yıla kadar ceza (5 yaş düzenlemesi iptal edildi.)
- 18 yaş üzeri - 12 yıldan az olmamak üzere (Çok şükür hâlâ yerinde.)

Yani önceden 15 yaşını doldurmamış çocuklarda asla rıza aranmazdı. Fail, çocuğun rızası(!) olsa dahi organ ya da sair cisim sokarak bu suçu işlediğinde 16 yıldan az olmayan bir ceza alıyordu. 16 yıl maddesinin iptal edilirken devlete yeni bir düzenleme için 6 ay süre verildi. Kitabın kaleme alındığı süreçte bir düzenleme yapılmış değildi. Dolayısıyla bu fiil, 103/1 gereği 8 ila 15 yıl arası hapis cezası arasında belirlenecek.

15 yaşını doldurma kuralının kaldırılması ile 12 ila 15 yaş arasındaki çocukların rızasının(!) aranmasını mümkün hale getirilmiştir. Yani 13 yaşındaki bir çocuk cebir, tehdit, hile olmaksızın cinsel bir münasebette bulunduğunda rızası olması halinde fail daha az ceza alacaktır.

Mevcut tasarıda ise 16 Kasım 2016'dan önce gerçekleşen istismar suçunda, fail ile mağdur evlenirse, hüküm verilmişse cezanın infazı ertelenecek, verilmemişse hükmün açıklanması geri bırakılacak.

Burada kafaları karıştıran şudur: Türk Medeni Kanunu'na göre erkek veya kadın 17 yaşını doldurmadan evlenemez. Ancak hâkim izni ve pek önemli sebepler halinde çocuk 16 yaşında evlenebilir. 13 yaşında istismara uğrayan bir çocuk nasıl evlenebilir? Burada kastedilen dini nikâh mıdır? Çünkü bakan yaptığı konuşmalardan birinde "evlenmiş ama resmi nikâh kıyamamış çiftler" diyerek, imam nikâhını kastetmişti.

Türkiye'de böyle bir gerçeğin olması buna meşru bir hukuki kılıf uydurulmasını değil, bunun engellenmesi için evrensel değerler bakımından bir yasal zemin oluşturmayı gerektirir.

Bu durumda, yama olarak getirilen yenilikler ile evlenme yaşının 12'ye düşmesi bile söz konusu olabilir. Ayrıca 15 yaşından küçük bir çocukta rıza aramak ne derece akla ve mantığa uygundur? Çocuğun gerçekten rızası olsa dahi, cinsel ilişki, bana göre, 13 yaşındaki bir çocuğun deneyimlememesi gereken bir şeydir. Çocuk Hakları Evrensel Beyannamesi'ne göre 18 yaşını doldurmamış herkes çocuktur ve ben, Türk Medeni Kanunu'ndaki hâkim izniyle evlenmeyi dahi taraf olduğumuz bu uluslararası sözleşmeye aykırı buluyorum ve kanunen de bu maddenin iptal edilmesi gerektiğini düşünüyorum.

Çünkü Anayasa'nın 90'ıncı maddesinin ikinci fıkrasına göre kanunlarımızda yer alan herhangi bir madde, taraf olduğumuz bir uluslararası sözleşmeye aykırılık teşkil ediyorsa, uluslararası sözleşme uygulanır.

Ayrıca TCK 103/1 ve 3'ün iptal gerekçelerine baktığınızda gençlerin aralarındaki cinsel ilişkilerin, bunların yaşları arasındaki fark gözetilmeksizin cezalandırılmasının büyük mağduriyetler yarattığından bahsedildiğini göreceksiniz. Peki o zaman TCK 104'teki 5 yaş kuralı neden iptal edilmiştir, anlamak mümkün değildir.

Her zamanki gibi, yeni ve ihtiyaca cevap veren, kimseyi mağdur etmeyecek düzgün bir düzenleme yapmak yerine cinsel istismar maddesi yamalı bohçaya çevrildi. Bu da hem halkın kafasının karışmasına hem de hukukçuların farklı yorumlar yapmasına neden oldu

Ülkemizin insanı, kadınları ve çocukları bundan daha fazlasını hak ediyor. Daha iyi kanunlar, daha iyi uygulama ve daha iyi bir yaşam.

Ben tüm bunları yazarken, ülkeyi birbirine katan garabet tasarı halkın, kadın kolektiflerinin ve buna karşı çıkan herkesin tepkileri üzerine geri çekildi. Tekrar önümüze konmamasını temenni ederim.

Tüm bunları pedofiliye bağlamak bence mümkün. Zira çocuk yaştaki kız çocuklarına dini nikâh kıyarak yatağa giren erkekler bana göre pedofilidir. Erkek çocukların cinsel olarak istismar edenler de böyledir.

"Halk arasında "sübyancılık" olarak bilinen pedofili (pedophilia) bir hastalık türüdür. Bu hastalık DSM-IV-TR (Ruhsal Bozuklukların Tanısal ve Sayımsal Elkitabı) tanı ölçütlerine göre şu şekilde tanımlanmaktadır. Pedofili, en az 6 aylık bir süre boyunca, kişide ergenlik dönemine girmemiş bir çocukla ya da çocuklarla cinsel etkinlikte bulunma ile ilgili yoğun, cinsel yönden uyarıcı fantezilerinin, cinsel dürtülerinin ya da davranışlarının yineleyici bir biçimde ortaya çıkması olarak tanımlanmıştır.

DSM-IV-TR tanı ölçütlerine göre pedofili tanısı konabilmesi için kişinin en az 16 yaşında olması ve cinsel etkinlikte bulunduğu çocuklardan en az beş yaş daha büyük olması gerekmektedir. Kişinin, bu cinsel dürtülere göre davranmakta olması ya da bu kişinin cinsel dürtüleri ya da düşlemlerinin (fantezileri) belirgin bir sıkıntıya ya da kişilerarası sorunlara neden olması tanı için gereklidir."*

Pedofilinin bir hastalık olarak kabul edilmesi ise hukuk dünyasında görüş farklılıklarına neden olmuştur. Çünkü hastalık olarak kabul edilmesi kişinin muhakeme yeteneği olmadığına, haliyle bu durumun da cezai sorumluluğuna etki edeceği gerçeğini ortaya çıkarır.

---

* pedagogsevilyavuz.com

Pedofilinin cezasız kalmaması için tıp ve hukuk dünyası bunun bir hastalık olduğu ancak kişilerin muhakeme yeteneği tam olduğu için cezasızlık halinden bahsedilemeyeceği konusun da hem fikir olmuşlardır.

Türkiye Psikiyatri Derneği Yönetim Kurulu Üyesi ve Manisa Ruh Sağlığı ve Hastalıkları Hastanesi Psikiyatri Uzmanı Şahut Duran aynen şöyle diyor: "Pedofili cezai sorumluluğu ortadan kaldıran bir hastalık değildir, bu kişilerin muhakeme yeteneği tamdır. Pedofili kişi bunun normal olmadığını biliyor, ancak kontrol edemiyor. Ama önemlisi pedofili toplumda yaygınlaşmaya başladı. Bunu yaygınlaştıran nedenlerden biri de sosyal medyadır. İnternet kullanımı, pornografi fotoğraflar bu eğilimi artırıyor. Bunun yaygınlaşması, çocuk fotoğraflarının uygunsuz bir şekilde kullanılması bu istismar vakalarının artmasına neden oldu. Sanal medya açık ve net bir şekilde etkiledi. Çocuk fotoğraflarının uygunsuz kullanılması, ulaşılabilir olması pedofili için ortam hazırlıyor. Daha önce sanal olan vakalar ardından sanal ortamdan çıkıp çocuğa uygulanabiliyor."

Şunun da altını çizmekte fayda var ki her pedofili istismarcı ya da her istismarcı pedofili olmayabilir. Bunu kısaca şöyle özetleyebiliriz: Pedofililer içlerindeki arzuyu fiiliyata dökmeyebilirler. Kendilerini çocuk pornosu izleyerek ya da fotoğraflara bakarak mastürbasyon yapmak gibi hareketlerle tatmin edebilirler. Elbette bu da cezasız bir fiil değildir.

İstismarcılar ise çocuk olduğu için değil ama en ulaşabilir olduğu kişi çocuk olduğu için bunu gerçekleştiriyor olabilir. 2016 yılında hepimizin kahrolarak izlediği ve lanet ettiği bir olayı hatırlatmak isterim. Bir televizyon programında* uzun süre Manisa Alaşehir'de kaybolan 3,5 yaşındaki Irmak aranmıştı.

* Müge Anlı ile Tatlı Sert.

Irmak genetik bir hastalık nedeniyle yürüyemiyordu. Bu nedenle küçük kızın kaçırıldığı konusunda aile emindi. Komşuları Himmet Aktürk de programa katılarak Irmak'ı en son nerede, nasıl gördüğüne dair bilgileri izleyici ile paylaşmıştı. Sunucunun Himmet Aktürk'ten şüphelenmesi ve üzerine gitmesi ile ortaya çıkan çelişkili ifadeleri Himmet Aktürk'ü birinci şüpheli haline getirmişti. Nitekim canlı yayının reklam arasında suçunu kabul etti ve Irmak'a tecavüz edip öldürdüğünü itiraf etti.

İtiraf haberini izlerken Himmet Aktürk'ün söylediği bir şey dikkatimi çekti. Ekrandan nereye gömdüğünü gösterirken şu sözleri söyledi:

"Yıllardan beri ben kimseyle birlikte olmadım. Beni hep kandırdılar. Paramı aldılar, geleceğiz dediler gelmediler, kandırdılar beni..."

Sunucunun "Kim aldı paranı?" sorusu üzerine cevap veriyor:

"Kadınlar, bayanlar, kaybettim kendimi, bilmiyorum, sonra fark ettim..."

Ve sonra küçük kızın cesedini nereye koyduğunu anlatıyor.

Yani Himmet Aktürk, benim çıkarımıma göre aslında pedofili değil. Kadınlarla iletişim kuramıyor. Yıllardır kimseyle birlikte olamadığını, para karşılığı seks yapmak istediğinde de kandırıldığını söylüyor. Bu durumda Himmet Aktürk küçük kızı sadece kolay ulaşabildiği için kaçırıyor. Savunmasız, kolay korkutulabilen, küçücük bir beden...

Himmet Aktürk'ün yaptığı direkt olarak çocuğun cinsel istismarı ve canavarca hisle ve tasarlayarak insan öldürme suçudur. Cezaevinden çıkabileceğini sanmıyorum ve umarım çıkmaz.

Bunu fiiliyata dökmemek elbette daha hafif ya da daha iyi bir durum değil. Bu durum kanunda da düzenleniyor.

Türk Ceza Kanunu'nun "Müstehcenlik" başlığına göre:

"(1) a) Bir çocuğa müstehcen görüntü, yazı veya sözleri içeren ürünleri veren ya da bunların içeriğini gösteren, okuyan, okutan veya dinleten,

b) Bunların içeriklerini çocukların girebileceği veya görebileceği yerlerde ya da alenen gösteren, görülebilecek şekilde sergileyen, okuyan, okutan, söyleyen, söyleten,

c) Bu ürünleri, içeriğine vakıf olunabilecek şekilde satışa veya kiraya arz eden,

d) Bu ürünleri, bunların satışına mahsus alışveriş yerleri dışında, satışa arz eden, satan veya kiraya veren,

e) Bu ürünleri, sair mal veya hizmet satışları yanında veya dolayısıyla bedelsiz olarak veren veya dağıtan,

f) Bu ürünlerin reklamını yapan,

Kişi, altı aydan iki yıla kadar hapis ve adli para cezası ile cezalandırılır.

(2) Müstehcen görüntü, yazı veya sözleri basın ve yayın yolu ile yayınlayan veya yayınlanmasına aracılık eden kişi altı aydan üç yıla kadar hapis ve beş bin güne kadar adli para cezası ile cezalandırılır.

(3) Müstehcen görüntü, yazı veya sözleri içeren ürünlerin üretiminde çocukları kullanan kişi, beş yıldan on yıla kadar hapis ve beş bin güne kadar adli para cezası ile cezalandırılır. Bu ürünleri ülkeye sokan, çoğaltan, satışa arz eden, satan, nakleden, depolayan, ihraç eden, bulunduran ya da başkalarının kullanımına sunan kişi, iki yıldan beş yıla kadar hapis ve beşbin güne kadar adlî para cezası ile cezalandırılır.

(4) Şiddet kullanılarak, hayvanlarla, ölmüş insan bedeni üzerinde veya doğal olmayan yoldan yapılan cinsel davranışlara ilişkin yazı, ses veya görüntüleri içeren ürünleri

üreten, ülkeye sokan, satışa arz eden, satan, nakleden, depolayan, başkalarının kullanımına sunan veya bulunduran kişi, bir yıldan dört yıla kadar hapis ve beşbin güne kadar adlî para cezası ile cezalandırılır.

(5) Üç ve dördüncü fıkralardaki ürünlerin içeriğini basın ve yayın yolu ile yayınlayan veya yayınlanmasına aracılık eden ya da çocukların görmesini, dinlemesini veya okumasını sağlayan kişi, altı yıldan on yıla kadar hapis ve beşbin güne kadar adlî para cezası ile cezalandırılır.

(6) Bu suçlardan dolayı, tüzel kişiler hakkında bunlara özgü güvenlik tedbirlerine hükmolunur.

(7) Bu madde hükümleri, bilimsel eserlerle; üçüncü fıkra hariç olmak ve çocuklara ulaşması engellenmek koşuluyla, sanatsal ve edebi değeri olan eserler hakkında uygulanmaz."

Yani bu madde özetle şunu söyler; bir çocuğa müstehcen görüntü (porno) izlettirmek, alenen göstermek, dinletmek, okutmak, söylemek ya da söyletmek yasaktır. Bunları satmak kiralamak reklamını yapmak yasaktır. Pornografik görüntülerde çocukları kullananlar ise yani etrafındaki çocukları ya da kimsesiz çocukları bu filmlerde kullananlar daha fazla ceza alır.

Unutmayın ki çocuklarımıza zarar veren bu suçlular hep en yakınımızdadır. Elbette rastgele çocuk kaçırılabilir ama bu kişiler, tanıdıkları, daha kolay kandırabilecekleri, yakınlık kurdukları ailelerin çocuklarını tercih ederler. Çünkü kaçırılan bir çocuk ağlar bağırır ve tepki gösterir. Ama tanıdığı abi ya da amca dediği kişiler tarafından bir yere götürüldüklerinde güven duydukları için daha rahat davranabilirler.

Ülkemizde son zamanlarda sürekli gündeme gelen Kuran kurslarındaki tecavüzler ya da ilkokuldan üniversiteye kadarki zaman diliminde yaşanan taciz ve tecavüzler bunun göstergesidir. Aileler çocuklarını emanet ettikleri yerdeki insanlara şüpheyle bakmazlar. Bazı olaylarda ailelerin "Ama çok iyi bir öğretmendi, tüm çocuklar çok severdi" dediği olmuştur. Bu da kişinin çocuklara yaklaşmak için aşırı ilgi gösterdiğinin kanıtı.

Elbette tüm iyi öğretmenler ya da dini görevliler bunu yapıyor değil. Ama çocuklarımızın etrafındaki herkese biraz şüpheyle bakmalıyız. Çocuğumuza mahremiyet eğitimi vermeliyiz. Başkalarının neresine dokunup dokunmaması gerektiğini bilmeli; dokunan olursa tepki göstermelerini ve hemen kendinize anlatmasını istemelisiniz. Unutmayın ki çocuklar bilmedikleri şeyleri anlatamazlar. Eğer çocuğunuz size cinsellik ile ilgili ayrıntılı bilgi veriyorsa kesinlikle dinleyin ve olayın üzerini örtmek yerine derinlere inmeye çalışın.

Keşke çocuklarımızı tüm kötülüklerden koruyabilseydik ve keşke çocuklarımız ölümsüz olsaydı. Ama öyle değil. Kırılgan, masum ve savunmasızlar. Onlara sağlayacağımız en önemli koruma yöntemi, onları korkutmadan insanlar ile aralarına koyması gereken sınırı bilmelerini sağlamak.

Bu konuda, başlangıç olarak Birleşmiş Milletler'in hazırladığı *Kiko ve El* kitabından faydalanabilirsiniz. İnternetten ücretsiz olarak indirmek mümkün.

Kadın Düşmanı Sözlük

Kadın düşmanı sözlük, Agnes Michaux'nun derlediği ve dünyanın çeşitli ülke ve dillerine yer etmiş cinsiyetçi ifadeleri içeren muazzam bir çalışma.

Biz daha "Bayan mı, kadın mı?" tartışmasını yapaduralım, Türk Dil Kurumu da adeta milli kadın düşmanı sözlüğü hazırladı.

Türk Dil Kurumu'nun birçok kelimeye tanım olarak verdiği örnekler kadın düşmanı, kadını aşağılayıcı ve son derece cinsiyetçi. Örneğin:

Kirli: Ay başı durumunda bulunan (kadın)

Müsait: Flört etmeye hazır olan, kolayca flört edebilen (kadın)

Esnaf: Kötü yola sapmış olan kadın

Yollu: Kolayca elde edilen kadın

Serbest: Ağırbaşlı olmayan, hoppa (kadın)

Kötüleşmek: Kadın, toplumun ahlak kurallarına aykırı davranmaya başlamak

Boyalı: Yüzünü çok boyamış olan, makyajlı (kadın)

Oynak: Davranışları ağırbaşlı olmayan (kadın veya kız)

Ve hatta "kadın" kelimesine tanım olarak, "hizmetçi bayan" karşılığını verdi.

Bu karşılıklardan hepsi vahim. Özellikle birine dikkat çekmek istiyorum. Kadınların doğal döngülerini gösteren periyot için kirli kelimesinin kullanılması akıl alır gibi değil. Kirli kelimesinin halk arasında kullanılıyor oluşu, bunu alıp Türkçe sözlüğe koymayı gerektirmez.

Kadına Karşı Her Türlü Ayrımcılığın Yok Edilmesi Sözleşmesi olarak bilinen CEDAW'a taraf olan ülkemiz gerek dilde gerek eğitimde gerekse sosyal hayatta kadına karşı ayrımcılık içeren her türlü deyimi, uygulamayı yok etmekle mükellefken, Türk Dil Kurumu'nun cinsiyetçiliği ve kadın düşmanlığını körüklemesi kabul edilebilecek şey değil.

Ben de kabul etmedim zaten ve TDK'ya yazılı başvuruda bulunarak bu kelimeler için verilen tanımların değiştirilmesini ya da kaldırılmasını istedim. Ne cevap geleceği şu an için, en azından ben bunları yazarken meçhul olsa da, olumlu olumsuz demeden bu mücadeleyi sonuna kadar götüreceğim.

Çünkü gerçek bir insan hakları aktivisti, eyleminin sonucunu önemsese de yarattığı etkinin, oluşturduğu bilinç ve farkındalığın asıl amaç olduğunu iyi bilir.

Derdi Çeken Bilir

Erkeklerin, devletlerin ya da sistemlerin bizimle ne dertleri olduklarını bilmiyorum ama onların dert ettiği her şeyin bizim derdimiz haline geldiğini görüyorum. Yani bu dertler aslında bizden kaynaklanmıyor.

Aslında bize ait olmayan yanılgıları sahipleniyoruz ya da sahiplenmemiz gerektiği algısıyla büyütülüyoruz. İnsanın benimseyerek büyüdüğü değerleri bir anda hafızasından silmesi, bir anda unutuvermesi mümkün değil. Üstelik hepimiz genelde inandığımız doğrular dışındaki her şeye önyargılıyız. Bence bu çok normal. Bugüne kadar çok tepki aldım. Yazdığım çizdiğim pek çok şey "aşırı, uç, abartılı" ya da "dikkat çekmek için yapılan" şeyler olarak nitelendirildi. Aslında gerçekten de bazıları öyleydi. Dikkat çekmek istiyordum ama kendim için değil, konuştuğum konuyu düşünmeleri ve görmeleri için. Bu ülkede görünmek için bazen abartmak gerekiyor da. Aklınızda bulunsun.

Tabii benim için en önemli yorumlar "Daha önce hiç böyle düşünmemiştim, gerçekten başka bir açıdan baktım ve haklı olduğunuzu gördüm" denilen yorumlar. Benim haklı ya da haksız olmamın hiçbir önemi yok. Sadece hepimizin normal gördüğü olgu ve davranış biçimlerinin ciddi bir dayatma olduğunu anlamak önemli.

Ben hep böyle miydim? Ben hep farklıydım. Sivriydim, çok konuşurdum. İnsanları sinir ederdim. Sıklıkla annem ve babamın beni sevmediği hissine kapılırdım. Ben yorucu bir çocuktum. Ne söylediğimi ya da neyi savunduğumu bilmediğim anlarda bile aslında bir feministtim.

Bir keresinde, tahminen 11 yaşındaydım, dört eş almaktan bahsedilirken, herkesin içinde, erkekler bunu yapıyorsa, ben de dört koca alırım, ne var yani!" dediğim için babam bana çok kızmıştı. Anlamamıştım. Gerçekten ne var ki, ben dört adam alırım yani... Eşit değil miydik biz?

Değiliz tabi ki.

Fatmagül Berktay'ın dediği gibi, hiçbir zaman gerçekten erkeklerle eşit olmadığımız için aslında gerçek eşitliği bilmiyoruz.Ama bunu öğrenmek için kendimize fırsat da yaratmıyoruz. Bunun ilk adımını atalım ve neyi dert edip etmememiz gerektiğini netleştirelim.

Erkek dünya, kadına kendi bakış açısını dayatıyor. Sonra dayattığı bu tehlikeli düşüncelerden kadını sözde bir koruma çabasına giriyor ve bu çabanın sonucu olarak kadını tutsaklaştırıyor. Anlayacağınız hem bozuyor hem yapacağım diye kendi zevkleri için köle yaratıyor.

Aslında bu hükümetlerin "Düşman yarat, sonra savaş" stratejisine çok benziyor. Zaten tüm sistem bu şekilde işlemiyor mu?

Bunu fark ettiğimizde hem kadınlar arası nefreti bitireceğiz hem de sırtımızdaki kamburu atacağız.

Bu bilince vardıktan sonra erkeklerin kölesi olmak mı?

He he, oldu...

Üçüncü Bölüm

Hukuki Metinler

TÜRK MEDENİ KANUNU

A. Boşanma sebepleri

Zina

Madde 161- Eşlerden biri zina ederse, diğer eş boşanma davası açabilir.

Davaya hakkı olan eşin boşanma sebebini öğrenmesinden başlayarak altı ay ve her hâlde zina eyleminin üzerinden beş yıl geçmekle dava hakkı düşer.

Affeden tarafın dava hakkı yoktur.

II. Hayata kast, pek kötü veya onur kırıcı davranış

Madde 162- Eşlerden her biri diğeri tarafından hayatına kastedilmesi veya kendisine pek kötü davranılması ya da ağır derecede onur kırıcı bir davranışta bulunulması sebebiyle boşanma davası açabilir.

Davaya hakkı olan eşin boşanma sebebini öğrenmesinden başlayarak altı ay ve her hâlde bu sebebin doğumunun üzerinden beş yıl geçmekle dava hakkı düşer. Affeden tarafın dava hakkı yoktur.

III. Suç işleme ve haysiyetsiz hayat sürme

Madde 163- Eşlerden biri küçük düşürücü bir suç işler veya haysiyetsiz bir hayat sürer ve bu sebeplerden ötürü onunla birlikte yaşaması diğer eşten beklenemezse, bu eş her zaman boşanma davası açabilir.

IV. Terk

Madde 164- Eşlerden biri, evlilik birliğinden doğan yükümlülüklerini yerine getirmemek maksadıyla diğerini terk ettiği veya haklı bir sebep olmadan ortak konuta dönmediği takdirde ayrılık, en az altı ay sürmüş ve bu durum devam etmekte ve istem üzerine hâkim veya noter tarafından yapılan ihtar sonuçsuz kalmış ise; terk edilen eş, boşanma davası açabilir. Diğerini ortak konutu terk etmeye zorlayan veya haklı bir sebep olmaksızın ortak konuta dönmesini engelleyen eş de terk etmiş sayılır.

Davaya hakkı olan eşin istemi üzerine hâkim veya noter, esası incelemeden yapacağı ihtarda terk eden eşe iki ay içinde ortak konuta dönmesi gerektiği ve dönmemesi hâlinde doğacak sonuçlar hakkında uyarıda bulunur. Bu ihtar gerektiğinde ilân yoluyla yapılır. Ancak, boşanma davası açmak için belirli sürenin dördüncü ayı bitmedikçe ihtar isteminde bulunulamaz ve ihtardan sonra iki ay geçmedikçe dava açılamaz.

V. Akıl hastalığı

Madde 165- Eşlerden biri akıl hastası olup da bu yüzden ortak hayat diğer eş için çekilmez hâle gelirse, hastalığın geçmesine olanak bulunmadığı resmî sağlık kurulu raporuyla tespit edilmek koşuluyla bu eş boşanma davası açabilir.

VI. Evlilik birliğinin sarsılması

Madde 166- Evlilik birliği, ortak hayatı sürdürmeleri kendilerinden beklenmeyecek derecede temelinden sarsılmış olursa, eşlerden her biri boşanma davası açabilir.

Yukarıdaki fıkrada belirtilen hâllerde, davacının kusuru daha ağır ise, davalının açılan davaya itiraz hakkı vardır. Bununla beraber bu itiraz, hakkın kötüye kullanılması niteliğinde ise ve evlilik birliğinin devamında davalı ve çocuklar bakımından korunmaya değer bir yarar kalmamışsa boşanmaya karar verilebilir.

Evlilik en az bir yıl sürmüş ise, eşlerin birlikte başvurması ya da bir eşin diğerinin davasını kabul etmesi hâlinde, evlilik birliği temelinden sarsılmış sayılır. Bu hâlde boşanma kararı verilebilmesi için, hâkimin tarafları bizzat dinleyerek iradelerinin serbestçe açıklandığına kanaat getirmesi ve boşanmanın malî sonuçları ile çocukların durumu hususunda taraflarca kabul edilecek düzenlemeyi uygun bulması şarttır. Hâkim, tarafların ve çocukların menfaatlerini göz önünde tutarak bu anlaşmada gerekli gördüğü değişiklikleri yapabilir. Bu değişikliklerin taraflarca da kabulü hâlinde boşanmaya hükmolunur. Bu hâlde tarafların ikrarlarının hâkimi bağlamayacağı hükmü uygulanmaz.

Boşanma sebeplerinden herhangi biriyle açılmış bulunan davanın reddine karar verilmesi ve bu kararın kesinleştiği tarihten başlayarak üç yıl geçmesi hâlinde, her ne sebeple olursa olsun ortak hayat yeniden kurulamamışsa evlilik birliği temelden sarsılmış sayılır ve eşlerden birinin istemi üzerine boşanmaya karar verilir.

ALTINCI AYIRIM - VELÂYET

Genel olarak

Koşullar

Madde 335- Ergin olmayan çocuk, ana ve babasının velâyeti altındadır. Yasal sebep olmadıkça velâyet ana ve babadan alınamaz.

Hâkim vasi atanmasına gerek görmedikçe, kısıtlanan ergin çocuklar da ana ve babanın velâyeti altında kalırlar.

II. Ana ve baba evli ise

Madde 336- Evlilik devam ettiği sürece ana ve baba velâyeti birlikte kullanırlar.

Ortak hayata son verilmiş veya ayrılık hâli gerçekleşmişse hâkim, velâyeti eşlerden birine verebilir.

Velâyet, ana ve babadan birinin ölümü hâlinde sağ kalana, boşanmada ise çocuk kendisine bırakılan tarafa aittir.

III. Ana ve baba evli değilse

Madde 337- Ana ve baba evli değilse velâyet anaya aittir.

Ana küçük, kısıtlı veya ölmüş ya da velâyet kendisinden alınmışsa hâkim, çocuğun menfaatine göre, vasi atar veya velâyeti babaya verir.

IV. Üvey çocuklar

Madde 338- Eşler, ergin olmayan üvey çocuklarına da özen ve ilgi göstermekle yükümlüdürler.

Kendi çocuğu üzerinde velâyeti kullanan eşe diğer eş uygun bir şekilde yardımcı olur; durum ve koşullar zorunlu kıldığı ölçüde çocuğun ihtiyaçları için onu temsil eder.

B. Velâyetin kapsamı

Genel olarak

Madde 339- Ana ve baba, çocuğun bakım ve eğitimi konusunda onun menfaatini göz önünde tutarak gerekli kararları alır ve uygularlar.

Çocuk, ana ve babasının sözünü dinlemekle yükümlüdür.

Ana ve baba, olgunluğu ölçüsünde çocuğa hayatını düzenleme olanağı tanırlar; önemli konularda olabildiğince onun düşüncesini göz önünde tutarlar.

Çocuk, ana ve babasının rızası dışında evi terkedemez ve yasal sebep olmaksızın onlardan alınamaz. Çocuğun adını ana ve babası koyar.

II. Eğitim

Madde 340- Ana ve baba, çocuğu olanaklarına göre eğitirler ve onun bedensel, zihinsel, ruhsal, ahlâkî ve toplumsal gelişimini sağlar ve korurlar.

Ana ve baba çocuğa, özellikle bedensel ve zihinsel engelli olanlara, yetenek ve eğilimlerine uygun düşecek ölçüde, genel ve meslekî bir eğitim sağlarlar.(1)

III. Dini eğitim

Madde 341- Çocuğun dini eğitimini belirleme hakkı ana ve babaya aittir.

Ana ve babanın bu konudaki haklarını sınırlayacak her türlü sözleşme geçersizdir.

Ergin, dinini seçmekte özgürdür.

IV. Çocuğun temsil edilmesi

Madde 342- Ana ve baba, velâyetleri çerçevesinde üçüncü kişilere karşı çocuklarının yasal temsilcisidirler.

İyiniyetli üçüncü kişiler, eşlerden her birinin diğerinin rızasıyla işlem yaptığını varsayabilirler.

Vesayet makamlarının iznine bağlı hususlar dışında kısıtlıların temsiline ilişkin hükümler velâyetteki temsilde de uygulanır.

V. Çocuğun fiil ehliyeti

Madde 343- Velâyet altındaki çocuğun fiil ehliyeti, vesayet altındaki kişinin ehliyeti gibidir.

Çocuk, borçlarından ana ve babanın çocuk malları üzerindeki haklarına bakılmaksızın kendi malvarlığı ile sorumludur.

VI. Çocuğun aileyi temsil etmesi

Madde 344- Velâyet altındaki çocuk, ayırt etme gücüne sahip ise ana ve babanın rızasıyla aile adına hukukî işlemler yapabilir; bu işlemlerden dolayı ana ve baba borç altına girer.

VII. Çocuk ile ana ve baba arasındaki hukukî işlemler

Madde 345- Çocuk ile ana veya baba arasında ya da ana ve babanın menfaatine olarak çocuk ile üçüncü kişi arasında yapılacak bir hukukî işlemle çocuğun borç altına girebilmesi, bir kayyımın katılmasına ve hâkimin onayına bağlıdır.

C. Çocuğun korunması

I. Koruma önlemleri

Madde 346- Çocuğun menfaati ve gelişmesi tehlikeye düştüğü takdirde, ana ve baba duruma çare bulamaz veya buna güçleri yetmezse hâkim, çocuğun korunması için uygun önlemleri alır.

II. Çocukların yerleştirilmesi

Madde 347- Çocuğun bedensel ve zihinsel gelişmesi tehlikede bulunur veya çocuk manen terk edilmiş hâlde kalırsa hâkim, çocuğu ana ve babadan alarak bir aile yanına veya bir kuruma yerleştirebilir.

Çocuğun aile içinde kalması ailenin huzurunu onlardan katlanmaları beklenemeyecek derecede bozuyorsa ve durumun gereklerine göre başka çare de kalmamışsa, ana ve baba veya çocuğun istemi üzerine hâkim aynı önlemleri alabilir.

Ana ve baba ile çocuğun ödeme gücü yoksa bu önlemlerin gerektirdiği giderler Devletçe karşılanır.

Nafakaya ilişkin hükümler saklıdır.

III. Velâyetin kaldırılması

Genel olarak

Madde 348- Çocuğun korunmasına ilişkin diğer önlemlerden sonuç alınamaz ya da bu önlemlerin yetersiz olacağı önceden anlaşılırsa, hâkim aşağıdaki hâllerde velâyetin kaldırılmasına karar verir:

(Değişik: 1/7/2005-5378/38 md.) Ana ve babanın deneyimsizliği, hastalığı, başka bir yerde bulunması veya benzeri sebeplerden biriyle velayet görevini gereği gibi yerine getirememesi.

Ana ve babanın çocuğa yeterli ilgiyi göstermemesi veya ona karşı yükümlülüklerini ağır biçimde savsaklaması. Velâyet ana ve babanın her ikisinden kaldırılırsa çocuğa bir vasi atanır.

Kararda aksi belirtilmedikçe, velâyetin kaldırılması mevcut ve doğacak bütün çocukları kapsar.

2. Ana veya babanın yeniden evlenmesi hâlinde

Madde 349- Velâyete sahip ana veya babanın yeniden evlenmesi, velâyetin kaldırılmasını gerektirmez. Ancak, çocuğun menfaati gerektirdiğinde velâyet sahibi değiştirilebileceği gibi, durum ve koşullara göre velâyet kaldırılarak çocuğa vasi de atanabilir.

3. Velâyetin kaldırılması hâlinde ana ve babanın yükümlülükleri

Madde 350- Velâyetin kaldırılması hâlinde ana ve babanın çocuklarının bakım ve eğitim giderlerini karşılama yükümlülükleri devam eder.

Ana ve baba ile çocuğun ödeme gücü yoksa bu giderler Devletçe karşılanır.

Nafakaya ilişkin hükümler saklıdır.

IV. Durumun değişmesi

Madde 351- Durumun değişmesi hâlinde, çocuğun korunmasına ilişkin önlemlerin yeni koşullara uydurulması gerekir.

Velâyetin kaldırılmasını gerektiren sebep ortadan kalkmışsa hâkim, re'sen ya da ana veya babanın istemi üzerine velâyeti geri verir.

TCK 130'UNCU MADDEDE YER ALAN ÇOCUĞUN CİNSEL İSTİSMARININ VÜCUDA SAİR CİSİM SOKULMAK SURETİYLE İŞLENMESİ HALİNDE CEZANIN 16 YILDAN AZ OLMAYACAĞI MADDESİNİN İPTALİNE İLİŞKİN KARAR GEREKÇESİNİN TAM METNİ

ANAYASA MAHKEMESİ KARARI

Esas Sayısı :2015/26

Karar Sayısı :2015/100

Karar Tarihi :12.11.2015

R.G. Tarih-Sayı :11.12.2015 - 29559

İTİRAZ YOLUNA BAŞVURAN: Sivas 2. Ağır Ceza Mahkemesi

İTİRAZIN KONUSU: 26.9.2004 tarihli ve 5237 sayılı Türk Ceza Kanunu'nun, 18.6.2014 tarihli ve 6545 sayılı Kanun'un 59. maddesiyle değiştirilen 103. maddesinin (2) numaralı fıkrasının, Anayasa'nın 2. ve 10. maddelerine aykırılığı ileri sürülerek iptaline karar verilmesi talebidir

OLAY: Onsekiz yaşından küçük sanık hakkında çocuğun nitelikli cinsel istismarı suçundan açılan kamu davasında, itiraz konusu kuralın Anayasa'ya aykırı olduğu kanısına varan Mahkeme, iptali için başvurmuştur.

I- İPTALİ İSTENİLEN KANUN HÜKMÜ

5237 sayılı Kanun'un itiraz konusu kuralın da yer aldığı 103. maddesi şöyledir:

"(1) Çocuğu cinsel yönden istismar eden kişi, sekiz yıldan on beş yıla kadar hapis cezası ile cezalandırılır. Cinsel istismarın sarkıntılık düzeyinde kalması hâlinde üç yıldan sekiz yıla kadar hapis cezası verilir. Sarkıntılık düzeyinde kalmış suçun failinin çocuk olması hâlinde soruşturma ve kovuşturma yapılması mağdurun, velisinin veya vasisinin şikâyetine bağlıdır. Cinsel istismar deyiminden;

a) On beş yaşını tamamlamamış veya tamamlamış olmakla birlikte fiilin hukuki anlam ve sonuçlarını algılama yeteneği gelişmemiş olan çocuklara karşı gerçekleştirilen her türlü cinsel davranış,

b) Diğer çocuklara karşı sadece cebir, tehdit, hile veya iradeyi etkileyen başka bir nedene dayalı olarak gerçekleştirilen cinsel davranışlar,

anlaşılır.

(2) Cinsel istismarın vücuda organ veya sair bir cisim sokulması suretiyle gerçekleştirilmesi durumunda, onaltı yıldan aşağı olmamak üzere hapis cezasına hükmolunur.

(3) Suçun;

a) Birden fazla kişi tarafından birlikte,

b) İnsanların toplu olarak bir arada yaşama zorunluluğunda bulunduğu ortamların sağladığı kolaylıktan faydalanmak suretiyle,

c) Üçüncü derece dâhil kan veya kayın hısımlığı ilişkisi içinde bulunan bir kişiye karşı ya da üvey baba, üvey ana, üvey kardeş veya evlat edinen tarafından,

d) Vasi, eğitici, öğretici, bakıcı, koruyucu aile veya sağlık hizmeti veren ya da koruma, bakım veya gözetim yükümlülüğü bulunan kişiler tarafından,

e) Kamu görevinin veya hizmet ilişkisinin sağladığı nüfuz kötüye kullanılmak suretiyle, işlenmesi hâlinde, yukarıdaki fıkralara göre verilecek ceza yarı oranında artırılır.

(4) Cinsel istismarın, birinci fıkranın (a) bendindeki çocuklara karşı cebir veya tehditle ya da (b) bendindeki çocuklara karşı silah kullanmak suretiyle gerçekleştirilmesi hâlinde, yukarıdaki fıkralara göre verilecek ceza yarı oranında artırılır.

(5) Cinsel istismar için başvurulan cebir ve şiddetin kasten yaralama suçunun ağır neticelerine neden olması hâlinde, ayrıca kasten yaralama suçuna ilişkin hükümler uygulanır.

(6) Suç sonucu mağdurun bitkisel hayata girmesi veya ölümü hâlinde, ağırlaştırılmış müebbet hapis cezasına hükmolunur."

II- İLK İNCELEME

1. Anayasa Mahkemesi İçtüzüğü hükümleri uyarınca, Zühtü ARSLAN, Serruh KALELİ, Alparslan ALTAN, Serdar ÖZGÜLDÜR, Osman Alifeyyaz PAKSÜT, Recep KÖMÜRCÜ, Burhan ÜSTÜN, Engin YILDIRIM, Nuri NECİPOĞLU, Celal Mümtaz AKINCI, Erdal TERCAN, Muammer TOPAL, M. Emin KUZ, Hasan Tahsin GÖKCAN ve Kadir ÖZKAYA'nın katılımlarıyla 5.3.2015 tarihinde yapılan ilk inceleme toplantısında, dosyada eksiklik bulunmadığından işin esasının incelenmesine OYBİRLİĞİYLE karar verilmiştir.

III- ESASIN İNCELENMESİ

2. Başvuru kararı ve ekleri, Raportör Berrak YILMAZ tarafından hazırlanan işin esasına ilişkin rapor, itiraz konusu kanun hükmü, dayanılan Anayasa kuralları ve bunların gerekçeleri ile diğer yasama belgeleri okunup incelendikten sonra gereği görüşülüp düşünüldü.

A- İtirazın Gerekçesi

3. Başvuru kararında özetle, itiraz konusu kuralla cinsel istismarın vücuda organ veya sair bir cisim sokulması suretiyle gerçekleştirilmesi durumunda onaltı yıldan aşağı olmamak üzere hapis cezası şeklinde belirlenen yaptırımın alt sınırının 6545 sayılı Kanun'la yapılan değişiklikten önce sekiz yıl olduğu, yaptırımın alt sınırının sekiz yıldan onaltı yıla çıkarılmasının hukuk devletinde olması gereken adalet ve hakkaniyet ilkeleri ile suç ve cezaların orantılılığı ilkeleriyle bağdaşmadığı, kırsal kesimlerde küçük yaşta evlendirmelerin yaygın olduğu, şehirlerde ise yaşı küçük çocukların cinsel birlikteliklerinin yaygın olduğu, çocuk sanıkların yaşı küçük çocuklarla cinsel ilişkinin ağır yaptırımını bilmediği, bu konuda bilinçlendirme ye yönelik çalışmaların olmadığı, çocukların yüksek cezalarla karşı karşıya kalmasının vicdanları zedelediği, düzenlemenin önceki halinde mağdurun ruh sağlığının bozulmaması halinde faile sekiz yıldan başlayan ceza verilirken düzenlemenin yeni halinde mağdurun ruh sağlığının bozulup bozulmadığına bakılmaksızın adeta bozulmuş gibi faile onaltı yıldan az olmamak üzere hapis cezası verildiği, ayrıca yakın yaşta olan mağdurlara karşı yapılan eylemlere çok farklı cezai müeyyideler bağlanmasının dolaylı olarak eşitsizliğe yol açtığı belirtilerek kuralın, Anayasa'nın 2. ve 10. maddelerine aykırı olduğu ileri sürülmüştür.

B- Anayasa'ya Aykırılık Sorunu

4. İtiraz konusu kuralla, çocuklarda cinsel istismarın vücuda organ veya sair bir cisim sokulması suretiyle gerçekleştirilmesi durumunda onaltı yıldan aşağı olmamak üzere hapis cezasına hükmolunacağı öngörülmektedir.

5. Anayasa'nın 2. maddesinde belirtilen hukuk devleti eylem ve işlemleri hukuka uygun, insan haklarına saygılı, bu hak ve özgürlükleri koruyup güçlendiren, her alanda adaletli bir

hukuk düzeni kurup bunu geliştirerek sürdüren, Anayasa'ya aykırı durum ve tutumlardan kaçınan, Anayasa ve hukukun üstün kurallarıyla kendini bağlı sayan, yargı denetimine açık olan devlettir.

6. Ceza ve ceza yerine geçen güvenlik tedbirlerine ilişkin kurallar, ceza hukukunun temel ilkeleri ile Anayasa'nın konuya ilişkin kurallarına aykırı olmamak kaydıyla, ülkenin sosyal, kültürel yapısı, ahlaki değerleri ve ekonomik hayatın gereksinimleri göz önüne alınarak saptanacak ceza politikasına göre belirlenir. Kanun koyucu, cezalandırma yetkisini kullanırken toplumda hangi eylemlerin suç sayılacağı, bunun hangi tür ve ölçüdeki ceza yaptırımı ile karşılanacağı, nelerin ağırlaştırıcı veya hafifletici sebep olarak kabul edilebileceği konularında takdir yetkisine sahip olmakla birlikte, bu yetkisini kullanırken suç ve ceza arasındaki adil dengenin korunmasını da dikkate almak zorundadır. Suç ve ceza arasında adalete uygun bir oranın bulunup bulunmadığının saptanmasında o suçun toplumda yarattığı etkinin, suçtan zarar görenin kişiliğinin ve ona verilen zararın azlığı veya çokluğunun da dikkate alınması gerekir.

7. Kanun koyucu, düzenlemeler yaparken hukuk devleti ilkesinin bir gereği olan ölçülülük ilkesiyle bağlıdır. Bu ilke ise "elverişlilik", "gereklilik" ve "orantılılık" olmak üzere üç alt ilkeden oluşmaktadır. "Elverişlilik", başvurulan önlemin ulaşılmak istenen amaç için elverişli olmasını, "gereklilik" başvurulan önlemin ulaşılmak istenen amaç bakımından gerekli olmasını ve "orantılılık" ise başvurulan önlem ve ulaşılmak istenen amaç arasında olması gereken ölçüyü ifade etmektedir. Bir kurala uyulmaması nedeniyle kanun koyucu tarafından öngörülen yaptırım ile ulaşılmak istenen amaç arasında da "ölçülülük ilkesi" gereğince makul bir dengenin bulunması zorunludur.

8. 6545 sayılı Kanun'la yapılan değişiklikten önce 5237 sayılı Kanun'un 103. maddesinde, çocuklara cinsel istismarın vücuda organ veya sair bir cisim sokulması suretiyle gerçekleştirilmesi durumunda, sekiz yıldan onbeş yıla kadar hapis cezasına hükmolunacağı öngörülmüştür. Maddenin (6) numaralı fıkrasında ise suç sonucunda mağdurun beden veya ruh sağlığının bozulması bir ağırlaştırıcı neden olarak düzenlenmiş ve bu halde onbeş yıldan az olmamak üzere hapis cezasına hükmolunacağı belirtilmiştir. 6545 sayılı Kanun'la yapılan değişiklikle vücuduna zorla bir organ veya cisim sokulan çocukların her durumda beden ve ruh sağlığının bozulduğu kabul edilmek suretiyle çocukların cinsel istismarı suçunun cezası, onaltı yıldan az olmamak üzere hapis cezası olarak belirlenmiştir.

9. İtiraz konusu kuralda, kanun koyucu çocuklara cinsel istismar suçunun vücuda organ veya sair bir cisim sokulması suretiyle gerçekleştirilmesi durumunda verilecek ceza yaptırımını öngörmektedir. Kuralın, cinsiyet ayrımı gözetilmeksizin tüm çocukların cinsel dokunulmazlığı ile beden ve ruh bütünlüğünün korunmasını sağlamayı amaçladığı anlaşılmaktadır. Çocukların kendilerini korumalarındaki zorluk ve faillerin bu suçları büyük engellerle karşılaşmadan işleyebilmelerindeki kolaylık, cinsel istismarın yetişkinlere nazaran daha kolay işlenmesine neden olmakta ve bu suçlar çocukların psikolojileri ile fizyolojilerinde yetişkinlere göre daha ağır etkiler bırakabilmektedir. Bu bağlamda söz konusu suçların işlenmesini önleyici ve caydırıcı nitelikte tedbirlerin alınması Devletin pozitif yükümlülüklerinden biridir. Zira Anayasa'da olduğu gibi çocukların korunmasına yönelik tarafı olduğumuz uluslararası sözleşmeler ile konuya ilişkin tüm uluslararası metinlerde de çocukların cinsel istismarı ve cinsel sömürüsü hakkında etkili ve caydırıcı cezalar düzenlenmesi de dâhil olmak üzere devletlerin bu konuda gerekli tedbirleri almalarına özellikle vurgu yapılmaktadır.

Bu bağlamda kanun koyucunun, küçüklerin biyolojik ve psikolojik gelişimlerine ilişkin bilimsel veriler ile toplumda geçerli genel ahlak ve kültürel koşullar gözeterek cinsel istismar suçunun nitelikli halini, suçun unsurlarını, işleniş biçimini ve topluma verdiği zararı dikkate alarak bir yaptırım belirlemesi takdir yetkisi kapsamındadır.

10. Bununla birlikte suç ve suçluyla mücadele ve cezanın ıslah amacı ve ceza hukukunun temel ilkeleri gözetildiğinde, suç tipine göre fiil ile öngörülen yaptırım arasında makul ve hakkaniyete uygun bir denge bulunmalı ve kanun koyucunun belirlediği yaptırım, cezalandırmada güdülen amaçla ölçülü olmalıdır. Cinsel istismarın vücuda organ veya sair bir cisim sokulması suretiyle gerçekleştirilmesinin ağır bir yaptırıma bağlanmasının çocuğun etkin bir şekilde korunması amacını gerçekleştirmeye yönelik olduğunda şüphe yoktur. Ancak, mahkemeye olaya özgü takdir marjı tanımayan ve onarıcı hukuk kurumları öngörmeyen kuralda düzenlenen ceza yaptırımının alt sınırının onaltı yıldan aşağı olmamak üzere hapis cezası olarak belirlenmesi; fiilin farklı yaş kategorilerindeki mağdurlara karşı işlendiği veya failin de küçük olduğu ya da fiilden sonra mağdurun yaşının ikmali ile fiili birlikteliğin resmi evliliğe dönüşmesi gibi her bir somut olayın özellikleri dikkate alınarak ceza tayin edilmesi veya onarıcı adalet kurumunun uygulanması imkânını ortadan kaldırmakta ve bazı durumlarda somut olayın özellikleriyle bağdaşmayacak ve suçla yaptırım arasında bulunması gereken adil dengeyi ortadan kaldıracak ölçüde ağır cezaların verilmesi sonucunu ortaya çıkarabilecek bir niteliğe sahip bulunmaktadır. Bu nedenle kuralda belirlenen ceza miktarının, bu ceza ile ulaşılmak istenen amacı her somut olayda gerçekleştirebilecek orantıda ve ölçüde olduğu söylenemez. Kural bu haliyle ölçüsüz bir yaptırım öngördüğünden hukuk devleti ilkesine aykırılık taşımaktadır.

11. Açıklanan nedenlerle itiraz konusu kural, Anayasa'nın 2. maddesine aykırıdır. İptali gerekir.

12. Osman Alifeyyaz PAKSÜT bu sonuca farklı gerekçeyle katılmıştır.

13. Zühtü ARSLAN, Engin YILDIRIM, Recep KÖMÜRCÜ, Alparslan ALTAN, Hicabi DURSUN, Erdal TERCAN, M. Emin KUZ ile Rıdvan GÜLEÇ bu görüşe katılmamışlardır.

14. Kural Anayasa'nın 2. maddesine aykırı görülerek iptal edildiğinden, Anayasa'nın 10. maddesi yönünden ayrıca incelenmesine gerek görülmemiştir.

IV- İPTAL HÜKMÜNÜN YÜRÜRLÜĞE GİRECEĞİ GÜN SORUNU

15. Anayasa'nın 153. maddesinin üçüncü fıkrasında, "Kanun, kanun hükmünde kararname ve Türkiye Büyük Millet Meclisi İçtüzüğü ya da bunların hükümleri, iptal kararlarının Resmî Gazetede yayımlandığı tarihte yürürlükten kalkar. Gereken hallerde Anayasa Mahkemesi iptal hükmünün yürürlüğe gireceği tarihi ayrıca kararlaştırabilir. Bu tarih, kararın Resmî Gazetede yayımlandığı günden başlayarak bir yılı geçemez." denilmekte, 6216 sayılı Kanun'un 66. maddesinin (3) numaralı fıkrasında da bu kural tekrarlanmaktadır.

16. 26.9.2004 tarihli ve 5237 sayılı Türk Ceza Kanunu'nun, 18.6.2014 tarihli ve 6545 sayılı Kanun'un 59. maddesiyle değiştirilen 103. maddesinin (2) numaralı fıkrasının iptal edilmesi nedeniyle doğacak hukuksal boşluk kamu yararını ihlal edecek nitelikte görüldüğünden, Anayasa'nın 153. maddesinin üçüncü fıkrasıyla 6216 sayılı Kanun'un 66. maddesinin (3) numaralı fıkrası gereğince bu maddelere ilişkin iptal hükmünün, kararın Resmî Gazete'de yayımlanmasından başlayarak bir yıl sonra yürürlüğe girmesi uygun görülmüştür.

V- HÜKÜM

26.9.2004 tarihli ve 5237 sayılı Türk Ceza Kanunu'nun, 18.6.2014 tarihli ve 6545 sayılı Kanun'un 59. maddesiyle değiştirilen 103. maddesinin (2) numaralı fıkrasının Anayasa'ya aykırı olduğuna ve İPTALİNE, Zühtü ARSLAN, Engin YILDIRIM, Recep KÖMÜRCÜ, Alparslan ALTAN, Hicabi DURSUN, Erdal TERCAN, M. Emin KUZ ile Rıdvan GÜLEÇ'in karşıoyları ve OYÇOKLUĞUYLA, iptal hükmünün, Anayasa'nın 153. maddesinin üçüncü fıkrası ile 6216 sayılı Kanun'un 66. maddesinin (3) numaralı fıkrası gereğince, KARARIN RESMÎ GAZETE'DE YAYIMLANMASINDAN BAŞLAYARAK BİR YIL SONRA YÜRÜRLÜĞE GİRMESİNE, OYBİRLİĞİYLE, 12.11.2015 tarihinde karar verildi.

Başkan Zühtü ARSLAN	Başkanvekili Burhan ÜSTÜN	Başkanvekili Engin YILDIRIM
Üye Serdar ÖZGÜLDÜR	Üye Serruh KALELİ	Üye Osman Alifeyyaz PAKSÜT
Üye Recep KÖMÜRCÜ	Üye Alparslan ALTAN	Üye Nuri NECİPOĞLU
Üye Hicabi DURSUN	Üye Celal Mümtaz AKINCI	Üye Erdal TERCAN
Üye Muammer TOPAL	Üye M.Emin KUZ	Üye Hasan Tahsin GÖKCAN
Üye Kadir ÖZKAYA	Üye Rıdvan GÜLEÇ	

KARŞIOY GEREKÇESİ

1. 5237 sayılı Türk Ceza Kanunu'nun, 18.6.2014 tarihli ve 6545 sayılı Kanun'un 59. maddesiyle değiştirilen 103. maddesinin "Cinsel istismarın vücuda organ veya sair bir cisim sokulması suretiyle gerçekleştirilmesi durumunda, on altı yıldan aşağı olmamak üzere hapis cezasına hükmolunur." şeklindeki (2) numaralı fıkrasının iptaline karar verilmiştir.

2. İptal gerekçesi şu şekilde ifade edilmiştir: "Ancak, mahkemeye olaya özgü takdir marjı tanımayan ve onarıcı hukuk kurumları öngörmeyen kuralda düzenlenen ceza yaptırımının alt sınırının onaltı yıldan aşağı olmamak üzere hapis cezası olarak belirlenmesi; fiilin farklı yaş kategorilerindeki mağdurlara karşı işlendiği veya failin de küçük olduğu ya da fiilden sonra mağdurun yaşının ikmali ile fiili birlikteliğin resmi evliliğe dönüşmesi gibi her bir somut olayın özellikleri dikkate alınarak ceza tayin edilmesi veya onarıcı adalet kurumunun uygulanması imkânını ortadan kaldırmakta ve bazı durumlarda somut olayın özellikleriyle bağdaşmayacak ve suçla yaptırım arasında bulunması gereken adil dengeyi ortadan kaldıracak ölçüde ağır cezaların verilmesi sonucunu ortaya çıkarabilecek bir niteliğe sahiptir" (par.10). Buna göre kural, (a) onaltı yıldan başlayan ağır bir yaptırım içerdiği ve (b) so-

mut olayın özelliklerini dikkate alarak cezalandırmaya imkan vermediği için ölçülü bulunmayarak iptal edilmiştir

3. Öncelikle belirtmek gerekir ki, Mahkememiz çoğunluğu aynı gün verdiği E.2015/43, K. 2015/101 sayılı kararla, 5237 sayılı Kanun'un 103. maddesinin 6545 sayılı Kanun'la yapılan değişiklik öncesinde yürürlükte bulunan (2) numaralı fıkrasının iptali talebini reddetmiştir. İptal talebi reddedilen kural "Cinsel istismarın vücuda organ veya sair bir cisim sokulması suretiyle gerçekleştirilmesi durumunda, sekiz yıldan onbeş yıla kadar hapis cezasına hükmolunur." şeklindedir. Red kararının gerekçeleri, 103. maddenin değişik (2) numaralı fıkrası için de aynen geçerlidir.

4. İptal edilen kuralın, iptal talebi reddedilen kuraldan en önemli farkı, cezanın alt sınırının sekiz yıldan onaltı yıla çıkarılmasıdır. 6545 sayılı Kanun'un genel gerekçesinde belirtildiği üzere, Kanun'un dokuz yıllık uygulaması dikkate alınmak suretiyle cinsel dokunulmazlığa karşı suçlar yeniden düzenlenmiş ve bu suçlar için öngörülen cezalar önemli ölçüde artırılmıştır.

5. Diğer yandan, değişiklik öncesinde 103. maddenin (6) numaralı fıkrasında "Suçun sonucunda mağdurun beden veya ruh sağlığının bozulması halinde, onbeş yıldan az olmamak üzere hapis cezasına hükmolunur." denilmekteydi. Değişiklik sonrasında (6) numaralı fıkra yürürlükten kaldırılmış, suçun nitelikli halinin alt sınırı onaltı yıl olarak düzenlenmiştir. Önceki ve yeni düzenlemede cezanın üst sınırı belirtilmemekle birlikte, 5237 sayılı Kanun'un 49. maddesi gereğince üst sınırın yirmi yıl olduğu açıktır. Kanun koyucu, "bu suç mağdurlarının defalarca hastane veya Adli Tıp Kurumuna gitmelerine,

buralarda müşahedeye tabi tutulmalarına ve maruz kaldıkları fiili tekrar tekrar yaşamalarına neden olmaktadır" gerekçesiyle ve "bu suçlara maruz kalanların ruh sağlığının mutlaka bozulmuş olduğu" kabulünden hareketle, (6) numaralı fıkrayı kaldırarak, (2) numaralı fıkrada düzenlenen cezanın artırılması yoluna gitmiştir. 103. maddedeki bu değişiklikle, kanun koyucuya göre, "şüpheli, sanık veya hükümlüler bakımından lehe sonuç doğmaması ve çocukların cinsel istismarı suçuyla daha etkin mücadele edilebilmesi amaçlanmaktadır."

6. Ayrıca belirtmek gerekir ki, söz konusu (6) numaralı fıkranın iptali yönündeki talebi Mahkememiz, ceza siyasetinde kanun koyucunun takdir yetkisine vurgu yapmak suretiyle reddetmiştir. Mahkemeye göre "yasakoyucunun cinsel istismar suçu sonucunda mağdurun beden veya ruh sağlığında meydana gelebilecek neticeyi dikkate alarak tercihini bu yönde kullandığı ve buna göre bir cezalandırma sistemini benimsediği anlaşılmaktadır. Yasakoyucunun cinsel istismar suçunda korunan hukuksal menfaatin öncelikle mağdurun cinsel özgürlüğü ve doğal olarak cinsel istismar sonucunda etkilenecek olan fiziksel ve ruhsal bütünlüğü olduğunu kabul ederek bu suça "Kişilere karşı suçlar" bölümünde yer verdiği görülmektedir... Yasakoyucunun takdir yetkisine dayanarak ve mağdurda meydana gelen neticeyi dikkate alarak yaptığı itiraz konusu düzenlemenin hukuk devleti ilkesine aykırı bir yönü yoktur." (E. 2007/96, K.2009/34, K.T: 26.2.2009, RG: 05.06.2009-27249).

7. Ceza hukukunda fiil ile yaptırım arasındaki orantı değerlendirilirken yaptırımın amacı göz ardı edilemez. Çoğunluk kararında da belirtildiği üzere, "Cinsel istismarın vücuda organ veya sair bir cisim sokulması suretiyle

gerçekleştirilmesinin ağır bir yaptırıma bağlanmasının çocuğun etkin bir şekilde korunması amacını gerçekleştirmeye yönelik olduğunda şüphe yoktur." Bu amacın hangi ağırlıkta bir cezayla gerçekleştirileceğinin, ceza siyasetini tayin yetkisi ve sorumluluğuna sahip olan kanun koyucunun takdirinde olduğu bilinmektedir. Anayasa Mahkemesinin, açıkça Anayasa'ya aykırılık teşkil etmedikçe, kanun koyucunun geniş takdir yetkisi içerisinde belirlediği söz konusu yaptırımın "ağırlığına" müdahale etmesi, anayasa yargısının gerektirdiği denetim anlayışıyla bağdaşmaz. Zira, bu durumda anayasallık, dolayısıyla hukukilik denetiminin ötesine geçerek yerindelik denetimine yönelme tehlikesi ortaya çıkabilecektir. Kaldı ki, mağdur çocuğun beden ve ruh sağlığını bozan cinsel istismar suçunun alt sınırının onbeş yıldan, söz konusu fiillerin her halükarda mağdurun beden ve ruh sağlığını bozacağı kabulünden hareketle onaltı yıla çıkarılması sebebiyle, Anayasa'ya uygun bulunan önceki kuralla iptal edilen kuralın öngördüğü cezalar arasında fazla bir farkın olduğu söylenemez. Bu itibarla, kuralda ölçülülük ilkesiyle bağdaşmayan, dolayısıyla Anayasa'ya aykırı bir yön bulunmamaktadır.

8. Öte yandan Mahkeme çoğunluğu, "fiilin farklı yaş kategorilerindeki mağdurlara karşı işlendiği veya failin de küçük olduğu ya da fiilden sonra mağdurun yaşının ikmali ile fiili birlikteliğin resmi evliliğe dönüşmesi gibi her bir somut olayın özellikleri dikkate alınarak ceza tayin edilmesi" imkânını ortadan kaldırdığı, bunun sonucu olarak da öngörülen cezanın "ulaşılmak istenen amacı her somut olayda gerçekleştirebilecek orantıda ve ölçüde" olmadığı görüşündedir. Öncelikle, ceza hükümlerinin uygulamada ortaya çıkabilecek her somut olayın özelliğini dikkate alarak her bir somut olay için farklı cezalar

öngörmesi mümkün değildir. Bunun yerine her somut olayda dikkate alınacak hususlara genel hükümler olarak yer verilmektedir. Nitekim 5237 sayılı Türk Ceza Kanunu'nun 61. maddesine göre hâkim, her somut olayda suçun işleniş şeklini, kullanılan araçları, suçun işlendiği zaman ve yeri, suçun konusunun önem ve değerini, meydana gelen zarar veya tehlikenin ağırlığını, failin kast veya taksire dayalı kusurunun ağırlığını, failin güttüğü amaç ve saiki dikkate alarak, cezanın kanunda öngörülen alt ve üst sınırları arasında temel cezayı belirler. Ayrıca, 62. madde takdiri indirim nedenlerine yer vermek suretiyle, bu nedenlerin varlığı halinde cezalarda belli oranlarda indirimin yapılabileceğini öngörmektedir.

9. Çoğunluk, mağdurun yaşı, failin yaşı ve fiilden sonra evlilik olmak üzere kuralın dikkate alması gerekirken almadığı üç somut olayı saymış, bununla yetinmeyerek "gibi" kelimesiyle bu somut olayların örnekleme yöntemiyle belirlendiğini ifade etmiş ve başka ihtimallerin de göz önünde bulundurulması suretiyle bunlar için farklı cezalar öngörülmesi gerektiğini ileri sürmüştür. Belirtmek gerekir ki, kanun koyucu tüm bu somut olayların farkında olarak ve bunlar bakımından farklı bir ceza öngörmeyerek düzenleme yapmıştır. Kuralda bu somut olayları dikkate alarak hâkimin cezayı alt sınır (onaltı yıl) ile üst sınır (yirmi yıl) arasında bir tercihte bulunarak kişiselleştirmesinin önünde bir engel bulunmamaktadır.

10. Kanun koyucunun mağdurun yaşı konusundaki tercihi onbeş yaş altıdır. Burada kademelendirmeye gidilmeyerek onbeş yaşını doldurmamış çocukların mağduru oldukları fiillerin cezasının en az onaltı yıl hapis olarak öngörülmesinde Anayasa'ya aykırılık yoktur.

11. Diğer yandan, failin küçük olması durumunda Türk Ceza Kanunu'nun "Ceza Sorumluluğunu Kaldıran veya Azaltan Nedenler" başlıklı bölümünde yer alan 31. maddesi, failin yaş küçüklüğünü düzenlemekte ve onsekiz yaş altı küçüklerin işledikleri suçların cezalarında önemli oranlarda indirim öngörmektedir. Buna göre, fiili işlediği sırada oniki yaşını doldurmamış çocukların cezai sorumluluğu bulunmamaktadır. Oniki yaşını doldurmuş olup da onbeş yaşını doldurmamış olanların işlediği fiilin hukuki anlam ve sonuçlarını algılayamaması veya davranışlarını yönlendirme yeteneğinin yeterince gelişmemiş olması halinde de ceza sorumluluğu yoktur. İşlediği fiilin hukuki anlam ve sonuçlarını algılama ve bu fiille ilgili olarak davranışlarını yönlendirme yeteneğinin varlığı halinde, bu kişiler (12-15 yaş grubu) hakkında verilen hapis cezaları yarısı oranında indirilir ve her fiil için verilecek hapis cezası yedi yıldan fazla olamaz. Fillin işlendiği sırada onbeş yaşını doldurmuş olup da onsekiz yaşını doldurmamış olan kişiler hakkında verilen hapis cezaları üçte bir oranında indirilir ve her fiil için verilecek ceza oniki yılı geçemez.

12. Yaşı küçük failler bakımından bu genel indirim hükümleri dışında, cinsel istismar suçu için mutlaka özel bir ceza indirimi uygulanmasını gerektiren bir anayasal düzenleme bulunmamaktadır. Bu husus, tamamen kanun koyucunun takdir yetkisi dahilindedir. Kaldı ki, Anayasa Mahkemesi, cebir, tehdit ve hile olmaksızın, onbeş yaşını bitirmiş olan çocukla cinsel ilişkide bulunan failin mağdurdan beş yaştan daha büyük olması halinde şikayet şartı aranmaksızın cezanın iki kat artacağı yönündeki 5237 sayılı Türk Ceza Kanunu'nun 104. maddesinin (2) numaralı fıkrasını iptal etmiştir. Mahkeme iptal kararını şu şekilde gerekçelendirmiştir: "Mağdurun veya

failin durumlarındaki farklılıklar bunlara değişik kurallar uygulanması sonucunu doğurabilir. Ancak, suçun takip şekli veya failin cezalandırılmasında esas alınan özellikleri, kuralla korunmak istenen hukuki yarar bakımından sonuca etkili değilse, bu durumda faillerin farklı durumda oldukları kabul edilerek aralarında ayrım yapılması eşitlik ilkesine aykırılık oluşturur... Aynı yaşta olup, aynı eylemin tarafı olan mağdurlar arasında yapılan bu ayırım ile aynı yaştaki kişilere karşı aynı eylemi gerçekleştiren failler arasında sadece yaş farkına dayanılarak yapılan ayırımın, Kural'ın belli yaştaki çocukların cinsel dokunulmazlıklarını koruma amacını gerçekleştirmeye elverişli bulunmadığı ve adalet ilkeleriyle de bağdaşmadığı sonucuna varılmıştır" (E. 2005/103, K. 2005/89, K.T: 23.11.2005, RG: 25.02.2006 - 26091).

13. İptal kararının gerekçesinde yer alan ve "fiilden sonra mağdurun yaşının ikmali ile fiili birlikteliğin resmi evliliğe dönüşmesi" şeklinde ifade edilen durumun daha düşük ceza veya cezasızlık nedeni olması gerektiğine dair de bir anayasal zorunluluk bulunmamaktadır. Kuralda bu durumun ceza indirimi veya cezasızlık sebebi olarak görülmemesi, bir unutkanlığın değil bilinçli bir tercihin sonucudur. 765 sayılı Türk Ceza Kanunu'nun 423. maddesinde "Her kim onbeş yaşını dolduran bir kızı alacağım diye kandırıp kızlığını bozarsa altı aydan iki seneye kadar hapsolunur." şeklinde bir hüküm mevcuttu. Aynı maddenin ikinci fıkrası ise şöyleydi: "Evlenme vukuu halinde dava ve ceza tecil olunur. Şu kadarki beş sene içinde koca aleyhine boşanmıya hükmolunursa hukuku amme davası avdet eder ve evvelce ceza hükmolunmuşsa çektirilir."

Kanun koyucu, yeni ceza kanununu yaparken bu suç yönünden evlenmeye bağlı ceza tecilini öngörmemiştir. Bunda mağdurun "tecavüzcüsüyle evlenmeye zorlanması" şeklinde ifade edilen yaygın eleştirinin etkili olduğu anlaşılmaktadır. Kanun koyucunun bu bilinçli tercihini dikkate almadan, onbeş yaşını tamamlamamış veya tamamlamış olmakla birlikte fiilin hukuki anlam ve sonuçlarını algılama yeteneği gelişmemiş olan çocuklara karşı, vücuda organ veya sair bir cisim sokulması suretiyle gerçekleştirilen cinsel istismarı cezalandırmaya yönelik kuralın failin daha sonra mağdurla evlenmesini dikkate almamasını Anayasa'ya aykırılık sebebi olarak gören çoğunluk görüşü, yukarıda ifade edildiği gibi, yerindelik bakımından bir tercihi yansıtmakta olup, anayasallık denetimi bakımından isabetli değildir.

14. Kuralın amaçlarından birinin de önemli bir toplumsal sorun olan çocuk yaşta evliliklerin önlenmesi olduğu bilinmektedir. Fiili birlikteliğin evliliğe dönüşmesi durumunda cezanın azaltılması veya ertelenmesinin bu amaçla bağdaştırılması kolay değildir. Kanun koyucu, fiilden sonraki gelişmeleri dikkate almadan fiilin işlendiği sırada çocuk mağdurları cinsel istismara karşı korumak istemiş, bu nedenle de cezanın alt sınırını onaltı yıl olarak belirlemiştir. Bunun da gözetilen amaç karşısında ölçüsüz olmadığı anlaşılmaktadır.

15. Sonuç olarak, Anayasa'nın 41. maddesi çocukların her türlü istismara ve şiddete karşı etkili bir şekilde korunması bakımından Devlete çok önemli yükümlülükler yüklemektedir. Kanun koyucu bu yükümlülüğün gereği olarak, yaşanan tecrübeleri de dikkate almak suretiyle iptal edilen kuralı getirmiştir. Kuralla öngörülen asgari onaltı yıllık cezanın ölçüsüz olduğunu söylemek, söz konusu suçla mücadelede hangi miktarda cezanın ölçülü olacağı konusuna müdahale etmek anlamına gelir. Bu konuda karar verme yetkisi, Anayasa'ya aykırı davran-

mamak kaydıyla, ceza siyaseti dahil izlenen tüm politikalardan dolayı halka hesap verme konumunda olan kanun koyucuya aittir. İptal edilen kuralda, kanun koyucuya ait takdir yetkisinin aşıldığı ve izlenen amaçla orantılı olmayan bir cezanın öngörüldüğü söylenemez.

Açıklanan gerekçelerle, çoğunluğun iptal yönündeki kararına katılmıyoruz.

Başkan Zühtü ARSLAN	Başkanvekili Engin YILDIRIM

Üye Alparslan ALTAN	Üye Hicabi DURSUN	Üye Erdal TERCAN
Üye M.Emin KUZ	Üye Rıdvan GÜLEÇ	Üye Recep KÖMÜRCÜ

FARKLI GEREKÇE

Genel Açıklamalar:

1. 5237 sayılı Türk Ceza Kanunu (TCK)'nun 6545 sayılı Kanun'un 59. maddesiyle değiştirilen 103. maddesinin (2) numaralı fıkrasında, "Çocukların cinsel istismarı" suçunun nitelikli hali düzenlenmiş ve "Cinsel istismarın vücuda organ veya sair bir cisim sokulması suretiyle gerçekleştirilmesi durumunda, on altı yıldan aşağı olmamak üzere hapis cezasına hükmolunur" kuralı getirilmiştir. Kuralın iptaline aşağıdaki gerekçelerle sınırlı olarak katılmaktayım:

2. Maddenin (1) numaralı fıkrasında çocuklara yönelik cinsel istismar suçunun basit hali ve temel cezası sekiz yıl hapis olarak tespit edilmiş; ayrıca, fıkranın (a) ve (b) bentlerinde suçun mağduru olan çocuğun yaşına ve fiilde iradeyi etkileyen bir durum bulunup bulunmadığına göre ayrıma gidilmiştir.

Buna göre, cinsel istismar deyiminden,

onbeş yaşını tamamlamamış,

onbeş yaşını tamamlamış olmakla birlikte fiilin hukuki anlam ve sonuçlarını algılama yeteneği gelişmemiş

olan çocuklara karşı gerçekleştirilen her türlü cinsel davranış anlaşılacaktır.

Diğer (onbeş yaşını tamamlamış ve fiilin hukuki anlamı ve sonuçlarını algılama yeteneği mevcut olan) çocuklara karşı ise sadece cebir, tehdit, hile veya iradeyi etkileyen başka bir nedene dayalı olarak gerçekleştirilen cinsel davranışlar anlaşılacaktır.

3. Kanundaki bu düzenlemelere göre TCK'nun 103. maddesinin (2) numaralı fıkrasındaki suç bir çocuk tarafından işlendiğinde, iki farklı durum ortaya çıkabilmektedir:

Birinci ihtimal, mağdur kız çocuk ile sanık erkek çocuğun her ikisinin de onbeş yaşından küçük olmaları ve cinsel ilişkinin rızaen gerçekleşmesi (cebir, tehdit, hile veya iradeyi etkileyen başka bir halin bulunmaması) halidir. Bu halde, erkek çocuk da suçun hem faili hem de aynı zamanda mağdurudur. Çünkü suç, ancak iki kişinin birlikte cinsellik yaşamaları halinde gerçekleşebilen bir suçtur. TCK'daki diğer suçlardan farklı olarak, iki taraf da suçun hem faili hem de mağdurudurlar. Çünkü bu durumda erkek çocuk da cinsel olarak istismar edilmiştir.

Aile baskısıyla bu yaşlardaki çocukların evlendirme adı altında cinsel birlikteliğe zorlanmalarında manevi cebir halinin bulunduğunu kabul etmek gerekir. Bu durumda, erkek çocuğun da kız çocuğu kadar suçun mağduru olduğu söylenebilir. Ne var ki, suçun maddi unsurunu oluşturan tam bir cinsel birleşme gerçekleşmişse, (2) numaralı fıkranın uygulanmasıyla, erkek çocuğun suçu, iki kat ağırlaşmaktadır.

İkinci olasılıkta, kız çocuğun onbeş yaşından küçük, erkek çocuğun ise onbeş yaşını doldurmuş olması düşünülebilir. Bu durumda iki tarafın rızası ile gerçekleşecek cinsel ilişkide kız cocuğun da suçun faili olduğundan söz edilemeyecek, ancak erkek çocuğun alacağı ceza, (2) numaralı fıkranın uygulanmasıyla, onaltı yıldan aşağı olmamak kaydıyla hapis olacaktır.İtiraz yoluyla kuralın iptalini isteyen Mahkemenin elindeki olay:

4. İtiraz yoluyla (somut norm denetimi) Anayasa Mahkemesine başvuran Sivas 2. Ağır Ceza Mahkemesinin bakmakta olduğu davada, suç tarihinde 18 yaşını bitirmemiş olan sanık (Suça Sürüklenen Çocuk-SSÇ) ile 15 yaşını bitirmemiş olan mağdur arasında arkadaşlık ilişkisi bulunduğu, FACEOBOK üzerinden ve telefonla görüştükleri, sanığın mağduru cinsel ilişkiye zorlamadığı, cebir ve hile bulunmadığı, dosya kapsamından anlaşılmaktadır. Suçun sübutu üzerine verilecek olan ve alt sınırı 16 yıldan başlayan cezadan ancak TCK'nun genel hükümlerine göre, yaş küçüklüğü indirimi yapılabilecek ve sanık çocuğa verilecek ceza TCK Madde 31 (3) numaralı fıkra gereğince üçte bir oranında indirilerek, neticede 10 yıldan az olmayacaktır.

Öngörülen Cezanın Anayasa'ya Aykırılığı:

5. Suç tarihinde 18 yaşının altında olması nedeniyle kanunen çocuk sayılan failin, hükmün muhtemel kesinleşme tarihine göre, tüm kanuni indirimler yapılsa bile çekmesi gerekecek yaklaşık 10 yıllık hapis cezası, kişinin ergenlikten gençliğe ve hatta gençlikten yetişkinliğe geçtiği tüm yıllarını kapsayacaktır. O yaştaki bir çocuğun alacağı bu miktarda bir ceza, çocuğun bir daha topluma uyum sağlama imkânını ortadan kaldıracak niteliktedir. Çocuk, yüksek tahsil yapmak imkânından mahrum kalacak, meslek sahibi olamayacak, ileride iyi bir iş bulamayacak ve belki iyi bir aile de kuramayacaktır.

6. Türkiye'nin taraf olduğu Çocuk Hakları Sözleşmesi ve Avrupa İnsan Hakları Mahkemesi içtihatlarına göre 18 yaşından küçüklerin çocuk sayılacağı tartışmasızdır. Anayasa'nın 41. maddesinde Devlete, çocukların korunması pozitif bir yükümlülük olarak öngörülmüştür. Diğer yandan, suç olgusuyla mücadele etmekle de görevli olan Devletin, çocukların işlediği suçlarda ne oranda indirim öngörüleceği, hangi tedbirlere hükmolunacağı konusunda takdir yetkisi bulunduğu da açıktır.

7. Burada önemli olan, suça sürüklenen çocuğun cinsel bir suç işlemesi halinde sadece genel yaş küçüklüğü indirimlerinden mi yararlanacağı, yoksa bulunduğu yaşın özelliği dolayısıyla cinsel suçlarda, bunlar için farklı kurallar öngörülüp öngörülemeyeceğidir.

8. Anayasa Mahkemesinin yerleşik içtihatlarına göre suç ve cezanın belirlenmesinde yasa koyucu, eylemin ağırlığını, toplumda yarattığı infial derecesini ve eylemin toplumsal barış üzerindeki etkilerini gözeterek, benimsediği ceza siyasetinin gereği olan suç ve cezaları serbestçe takdir ederek yasa kuralları koyma yetkisine sahiptir.

9. Cinsel suçlara karşı ve özellikle çocuklara karşı işlenen cinsel suçların toplumda yol açtığı infiali göz önünde bulunduran yasa koyucu, 103. maddenin (2) fıkrasındaki cezayı benimsemiştir. Bunun Anayasaya aykırılığını öne sürmek dayanaksızdır. Aynı şekilde, çeşitli suçlarda çocukların kullanılması, suça sürüklenen çocuklar tarafından işlenen adam öldürme, yaralama, yağma, hırsızlık, uyuşturucu ticareti hatta terör eylemleri gibi suçlarda çocuklar lehine yapılacak çok büyük ceza indirimlerinin de suçla mücadeleye ve toplumsal barışa zarar vereceği gibi, cezanın etkinliğinin ortadan kalkması nedeniyle, amaçlananın tam aksine, çocuk suçlu adedinin çoğalmasına da yol açılabilecektir. Bu nedenle, yasa koyucunun takdirine Anayasa yargısı tarafından ilke olarak müdahale edilmemelidir.

10. Not edilmesi gereken bir diğer husus da, Anayasa Mahkemesinin eşitlik tanımıdır. Buna göre, konum ve durumlarındaki farklılıklar nedeniyle kişilerin farklı kurallara tabi tutulması eşitlik ilkesine aykırılık teşkil etmez. Aksine, konum ve durumlarındaki özellikler gözetilmeden herkesin aynı kurallara tabi tutulması, eşitliği zedeleyebilir.

11. Bu esaslar çerçevesinde cinsel bir suç olan iptali istenen kurala, "suça sürüklenen çocuklar" yani onbeş yaşını doldurmuş, onsekiz yaşını doldurmamış çocuk yönünden bakıldığında şu tespitler yapılabilir:

Hayatın olağan deneyimlerinin ve her türlü bilimsel verinin ortaya koyduğu gibi, ergenlikten yetişkinliğe geçiş yaşlarında çocuklarda cinsellik aşırı derecede önem kazanmakta, bu alanda deneyimler yaşamak için yoğun bir biyolojik ve psikolojik ortam, çocuğa egemen olmaktadır. Buna karşılık, çocuğun iradesi, cinsellik söz konusu olduğunda, özellikle cebir, şiddet söz konusu olmaksızın ve mağdurun birlikteliği ile gerçekleşen suçta, eylemden kaçınmak için yeterince gelişmemiştir. Bu nedenle bu yaşlardaki çocuklar, toplumsal hayatın etik ve kültürel değerlerine veya suç ve ceza kavramlarına karşı, diğer alanlardakine oranla cinsellik alanında daha zayıf bir durumdadırlar. Bu yaşlardaki gençler karşılıklı rıza ile cinsel bir deneyim yaşamak isteyebilirler. Kaldı ki iptal istemine konu suç, çocuk fail yönünden ancak mağdur ile birlikte işlenebilecek olduğundan, aynı yaştaki bir çocuğun iradi olarak tek başına işleyebileceği öldürme, yaralama, yağma, uyuşturucu satma gibi suçlardan farklıdır. Farklı özellikleri olan bir suça tüm diğer suçlarla aynı ceza indiriminin öngörülmesi, bir farklılaşmaya gidilmemesi, ölçülülüğün unutulması, her şeyden önce hakkaniyetle bağdaşmaz. Bu suç yönünden, yasa koyucu, sadece çocuklar için genel bir ceza indirimini ceza kanununa koymak suretiyle adaleti sağlamış sayılamaz. Rıza ile iki çocuk arasında gerçekleşen cinsel deneyimin, yaralama sonucu ölüme sebebiyetten, nitelikli hırsızlık ve yağmadan, uyuşturucu ticaretinden hatta terör eylemlerine katılmaktan daha ağır bir şekilde cezalandırılmasının çağdaş bir toplumda mantığa ve vicdana sığdırılması güçtür. Bu nedenle kural, yasa koyucunun takdir yetkisi kapsamında değerlendirilemez.

12. Bu nedenle yasa koyucunun, failin yaşını, biyolojik ve psikolojik gerçeklikleri gözetmeksizin, fail-mağdur arasındaki yaş farkının azlığını öngören bir yasal düzenleme yapmaması, olayda olduğu gibi aşırı ve ölçüsüz sonuçlara yol açabilmektedir. Kaldı ki sonucun, yasa koyucunun asıl amacı olduğu anlaşılan küçük yaştaki evlilikleri önlemek amacıyla da bir ilişkisi yoktur. Temel amacı yetişkinlerin çocukları cinsel yönden istismar etmesini önlemek olan ağır bir ceza yaptırımını, suça sürüklenen çocuğun biyolojik, psikolojik özelliklerini ve fiilin kendine özgü niteliğini gözetmeden, her yaştaki failler yönünden aynı düzenlemelere tabi tutan kural, bu nedenlerle Anayasa'nın 2. maddesinde yer alan hukuk devleti ilkesine ve hukuk devletinin gereği olan ölçülülük gereklerine aykırıdır. Bu konuda yasa koyucunun takdir alanına ilişkin genel kuraldan ayrılarak, suça sürüklenen çocuk yönünden Anayasanın hukuk devleti ilkesine aykırı olan, cezaların ıslah edici olması gereğine dair evrensel ilkelere de ters düşen kuralın iptaline karar verilmesi gerekmektedir.

13. Failin yaşının, Genel Hükümler (TCK Madde 31) dışında, eyleme öngörülen cezada göz önünde bulundurulması esasen çağdaş ceza hukukunun bir gereğidir. Bu konuda 5237 sayılı Türk Ceza Kanunu'nun 104. maddesinin (2) numaralı fıkrasının iptaline ilişkin olan ve Resmi Gazete'nin 25.02.2006 tarihli, 26091 sayılı nüshasında yayımlanan Esas:2005/103, Karar: 2005/89 sayılı Anayasa Mahkemesi kararına ilişkin karşıoy gerekçemizde yer alan görüşlerin bugün de aynen geçerli olduğu kanaatindeyim.

Bahse konu karar, aralarında beş yaştan fazla fark bulunan onbeş yaşını bitirmiş çocukla rızasıyla cinsel ilişkide bulunmak suçundan açılan kamu davalarında, itiraz konusu kuralın Anayasa'ya aykırı olduğu kanısına varan Mahkemelerin başvuruları üzerine verilmiştir. Başvuran Mahkemeler gerekçelerinde, itiraz konusu madde ile failin mağdurdan beş yaştan daha büyük olmasının cezayı artırım nedeni kabul edilerek şikayet koşulu aranmayacağının öngörülmesinin, aynı suçu işleyen kişiler arasında farklı ceza uygulanmasına yol açtığını, yasa önünde eşitlik ilkesinin amacının, hukuksal durumları aynı olanların yasalar karşısında aynı işleme bağlı tutulmalarını sağlamak, ayrım yapılmasını önlemek olduğunu, suçun mağdurunun irade serbestisine sahip olup olmadığının tespiti için yaş unsurunun büyük önem taşıdığını, özellikle çocuğun her türlü cinsel sömürüye ve cinsel suiistimale karşı korunmasına yönelik düşüncenin hayata geçirilmesi için mağdurun yaşının esas alınmasının toplumsal, bilimsel, ahlaki ve hukuki bir gereksinimden kaynaklandığını, onsekiz yaşından büyük sanığın yaşının, suçun cezasının miktarını ve kovuşturulma şartlarını belirlemede hangi haklı gerekçeye dayandırıldığının anlaşılamadığını, aynı suçu işleyen faillerin mağdur ile aralarındaki yaş farkından ötürü farklı cezalar almalarını düzenleyen kuralın eşitlik ilkesiyle bağdaşmadığını, Anayasa'nın 41. maddesinde, aile toplumun temeli kabul edilerek aile bireylerinden ana ve çocuğun korunması ve ailenin huzurunun sağlanması ile devletin yükümlü tutulduğunu, Medeni Kanun'un 124. maddesine göre, onyedi yaşını dolduran erkek ve kadının yasal temsilcilerinin izni ile onaltı yaşını dolduran kişilerin ise hakim kararıyla evlenmelerinin olanaklı kılındığını, onbeş yaşını tamamlamış olan bir kadınla aralarında beş yaştan fazla fark olan bir erkeğin rızayla ilişkide bulunmaları, hatta çocuklarının olması halinde, sanığın mağdur taraf şikayet etmese de itiraz konusu hüküm nedeniyle cezalandırılacağını, böylece, Medeni Kanun yönünden sakıncası olmayan bir birlikteliğin, Ceza Yasası ile soruşturulması ve kovuşturulması şikayete bağlı olmayan bir suç kabul edilmesinin, eşin cezaevine girmesine, anne ve çocuğun korunmadan yoksun kalmasına ve belki de ailenin parçalanmasına yol açacağını belirterek kuralın, Anayasa'nın 41. maddesine de aykırı olduğunu ileri sürmüşlerdir.

5237 sayılı Türk Ceza Kanunu'nun itiraz konusu fıkrayı da içeren 104. maddesi şöyle idi:

"**MADDE 104.**-(1) Cebir, tehdit ve hile olmaksızın, onbeş yaşını bitirmiş olan çocukla cinsel ilişkide bulunan kişi, şikayet üzerine, altı aydan iki yıla kadar hapis cezası ile cezalandırılır.

(2) Fail mağdurdan beş yaştan daha büyük ise, şikâyet koşulu aranmaksızın, cezası iki kat artırılır."

Konunun bütünlük içinde anlaşılabilmesi bakımından Anayasa Mahkemesi kararının ilgili bölümleri aşağıda aynen nakledilmiştir."

5237 sayılı Türk Ceza Kanunu'nda kişilerin cinsel dokunulmazlığını ihlal eden eylemler, 765 sayılı Yasa'nın aksine genel ahlakı ve aile nizamını ilgilendiren ihlaller olarak değil, kişisel değerlere yönelik tecavüzler olarak nitelendirilerek özel hükümlere ayrılan İkinci Kitabın, "Kişilere Karşı Suçlar" başlıklı İkinci Kısmının Altıncı Bölümünde, "Cinsel dokunulmazlığa karşı suçlar" başlığı altında düzenlenmiştir.

Yasa'nın "Reşit olmayanla cinsel ilişki" başlıklı 104. maddesinin (1) numaralı fıkrasında, cebir, tehdit ve hile olmaksızın, onbeş yaşını bitirmiş olan çocukla cinsel ilişkide bulunan kişinin, şikayet üzerine cezalandırılacağı, itiraz konusu (2) numaralı fıkrada ise failin, mağdurdan beş yaştan daha büyük olması halinde, şikayet koşulu aranmaksızın cezanın iki kat artırılacağı belirtilmiştir. Buna göre, suçu işleyen kişi, mağdurdan beş yaştan daha büyük ise, şikayet olmasa da suç re'sen kovuşturularak kamu davası açılacak, suçun sübutu halinde de faile, maddenin (1) numaralı fıkrasında yazılı ceza iki kat artırılarak verilecektir.

5237 sayılı Yasa'nın 6. maddesinde, henüz onsekiz yaşını doldurmamış kişi "çocuk" olarak tanımlandığından 104. maddede düzenlenen suç, onbeş yaşını bitirip onsekiz yaşını doldurmamış çocukla rızasıyla cinsel ilişkide bulunmaktır.

Madde'de sanık ve mağdur yönünden cinsiyet ayrımı yapılmamıştır. Suçun oluşması için aranan ön koşul, mağdurun onbeş yaşını bitirmiş, onsekiz yaşını doldurmamış olmasıdır. Suçun maddi unsuru, çocuk sayılan kişi ile cinsel ilişkide bulunmak, manevi unsuru ise failin eylemi bilerek ve isteyerek gerçekleştirmesidir.

Başvuru kararında, itiraz konusu kuralın, aynı suçu işleyenler arasında farklı ceza uygulamalarına yol açtığı, yasa önünde eşitlik ilkesinin amacının, hukuksal durumları aynı olan kişilerin, yasalar karşısında aynı işleme bağlı tutulmalarını sağlamak, ayrım yapılmasını ve ayrıcalık tanınmasını önlemek olduğu, aynı suçu işleyen failler için mağdur ile aralarındaki yaş farkı nedeniyle ayrı cezalar öngörülmesinin, eşitlik ilkesiyle bağdaşmadığı, tarafların evlenmeleri durumunda da eşin cezaevine girmesinin engellenememesinin ailenin parçalanmasına yol açacağı belirtilerek Kural'ın, Anayasa'nın 10. ve 41. maddelerine aykırı olduğu ileri sürülmüştür.

Başvuran Mahkeme tarafından, Anayasa'nın 2. maddesi yönünden aykırılık savında bulunulmamış ise de, 2949 sayılı Anayasa Mahkemesinin Kuruluşu ve Yargılama Usulleri Hakkında Kanun'un 29. maddesine göre, Anayasa Mahkemesi kanunların, kanun hükmünde kararnamelerin ve Türkiye Büyük Millet Meclisi İçtüzüğü'nün Anayasa'ya aykırılığı hususunda ilgililer tarafından ileri sürülen gerekçelere dayanmaya mecbur değildir. Anayasa Mahkemesi taleple bağlı kalmak kaydıyla başka gerekçe ile de Anayasa'ya aykırılık kararı verebilir. Bu nedenle, itiraz konusu kural ilgisi nedeniyle Anayasa'nın 2. maddesi yönünden de incelenmiştir.

5237 sayılı Yasa'nın 104. maddesi uyarınca, suç tarihinde onbeş yaşını bitirmiş çocukla rızayla cinsel ilişki kuran faille ilişki kurduğu çocuk arasında beş yaştan az fark varsa, yakınma olmadığı ya da hükmün kesinleşmesinden önce vazgeçildiği takdirde, ilgili hakkında kovuşturma yapılmayacak ya da dava düşürülerek ceza verilmeyecek, aynı yaştaki mağdurla ilişkiye giren fail arasındaki yaş farkı beşten fazla ise, şikayet olup olmadığına bakılmaksızın fail hakkında kovuşturma açılarak suçun sübutu halinde temel ceza iki kat artırılacaktır. Bu durumda, onbeş yaşını bitirip onsekiz yaşını doldurmamış çocuğun, rızasıyla cinsel ilişkiye girdiği kişiyle arasında beş yaştan az fark olması halinde eylemin sonuçlarını kavrayacak bir sorumluluk duygusuna eriştiği kabul edilerek, suçun takibi şikayete bağlı tutulmasına karşın, aynı yaştaki çocuğun rızasıyla cinsel ilişkiye girdiği kişiyle arasında beş yaştan fazla fark olması halinde, eylemin sonuçlarını kavrayacak bir sorumluluk duygusuna erişmediği kabul edilerek, suçun takibi şikayete bağlı tutulmamaktadır.

Anayasa'nın 10. maddesinde yer verilen eşitlik ilkesi ile eylemli değil, hukuksal eşitlik öngörülmektedir. Eşitlik ilkesinin amacı, aynı durumda bulunan kişilerin yasalarca aynı işleme bağlı tutulmalarını sağlamak ve kişilere yasalar karşısında ayırım yapılmasını ve ayrıcalık tanınmasını önlemektir. Bu ilkeyle, aynı durumda bulunan kimi kişi ve topluluklara ayrı kurallar uygulanarak yasa karşısında eşitliğin çiğnenmesi yasaklanmıştır. Durum ve konumlardaki özellikler, kimi kişiler ya da topluluklar için değişik kuralları gerekli kılabilir. Aynı hukuksal durumlar aynı, ayrı hukuksal durumlar farklı kurallara bağlı tutulursa Anayasa'nın öngördüğü eşitlik ilkesi çiğnenmiş olmaz. Nitelikleri ve durumları özdeş olanlar için yasalarla değişik kurallar konulamaz.

Anayasa'nın 2.maddesinde Cumhuriyet'in nitelikleri arasında sayılan hukuk devletinin de öncelikle eşitlik ve adaleti esas alan bir yapılanmayı öngördüğü kuşkusuzdur. Hukuk devletinin bu temel niteliklerini yaşama geçirmekle yükümlü olan yasa koyucunun, Anayasa'nın ve ceza hukukunun genel ilkelerine bağlı kalmak koşuluyla, cezalandırmada güdülen amacı, suç ve suçluların özelliklerini de gözeterek hangi eylemlerin suç sayılacağını, bunlara verilecek cezanın türünü, miktarını, artırım ve indirim nedenlerini, bunların oranları ile suçun takibine ilişkin yöntemleri belirleme konusunda takdir yetkisi bulunmakta ise de bu yetki kullanılırken suç ile ceza arasındaki adil dengenin korunması ve öngörülen cezanın, cezalandırmada güdülen amacı gerçekleştirmeye elverişli olması gibi hususların da dikkate alınması zorunludur.

Ceza hukukunda yasa önünde eşitlik ilkesinin uygulanması da kuşkusuz, aynı suçu işleyen tüm suçluların kimi özellikleri gözardı edilerek her yönden aynı kurallara bağlı tutulmalarını gerektirmemektedir. Mağdurun veya failin durumlarındaki farklılıklar bunlara değişik kurallar uygulanması sonucunu doğurabilir. Ancak, suçun takip şekli veya failin cezalandırılmasında esas alınan özellikleri, kuralla korunmak istenen hukuki yarar bakımından sonuca etkili değilse, bu durumda faillerin farklı durumda oldukları kabul edilerek aralarında ayrım yapılması eşitlik ilkesine aykırılık oluşturur.

İtiraz konusu kuralla faillerin, mağdurdan beş yaştan daha büyük olmaları halinde yakınma olup olmadığına bakılmaksızın iki kat fazla ceza ile cezalandırılmaları öngörülmüştür. Böylece, aynı yaştaki mağdurlarla cinsel ilişkide bulunan failler arasında sadece yaş farkına dayanan bir ayırım yapıldığı gibi, faille aralarındaki yaş farkının beşten az olması halinde suçun şikayete bağlı olarak takip edilip edilmemesi hususunda mağdurun iradesi esas alınıp, failin beş yaştan büyük olması durumunda ise, bu irade gözetilmeyerek mağdurlar yönünden de farklılık yaratılmıştır. Aynı yaşta olup, aynı eylemin tarafı olan mağdurlar arasında yapılan bu ayırım ile aynı yaştaki kişilere karşı aynı eylemi gerçekleştiren failler arasında sadece yaş farkına dayanılarak yapılan ayırımın, Kural'ın belli yaştaki çocukların cinsel dokunulmazlıklarını koruma amacını gerçekleştirmeye elverişli bulunmadığı ve adalet ilkeleriyle de bağdaşmadığı sonucuna varılmıştır.

Açıklanan nedenlerle kural, Anayasa'nın 2. ve 10. maddelerine aykırıdır. İptali gerekir.

Karara ilişkin Karşıoy Gerekçemiz ise şu şekilde olmuştur:

5237 sayılı Türk Ceza Kanunu'nun 104. maddesinin (2) numaralı fıkrasının, Anayasanın 10. ve 41. maddelerine aykırılığı savıyla iptali istenmiştir. Konu, aşağıda, Anayasanın gerek bu maddeleri, gerek diğer maddeleri açısından incelenmiştir.

I. İptali istenen yasa kuralının anlamı ve kapsamı:

Ceza hukukumuzda bir reform gerçekleştirmek amacıyla kabul edilerek yürürlüğe konan 5237 sayılı Türk Ceza Kanunu, mülga 765 sayılı Türk Ceza Kanunundan farklı olarak, cinsiyet ayrımına dayanan hükümlere yer vermemiş ve cinsellikle ilgili suçları, yasanın Altıncı Bölümünde "Cinsel Dokunulmazlığa Karşı Suçlar" başlığı altında, kişi özgürlüklerine saygılı bir yaklaşımla düzenlemiştir. Bölüm başlığından da anlaşılacağı üzere bu bölümde ceza yaptırımına bağlanan eylemler, kadın-erkek ayrımı yapılmaksızın, her şeyden evvel kişinin dokunulmazlığını ihlal eden eylemler olarak görülmüş, zaruri olmadıkça kişinin cinsel özgürlüklerine müdahale edilmezken, bir yandan da, vatandaşlarının tüm özgürlükleri ve dokunulmazlıkları gibi cinsel özgürlük ve dokunulmazlıklarını da korumayı asli görev bilen hukuk devletinin gereği olarak, bu suçların takibi bazı istisnalar dışında, resen takibe tabi tutulmuştur.

Bu kapsamda T.C.K.'nun 102. maddesinde yeralan cinsel saldırı suçu, aynı maddenin (1) fıkrasındaki eylemden ibaret kaldığı durumlarda verilecek ceza, şikayet üzerine, iki yıldan yedi yıla kadar hapis olduğu halde, aynı maddenin (2) numaralı fıkrasında unsurları belirtilen suça verilecek temel ceza, şikayet aranmaksızın, yedi yıldan oniki yıla kadar hapis olarak belirlenmiştir. Bununla birlikte, mezkur (2) fıkranın son cümlesinde, "Bu fiilin eşe karşı işlenmesi halinde, soruşturma ve kovuşturmanın yapılması mağdurun şikayetine bağlıdır" kuralı konularak, kısmen aile mahremiyetinin yani özel hayatın gizliliğinin korunması, kısmen de zorla girişilen ve eşlerden birinin cinsel dokunulmazlığını ihlal eden bir suçun varlığına rağmen failde mağdur arasındaki evlilik ilişkisinin devamına bir şans daha verilmesi amaçlanmıştır.

T.C.K.'nun 103. ve 104. maddelerinde ise, çocuklara yönelik cinsel suçlar, diğer bir deyişle çocukların cinsel dokunulmazlığına karşı suçlar düzenlenmiştir. Bilindiği gibi, çağdaş dünya standartları, 18 yaşını doldurmayan herkesi çocuk kabul etmektedir. Ceza Kanunumuzun 6. maddesinin (1) numaralı fıkrasının (b) bendine göre"Çocuk deyiminden; henüz onsekiz yaşını doldurmamış kişi"anlaşılır.Bu doğrultuda, "Çocukların cinsel istismarı" başlıklı 103. maddede, onbeş yaşını tamamlamamış veya tamamlamış olmakla birlikte fiilin hukuki anlam ve sonuçlarını algılama yeteneği gelişmemiş olan çocuklara karşı gerçekleştirilen cinsel eylemlerin niteliklerine ve doğurdukları neticelerin ya da faille mağdur arasındaki ilişkilerin derecesine göre, yedi değişik ceza sınırı öngörülmüş olup, bunlar üç yıl hapis ile onbeş yıl hapis arasında değişmektedir. Burada, suçun sonucunda mağdurun beden veya ruh sağlığının bozulması halinde, hükmolunacak hapis cezasının onbeş yıldan az olamayacağı; suçun mağdurun bitkisel hayata girmesine veya ölümüne neden olması durumunda ağırlaştırılmış müebbet hapis cezasına hükmolunacağı da öngörülmüştür. Dikkat edileceği üzere yeni Ceza Kanunu, onbeş yaşının altındaki çocuklarla girişilecek cinsel eylemi "ilişki" olarak dahi adlandırmamış; bunu tam bir istismar olarak görmüştür.

Onbeş yaşını bitirmiş, ancak onsekiz yaşını bitirmemiş çocuklarla girişilecek cinsel ilişki suçu ise, iptal istemine konu ikinci fıkrayı da içeren 104. maddede düzenlenmiştir. Bu madde, reşit olmayanla cinsel ilişkinin, cebir, tehdit ve hile olmaksızın gerçekleştirilmesini yine suç saymakla birlikte, hem cebir, tehdit ve hilenin yokluğu nedeniyle diğer suçlara oranla daha az ceza öngörmüş, hem de belirli bir şartın yani faille mağdur arasında yaş olarak yakınlığın mevcudiyeti halinde, gerek cezayı daha da azaltmak, gerek suçu şikayete bağlı hale getirmek suretiyle bu yaş grubundaki gençlerin özel hayatına ve cinsel özgürlüklerine daha hoşgörülü bir yaklaşım getirmiştir.

Ceza yasalarında, bilindiği gibi, suç sayılan bir eylem belirlendikten sonra, bu eylemin daha ağır cezayı gerektiren şiddet sebepli halleri ve cezayı azaltan veya takibini, şikayet gibi koşullara bağlayan, tahfif sebepli halleri ayrı fıkra veya bentler halinde düzenlenir. T.C.K.'nun 104. maddesinin anlamını incelerken ilk göz önünde tutulacak husus, bu maddede ceza yaptırımına bağlanan asıl suçun (2) numaralı fıkrada, indirim sebepli halinin ise (1) numaralı fıkrada düzenlenmiş olduğudur.

Maddenın kanun metninde yazılı hali şu şekildedir:

(1) Cebir, tehdit ve hile olmaksızın, onbeş yaşını bitirmiş olan çocukla cinsel ilişkide bulunan kişi, şikayet üzerine, altı aydan iki yıla kadar hapis cezası ile cezalandırılır.

(2) Fail mağdurdan beş yaştan daha büyük ise, şikayet koşulu aranmaksızın, cezası iki kat artırılır.

Maddenin daha açık, ancak bütün unsurları ve sonuçları aynı olacak şekilde şöyle yazılması da mümkündür:

(1) Cebir, tehdit ve hile olmaksızın, onbeş yaşını bitirmiş olan çocukla cinsel ilişkide bulunan kişi, birbuçuk yıldan altı yıla kadar hapis cezası ile cezalandırılır.

(2) Şu kadar ki, fail mağdurdan beş yaştan daha büyük değilse, takibat şikayete bağlı olur ve cezanın üçte ikisi indirilir.

Bu iki yazım tarzı arasında, suçun unsurları ve cezası bakımından hiçbir fark yoktur. Ancak yasadaki yazım şekli, ilk bakışta sanki reşit olmayan kişiyle cinsel ilişkide bulunmak suçu şikayete bağlı ve cezası hafif bir suç imiş; failin beş yaştan büyük olması halinde ise birdenbire cezası ölçüsüz biçimde ağırlaşıveren ve resen takibi yapılan bir suç imiş gibi bir izlenim verebilmektedir. İptale ilişkin itirazlar da özellikle bu noktada toplanmıştır. Ancak, maddeyi bu şekilde anlamaya olanak yoktur. Zira, o takdirde, temel suçu sadece 20-23 yaşları arasındaki kişiler (15-18 yaşları arasındaki mağdurla 5 yaş fark) işleyebilecek; her yaştaki diğer kişiler ise suçun ancak ağırlaştırılmış şeklini işleyebilecektir.Yasa koyucunun sadece 20-23 yaş arasındaki kişiler için bir suç ihdas ettiği, diğer herkes için de bunun ağırlaştırılmış şeklini öngördüğütarzında bir anlayış, hukuk mantığınaaykırıdır. Bu nedenle, "Reşit olmayanla cinsel ilişki" suçunun, aslında, T.C.K.'nun 104. maddesinin (1) numaralı fıkrasında değil, (2) numaralı fıkrasında düzenlenmiş olduğu açıktır. Yasa metninin farklı bir teknikle yazılmış olması bu gerçeği değiştirmez.İkinci fıkranın iptali, yasa koyucunun ceza siyasetinin gereği olarak kendi takdiri içinde aşamalı ve oranlı olarak düzenleyip uygun yaptırıma bağladığı eylemlerden birini suç olmaktan çıkartıp, bunun yerine aynı suçun özel nedenlerle öngörülmüş indirim sebepli haline verilebilecek cezanın, asıl suçun yaptırımı haline getirilmesi sonucunu doğurmuştur. İptal kararı, bu nedenle, Anayasanın 153. maddesinin ikinci fıkrasındaki "Anayasa Mahkemesi, bir kanun veya kanun hükmünde kararnamenin tamamını veya bir hükmünü iptal ederken, kanun koyucu gibi hareketle, yeni bir uygulamaya yol açacak biçimde hüküm tesis edemez" ilkesi açısından da sorgulanabilir. İptal edilen yasa kuralının karşılığı olan suç eski ceza kanununda "Cebren ırza geçen, küçükleri baştan çıkaran ve iffete taarruz edenler" başlıklı Sekizinci Bap 416. maddede düzenlenmiş ve faile, şikayet aranmaksızın, altı aydan üç seneye kadar hapis cezası verilmesi öngörülmüştü. Yeni ceza kanununda da, mağdurla yaş farkı beş yıldan az olanlar hariç, benzer bir düzenleme yapılmışken, iptal kararı sonucu bu düzenleme tersine çevrilmiş ve yeni bir uygulama yaratılmış olmaktadır.

İptal edilen ceza yasası kuralının herhangi bir yönden Anayasaya aykırı olup olmadığının incelenmesine geçilmeden önce, bu kuralın sosyal hukuk devletindeki işlevinin ne olduğu kadar, kuralın ortadan kaldırılmasının toplumsal, ahlaki ve hukuki sonuçlarının da göz önünde bulundurulması uygun olacaktır.

Öncelikle şunu belirtmek gerekir ki, reşit olmayan kişiyle cinsel ilişki, sadece mağdurun (veya kanuni temsilcilerinin) rızasına bırakılamayacak bir konudur. Hukuk devleti, vatandaşı olan çocuğu, gerektiğinde ana-babasına karşı da koruyan devlettir. Bu nedenle, liberal yaşam tarzını özümsemiş, ana-babanın çocukları üzerindeki denetiminin asgariye inmiş ve ahlaki konuların cinsellikle değil, kişinin toplumuna karşı, başta yasalara saygı gelmek üzere, hukuki ödevlerinin yerine getirilmesiyle ölçülmesinin temel ahlaki standart haline gelmiş olduğu Batılı çağdaş toplumlarda dahi, reşit olmayanlarla cinsel ilişki suçu kamu adına takip edilerek, çoğu kez ağır yaptırımlara bağlanabilmekte, faillere on yıllara varan cezalar verilebilmektedir. Çağdaş laik ahlaktan henüz nasibini alamamış, kadın-erkek eşitliğinden uzak, kız çocuklarının okutulmadığı, feodal değer ve törelerin geçerli olduğu toplumlarda ise, çağdaş hukuka göre çocuk sayılan kızların, törelere göre gerçekleştirilen ve daha ziyade bir alım-satım niteliği taşıyan evlendirmeler sonucunda, kişiliğini geliştirme, eğitim, bilim ve hatta siyasi haklarını kullanmaktan fiilen mahrum bırakılarak, ikinci sınıf bireyler haline getirilmeleri maalesef bir türlü önü alınamayan bir olgudur. Ekonomik sorunların ağır bastığı, fakirlik, örgütlü suçlar ve kural tanımazlık gibi olumsuzlukların hakim olduğu kimi toplumlarda ise, suç örgütlerinin de devreye girmesiyle, çocuk yaşta pek çok kızların fuhşa sürüklendiklerini, üstelik bu olgunun görüldüğü ülkelere sırf bu amaçla seks turlarının düzenlendiğini, uluslar arası yazılı ve görsel basında kimi zaman izlemekteyiz. Öte yandan, gerek gelişmiş, gerek sosyo-ekonomik bakımdan geri kalmış durumdaki toplumların hepsinde, çocuk yaştaki kişilerin istenmeyen gebelikler sonucu dünyaya getirdikleri ve kendilerinin bakamamaları nedeniyle topluma ve devlete bir sorun olarak devrettikleri çocuklar, bu gibi bilinçsiz cinsel eylemlerin sonucudur.

Toplumumuzun kısmen dahi olsa bu gibi olumsuzluklara maruz kalmaması için,Anayasamızın 5. maddesindesayılan Devletin temel amaç ve görevleri arasındaki "kişilerin ve toplumun refah, huzur ve mutluluğunu sağlamak;kişinin temel hak ve hürriyetlerini, sosyal hukuk devleti ve adalet ilkeleriyle bağdaşmayacak surette sınırlayan siyasal, ekonomik ve sosyal engelleri kaldırmaya, insanın maddi ve manevi varlığının gelişmesi içingerekli şartları hazırlamaya çalışmak" görevini yerine getirirken çocukları, ister töreden, ister ekonomik koşullardan kaynaklansın her türlü istismardan koruması mutlak bir zorunluluktur. Anayasamızın 41. ve 58. maddeleri de bunu doğrulamaktadır.. Bu nedenle,reşit olmayanlarla cinsel ilişkiye devletçe müdahalenin sadece cebir, tehdit ve hilenin saptanması ya da şikayet yapılması koşullarında mümkün olabilmesi, Devleti, bu görevlerini yerine getirmekte güçlüklerle karşı karşıya bırakır.Ana-babasının yeterince ilgilenmediği, dahası, kötü niyetli olduğu veya aile geçimsizlikleri nedeniyle evini terk etmiş bir çocuğun şikayet hakkını kullanması ne derece geçerli olabilir' Kaldı ki failin çeşitli yollarla şikayeti geri aldırtması ve bu nedenle, T.C.K.'nun 73. maddesi gereğince, faile ceza verilememesi güçlü bir olasılıktır. Bu nedenlerle, Devlet şayet 15-18 yaş grubundaki bu gençleri korumak istiyorsa, ilke olarak suçun takibi şikayete bağlı olmamalıdır. T.C.K.'nun 104. maddesinin (2) numaralı fıkrasının iptali, geriye kalacak (1) fıkranın yukarıda açıklanan amaçların yerine getirilmesi açısından yetersiz kalacak olması nedeniyle, kamu yararına aykırı sonuçlar doğuracaktır.

Hukuk devleti ve sosyal devlet kavramları adına bu genel hususlara zorunlu olarak değinildikten sonra, iptali istenen kurala yapılan, Anayasanın eşitlik ilkesine, aile kurma hakkına, aile hayatının ve özel hayatın gizliliğine aykırılık ya da ölçüsüzlük gibi itirazları ayrı ayrı ele almak uygun olacaktır.

II.Eşitlik ilkesine aykırılık iddiası açısından:

Anayasamızın 10. maddesinde yer alan "Kanun önünde eşitlik" ilkesinin anlamı, Anayasa Mahkemesinin pek çok kararında açıklanmış ve uzun yıllar zarfında aynı şekilde anlaşılarak, tam bir istikrar kazanmıştır. Buna göre eşitlik, kişiler arasında eylemli eşitlik olmayıp, aynı hukuki konumda bulunan kişilerin arasında gözetilmesi gereken eşitliktir. Haklı nedenlerle ve sınırları açıkça belirlenerek yapılan farklı hukuki düzenlemelere tabi kişilerin farklı hukuki sonuçlarla karşılaşmalarının Anayasaya aykırılığından söz edilemez.

İptal davasına konu edilen T.C.K.'nun 104. maddesi bakımından daeşitliğin, onsekiz yaşını bitirmemiş çocukla cinsel ilişkiye giren kişilerden, mağdurla arasında beş yaştan az fark bulunan sanıklar arasındaki eşitlik; beş yaştan fazla fark bulunan sanıkların da kendi aralarında eşitlik bulunmasıdışında anlaşılması mümkün değildir. Sanıklar, yaşlarına göre farklı hukuki konumlarda bulunmaktadır.

Burada, incelenmesi gereken iki soru bulunmaktadır.

Birincisi, sanıklar, mağdurla aralarındaki yaş farkı ölçütüne göre farklı hukuki konumda mütalaa edilebilir mi?

İkincisi de, yaş kıstası, belli bir yılla (21, 23, 24 vb) olarak değil de, mağdurun yaşına oranlı (5 yaştan küçük) biçimde belirlenebilir mi?

Birinci soruya cevaben, öncelikle, neredeyse tüm ceza hukukunun, sanıkla mağdur arasındaki ilişkinin özelliğini göz önünde tutan düzenlemelerle dolu olduğunu ve ceza adaletinin de esasen başka türlü sağlanamayacağını hatırda tutmak gerekir. Cebir, tehdit ve hile olmadan işlenen bir cinsel suçta, yani mağdurun rızasına dayalı olarak işlenebilen bir suçta, sanıkla mağdur arasındaki yaş yakınlığı, diğer bir deyişle "yaşıtlık" bulunması, cezayı azaltıcı ve takibini şikayete bağlı hale getirici haklı bir neden olamaz mı' Aynı şekilde, açıkça mevcut olan yaş büyüklüğü, suçun şikayet koşuluna bağlı olmaksızın takibi ve daha ağır ceza verilmesi için haklı bir neden oluşturmaz mı' Kuşkusuz evet. Zira, hayatın deneyimleri ve psikoloji biliminin verilerinin de tartışılmaz biçimde gösterdiği gibi,"gençlik" denen bir çağ ve bu çağdaki kişilerin gerek çocuklardan, gerek yetişkinlerden farklı özellikleri vardır. "Genç" ve "gençlik"aynı zamanda hukuki ve Anayasal kavramlar olup, Anayasamızın "Gençliğin korunması" başlıklı 58. maddesi, Devletin "gençlerialkol düşkünlüğünden, uyuşturucu maddelerden,suçluluk, kumar ve benzeri kötü alışkanlıklardan ve cehaletten korumak için gerekli tedbirleri" almasını öngörmüştür. Onbeş yaşlarından itibaren fizyolojik bakımdan yetişkinlerden pek farklı olmasa da gençlerin, yirmili yaşlarının ortalarına kadar, bu konularda tam anlamıyla bilinçli ve sağlıklı seçimler yapamayacakları gerçeğinden hareketle, ceza kanunu, rıza ile cinsel ilişkide yaş esasına dayalı bir farklılaşmaya gitmiştir. Normal şartlarda, onbeş -yirmiiki yaşlar arasındaki gençlerin sosyal çevreleri, beğeni ve istekleri, hayata bakışları benzerlik gösterir; yaş farkı büyüdükçe gençlerle yetişkinler arasında benzerlikler, ortak noktalar azalır. Bu durum, kentsel yaşamda olduğu kadar kırsal kesimlerde de böyledir. Bu nedenle T.C.K.'nun 104. maddesinde, sözü edilen yaşıt gruptaki gençlerin birbirlerini tanıyacakları, duygusal ilişkiler kurabilecekleri, dolayısıyla cinsel ilişki halinde de istence dayalı bir eylemin varlığının karine olarak kabul edilebileceği öngörülmüştür. Bilindiği gibi,her rıza gösterme, istekli olma değildir. Rıza, olacak veya gerçekleşmekte olan bir olaya karşı koymamak, gerçekleşmesine onay vermektir. İstek ise, olayın gerçekleşmesini beklemeyi, hatta eylemli olarak kolaylaştırmayı ifade eder.Yaş farkı açıldıkça, yasa önünde çocuk sayılan bu gençlerin yetişkinlerle sosyal çevreleri farklılaşır, ortak noktaları azalır. Dolayısıyla,ilişkide isteklilik karinesigeçerliğini kaybeder. Kurulan ilişki, toplumca da, daha az hoşgörüyle karşılanır. Fail açısından, yaş büyüdükçe, çocuk yaştaki kişiyle ilişki kurması toplum nazarında yakışıksız, hatta açıkça anormal görülür. Her ikisi de öğrenci olan, sözgelimi 16 ve 19 yaşlarında iki gencin arasındaki ilişki ile, birisi 15, diğeri 40 yaşındaki iki kişinin arasındaki ilişki aynı değildir; dolayısıyla faillerin hukuki konumları da aynı olamaz. Zira, bu durumda artık tam bir yetişkin olan, ekonomik ve maddi güç, toplum içindeki konum ve yaşam deneyimleri bakımından çocuk sayılan kişi ile ortak yanları bulunmayan fail, cinsel partner olarak kendisine daha uygun bir kişiyi seçme imkanına sahiptir. Sonuç olarak, bu kişinin mağdura yaşça yakın olan diğer bir faille arasında eşitlikten bahsedilemez.

Bu noktada, gençlere tanınan bu hoşgörünün neden diğer cinsel suçların (102. maddedeki cinsel saldırı, 105. maddedeki cinsel taciz) faillerine de gösterilmediği sorusu akla gelebilirse de, bunun yanıtı gayet açıktır. Diğer suçlar, mağdurun rızası olmaksızın gerçekleştirilen eylemlerdir; bunların yanlışlığını her yaştaki kişi, mağdurla arasındaki yaş farkı ne olursa olsun, aynı derecede bilebilecek konumdadır.

Cezada ve suçun takip şeklinde ölçütün, failin belli bir yaşta olmasına değil, mağdurun yaşına oranla kaç yaş büyük olduğuna bakılarak belirlenmesinde Anayasaya aykırılık olup olmadığına gelince, bu konuda da öncelikle ölçütünherkes için geçerli, bilinebilir ve nesnelolup olmadığına, yani "kanunsuz suç olmaz" kuralına uyup uymadığına bakmak gerekir. Suç, cebir, tehdit ve hile olmadan çocukla cinsel ilişkiye girmektir. Diğer bir deyişle, mağdur ve fail eylem öncesinde birbirini tanımaktadır. Bu durumda, yaşça büyük olan taraf, eylemin sonuçlarını öngörmek ve ilişkiye gireceği kişiyle arasında beş yaştan fazla fark varsa, cezasının ağırlaşacağını göz önüne alarak, eylemden kaçınmak imkanına sahiptir. Bu nedenle, anlaşılabilir ve haklı dayanakları olan "beş yaş" ölçütünde ceza hukukunun temel ilkelerine ve Anayasaya aykırılık bulunmamaktadır.

III. Ailenin korunması ilkesine aykırılık iddiası açısından:

İtiraz yoluyla iptal davası açılırken, iptali istenen kuralın, Anayasanın 41. maddesine aykırılığı savı da ortaya konmuştur. Anayasanın 41. maddesi şöyledir:

"Aile, Türk toplumunun temelidir ve eşler arasında eşitliğe dayanır.

Devlet ailenin huzur ve refahı ile özellikle ananın ve çocukların korunması ve aile planlamasının öğretimi ile uygulanmasını sağlamak için gerekli tedbirleri alır, teşkilatı kurar."

Yukarıda belirtilen Anayasa maddesiyle ilgili olarak, T.C.K.'nun 104. maddesinin, küçük yaştaki kişiyle ancak ana-babasının rızasıyla veya mahkeme kararıyla evlenebilecek olan beş yaştan büyük kişinin, "evlenmek amacıyla da olsa evlenmeden önce ilişki kurması halinde suç işlemiş sayılmasının" adil olmadığı; kendisinin ya da ebeveyninin isteği ile "aralarında beş yaştan fazla fark olan kişilerin ilişkiye girmeleri veya evli gibi birlikte yaşamaları halinde suçtan haberdar olan yetkili makamların, şikayet olmasa bile, küçükle ilişkiye giren kişi hakkında kovuşturma yaparak dava açabilmesinin haklı sayılamayacağı" gibi hukukilikten uzak gerekçeler ileri sürülerek, ceza kanununun iptali istenen maddesinin "ailenin huzurunu bozacağı" şeklinde tuhaf bir sonuca varılmıştır. Öncelikle belirtmek gerekir ki, evlenmeden önce kurulan ilişkinin evlenme amacıyla dahi olsa suç sayılmasının yadırganacak hiçbir yönü olamaz. Böyle bir olayda, evlenmenin gerçekleşip gerçekleşmeyeceği önceden bilinemeyeceği ve gerçekleşmemesi durumunda küçüğün mağduriyeti daha da artacağı gibi, gerçekleşmesi halinde dahi evlenmenin, küçüğün menfaatlerine gerçekten uygun olup olmadığı da tartışılabilir. Anayasamız, herkesin maddi ve manevi varlığını geliştirme hakkını (madde 17) eğitim ve öğrenim hakkını (madde 42), bilim ve sanatı öğrenme hakkını (madde 27) ve çalışma hürriyetini (madde 48) güvence altına almıştır.Acaba, cebir, tehdit ve hileye başvurulmaksızın, ancak aile baskı, telkin ve yönlendirmesiyle veya bir şekilde rızası elde edilerek, kendisinden on-onbeş yaş büyük bir kişiyle medeni nikah dışında birlikte yaşamaya zorlanan bir kız çocuğunun yukarıda sayılan Anayasal hakları ne olmaktadır'

Anayasamız evliliği, hukuk kuralları içinde ve bilinçli kişilerin serbest istençleriyle gerçekleştirilmiş bir kurum olarak görmekte ve bu niteliğiylehimaye etmektedir. Bu nedenle, iptali istenen kuralın Anayasanın 41. maddesine aykırılığından sözetmek mümkün değildir. Öte yandan, suçun işlenmesinden sonra evlenmenin gerçekleşmesi, buna rağmen daha sonraki bir tarihte kamu davası açılabilmesi de, kuralın Anayasaya aykırılığına gerekçe olamaz. Zira, böyle bir durumda, T.C.K.'nun 61. maddesi gereğince ceza belirlenir ve bireyselleştirilirken, "failin güttüğü amaç ve saik" mahkemece gözönde bulundurulacak ve doğal olarak ceza, aşağı hadden verilecektir. Bu durumda da bir buçuk yıl hapis cezasına hükmolunacaktır. Ayrıca, T.C.K.'nun 62. maddesine göre, failin "fiilden sonraki davranışları" dikkate alınarak cezanın beşte birine kadarı indirilecektir. Bu şekilde üç buçuk aydan fazla bir indirim daha mümkün olmaktadır ki, toplam ceza herhalde iki yılın altında olacağından, T.C.K.'nun 51. maddesinin (1) numaralı fıkrasına göre, ertelenebilecektir. Bu itibarla, iptal istemlerine gerekçe yapılan "aradan yıllar geçtikten ve birliktelikten çocuklar dünyaya geldikten sonra bile dava açılabileceği, kocanın hapislere atılabileceği" gibi abartılı ve dramatik beyanlar her türlü hukuki temelden yoksundur. Kaldı ki, acaba bu evlilik, gerçekten mağdurun yararına olmuş mudur ve belki de ileride, onsekiz yaşını doldurduktan sonra, daha bilinçli bir şeçimle yapacağı daha iyi bir evliliğin, ya da meslek ve sanat alanında belki de gerçekleştirebileceği bir başarının yolunun kapatmamış mıdır; tartışılabilir. Dolayısıyla, gerçekleştiği sırada suç olan eylem, faraziyelere ve daha sonraki olayların gelişmesine göre suç olmaktan çıkamaz.

Özetle, iptali istenen kural, Anayasanın 41. maddesinde "Türk toplumunun temeli" olduğu ve "eşler arasında eşitliğe" dayandığı belirtilen aile kurumuna herhangi bir yönden aykırı olmadığı gibi, bilinçsiz, hukuk kuralları dışında gerçekleşen, özgür bir istence ve karara dayandığı kuşkulu olan birtakım ilişkileri, tek veya çok eşli birliktelikleri ve aileye alternatif diğer yaşam tarzlarını caydırıcı niteliğiyle, aslında aile kurumunu destekleyen bir hükümdür.

Tüm bu nedenlerle, 104. maddenin (2) numaralı fıkrasının Anayasanın 41. maddesine aykırılığından söz edilemez.

IV. Mağdurun özel hayatının gizliliği ve özgürlüklerinin korunması açısından:

T.C.K.'nun 104. maddesinin getirdiği "beş yaş" ölçütü nedeniyle suçun takip şeklinin değişmesi, yani beş yaştan büyük sanığın eyleminin, mağdurun şikayetine bakılmaksızın takip edilmesinin, mağdurun özel hayatının gizliliği ve korunması açısından Anayasaya herhangi bir aykırılık doğurup doğurmadığını incelerken, Anayasanın ilgili 20. maddesine bakmakta yarar vardır. Anayasanın 20. maddesine göre:

"Herkes, özel hayatına ve aile hayatına saygı gösterilmesini isteme hakkına sahiptir. Özel hayatın veaile hayatının gizliliğine dokunulamaz.

Milli güvenlik,kamu düzeni, suç işlenmesinin önlenmesi, genel sağlık vegenel ahlakın korunmasıveya başkalarının hak ve özgürlüklerinin korunması sebeplerinden biri veya birkaçına bağlı olarak usulüne göre verilmiş hakim kararı olmadıkça;

yine bu sebeplere bağlı olarak gecikmesinde sakınca bulunan hallerde de kanunla yetkili kılınmış merciin yazılı emri bulunmadıkça; kimsenin üstü, özel kağıtları ve eşyası aranamaz ve bunlara el konulamaz. ."

Anayasanın, temel hak ve hürriyetlerin sınırlanmasının koşullarını belirleyen 13. maddesine göre, temel hak ve hürriyetler özlerine dokunulmaksızın yalnızca Anayasanın ilgili maddelerinde belirtilen sebeplere bağlı olarak ve ancak kanunla sınırlanabilir. Bu madde ışığında,suç işlenmesi ve genel ahlakın korunması sebepleriyle, özel hayatın ve aile hayatının gizliliğine istisnalar getirilebileceği tartışmasızdır.

Bu nedenle, beş yaş kuralına göre farklı hukuki konumda bulunan ve dolayısıyla hakkında farklı şekilde takibat yapılan failin cezalandırılması amacıyla mağdurun şikayeti olmasa bile savcılığa veya mahkemeye çağrılarak beyanının alınması ve diğer yargılama işlemlerine dahil edilmesi, mağdurun özel hayatının gizliliğini ihlal olarak görülemez. Kaldı ki, Ceza Muhakemesi Kanununda, mağdurun özel yaşamına saygı gösterilmesi için başvurulabilecek kurallar da bulunmaktadır. Özel yaşamın gizliliği kuralını başka şekilde anlamak, tüm ceza sistemini alt üst eder; bazı ilkel töreler dolayısıyla, "yeter ki duyulmasın" diye, kanuni yollara başvurmak yerine tecavüz mağduru kendi öz kızlarını öldüren kişilerin zihniyetine haklılık kazandırmak olur.

Tüm bu gerçeklere karşın, yine de "Mağdur (çocuk), ilişkiye gireceği kişiyi seçme hakkına sahiptir. Ancak, seçeceği partnerin beş yaştan büyük olması halinde bunun kanuni sonuçlarının daha ağır olması, bu seçim özgürlüğünü zedelemektedir" diye bir iddia ileri sürülebilir. Bunun yanıtı ise gayet açıktır. Öncelikle, ortada bir suç vardır vemağdurun, maruz kalacağı suçun failini seçme hakkı gibi bir garabettenbahsedilemez. Ayrıca, ortada bir çocuk vardır ve çocuğun bu konudaki kararını geçerli saymaya, hukuk sistemi cevaz veremez. Evlenmek için onsekiz yaşını doldurması gereken, onyedi yaşında evlenebilmek için ebeveyninin rızasına; önemli sebeplerin mevcudiyeti halinde de, onaltı yaşında evlenebilmek için mahkeme kararına ihtiyacı bulunan,Medeni Kanuna göre de fiil ehliyeti ve evlenme hakkı olmayan kişinin cinsel partner seçme özgürlüğünden, dolayısıyla, korunması gereken özel hayatın gizliliğinden söz edilemez.

Sonuç olarak, iptali istenen kuralda, özel hayatın gizliliği ilkesi açısından da Anayasaya aykırılık bulunmamaktadır.

V. Cezada ölçülülük ve hukuk devleti açısından:

Hukuk devleti, Anayasa Mahkemesinin pek çok kararında tarif edilmiştir. Ceza hukuku bakımından hukuk devleti, çağdaş ceza adaletini gözeten, intikam değil ıslah anlayışıyla ceza veren, gereksiz yere ağır ve eylemle oransız cezalara mevzuatında yer vermeyen, cezaları bireyselleştiren, cezaların yasayla belirlenen alt ve üst sınırları içinde bağımsız yargıya geniş takdir hakkı veren devlettir. Yasalarda öngörülen belli bir yaptırımı beğenmeyen, böyle bir yaptırım bulunması işine gelmeyen herkes, bu yaptırımın Anayasanın hukuk devleti ilkesine aykırı olduğunu ileri sürebilir. Bu nedenle, Anayasa Mahkemesi, bir kuralın Anayasaya uygun olup olmadığının denetimini yaparken, hukuk devletine aykırılığı saptaması halinde bunu açık, nesnel ve hukuk sistemi içindeki diğer kurallarla mukayeseli biçimde ortaya koymak durumundadır.

T.C.K.'nun 104. maddesinde iki fıkra halinde düzenlenen kuralların uygulanması sonucu verilebilecek cezaların, failin yaşı ile mağdurun yaşı da dikkate alınarak, altı ay ile altı yıl arasında değişebileceğini yukarıda açıklamıştık. Bu çerçevede, örneğin sadece cinsel bir merak güdüsüyle veya bir duygusallık yaşayarak ilişkiye girebilecek 16 ve 19 yaşlarındaki iki kişiden fail konumunda olana, şikayet halinde, altı aydan iki yıla kadar hapis cezası verilebilecek ve bu da ertelenebilecek ya da bir yılı geçmiyorsa, T.C.K.'nun 50. maddesine göre seçenek yaptırımlardan birine çevrilebilecekken, örneğin 40-50 yaşlarındaki bir kişinin 15-16 yaşındaki çocuklarla (hatta aynı cinsle) çirkin ve toplumda infial uyandıracak tarzda ilişkiler kurmasının, resen takip edilerek, cezanın üst sınırı olan 6 yılla cezalandırılmasının son derece doğal olacağına kuşku yoktur.

Alt ve üst sınırları ve şiddet-tahfif nedenli halleri göz önüne alındığında, Ceza Kanunundaki pek çok suçların en az ve en çok cezaları, on-onbeş katına kadar farklılık gösterebilmektedir (Örneğin, kasten yaralama bir yıldan onaltı yıla kadar; işkence üç yıldan yirmidört yıla kadar; cinsel saldırı iki yıldan yirmi yıla; çocukların cinsel istismarı üç yıldan yirmi yıla kadar; cinsel taciz üç aydan üç yıla kadar; tehdit altı aydan beş yıla kadar; mala zarar verme dört aydan onsekiz yıla kadar). Acaba bütün bu cezalarda da ölçüsüzlük olduğundan söz edilebilir mi?

Reşit olmayanla cinsel ilişkiyi cezalandıran 104. maddenin temel cezasının alt sınırı bir buçuk yıl, indirimli halinin cezasının üst sınırı ise iki yıldır. Diğer bir deyişle, "anlaşılmaz bir nedenle" konduğu iddia edilen beş yaş kuralı uygulandığında ceza birdenbire ölçüsüz bir şekilde artmadığı gibi, aksine, suçun her iki halindeki cezalar arasında örtüşme ve uyum bulunmaktadır. T.C.K.'nun 104. maddesinin birinci ve ikinci fıkralarına göre verilebilecek cezalar aynı şekildeertelenebileceği gibi,suçun ikinci fıkraya göre verilecek cezası, yerine göre, birinci fıkraya göre verilen cezadan daha az olabilmektedir. Bu durumda ikinci fıkradaki cezanın ölçüsüzlüğünden bahsetmek mümkün olabilir mi?

Ölçülülük bahsinde son olarak şunu da belirtmek gerekir ki, bu suçun mülga Türk Ceza Kanununda karşılığı olan 416. maddeye göre de, cezanın alt ve üst sınırları 6 ay ile 3 yıl arasıdır. Takibi ise şikayete bağlı değildir. Uzun yıllar boyunca uygulanan ve içtihatlarla istikrar kazanan eski ceza yasası kuralı bugüne kadar Anayasaya aykırı bulunmamıştır. Bu kurala, yeni yasa ile haklı nedenlere dayalı, sınırları açık bir biçimde belirtilmiş, gençlere yönelik özel bir indirim getiren, ancak kuralın esaslı unsurlarını koruyan yasa koyucu, yeni yasa ile üst sınırda bir kat artırım yapmıştır ki, yasamanın takdir hakkına giren bu artırımın hukuk devletine aykırılığı ileri sürülemez. Dolayısıyla, iptal kararının, Anayasanın 2. maddesine dayandırılması da mümkün değildir.

Sonuç

Anayasanın herhangi bir hükmüne aykırılık içermeyen T.C.K. 104. maddesinin (2) numaralı fıkrasının iptalinin yol açacağı yaptırım boşluğunun, toplumun sosyal dokusunu tahrip edeceğinden, çocuk fuhşunu artıracağından, medeni nikah ve aile kurumuna zarar vereceğinden, gençlerde ve özellikle kız çocuklarında mağduriyete neden olacağından kaygı duymamak mümkün değildir. Yasama organının bu konuyu tekrar ele alarak yeni bir düzenleme yapması temenni olunur."

14. Yukarıda aktarılan görüşümüz çerçevesinde, çocukların cinsel istismarını önlemek amacıyla yasa koyucu tarafından öngörülen cezalarda failin mağdur çocukla arasındaki yaş farkının öngörülecek düzenlemelerde gözetilmesi, bu yaş farkı ne kadar büyükse istismar da o kadar ağır olacağından, mağdura göre çok daha yaşlı olan kişilere daha ağır cezalar verilmesinin hem yerinde hem de Anayasaya uygun olacağı, buna karşılık failin hem mağdurla arasındaki yaş farkının az olmasının hem de kendisinin de çocuk olmasının daha az cezayı gerektiren bir hal olarak düzenlenmesi gerektiği; bu gereklere özen gösterilmeden yapılacak yasal düzenlemelerin gayrı adil ve hakkaniyete aykırı olacağı yolundaki görüşümüz o günkü karşı oyumuza da bugünkü karara katılışımıza da hâkim olan temel düşüncedir.

Sınırlama Sorununa İlişkin Karşı Görüşüm:

15. Özetle, sonuç karara 18 yaşın altındaki failler yani Suça Sürüklenen Çocuklar yönünden katılmaktayım. Kanaatimce, iptali istenen kuralın Anayasa'ya uygunluk denetimi, başvuran Mahkemenin elindeki olayla sınırlı olarak suça sürüklenen çocuk yönünden yapılmalı ve buna göre, sınırlı bir iptal kararı verilmeliydi.

16. Anayasa Mahkemesinin önceki kararlarında, itiraz yoluyla bir mahkeme tarafından Anayasa Mahkemesi önüne getirilen bir kuralın Anayasa'ya aykırılık incelemesinin sadece Anayasaya aykırılığa neden olay durum veya kişi yönünden incelenerek karara bağlandığına ilişkin çeşitli emsaller bulunmaktadır. Bunlara örnek olarak, aşağıdaki kararlar zikredilebilir:

Esas: 2013/88, Karar:2014/101 sayılı kararında Anayasa Mahkemesi, Ankara 7. İdare Mahkemesi tarafından itiraz yoluyla iptali istenen 2802 sayılı Kanun'un 5336 sayılı Kanun'un 1. maddesi ile değişik 102 maddesinin (a) bendinde geçen "Kıstas aylık: En yüksek Devlet memuruna mali haklar kapsamında fiilen yapılmakta olan her türlü ödemeler toplamının brüt tutarını" ibaresini "Başbakanlık Müsteşarı" yönünden incelemiş ve Anayasa'ya aykırı bularak, "Başbakanlık Müsteşarı yönünden" iptal etmiştir.

Esas: 1997/51, Karar:1998/8 sayılı kararında da Anayasa Mahkemesi, Antalya Vergi Mahkemesince iptali istenen 193 sayılı Gelir Vergisi Kanunu'na 4108 sayılı Yasa ile eklenen Mükerrer 111. maddenin üçüncü fıkrasındaki ". mahsup edilemeyen vergiler ise red ve iade edilemez" kuralını şu gerekçeyle sınırlamıştır:

"Bakılmakta olan davada davacı, kurumlar vergisi yükümlüsüdür. Bu nedenle Mükerrer Madde 111'in üçüncü fıkrasının son tümcesindeki ". mahsup edilemeyen vergiler ise red ve iade edilmez" kuralına ilişkin esas incelemenin "kurumlar vergisi mükellefleri" yönünden yapılmasına . karar verilmiştir"

17. Bu emsallerden de görüleceği gibi, iptali istenen kuralın kapsamı içerisinde kalan kişiler ve durumlar, Anayasa'ya aykırılığa neden olan somut olayla sınırlanarak incelenebilir ve bu şekilde bazı kişi veya haller yönünden iptal kararı verilebilir.

18. Eldeki iptal başvurusunda da Anayasa Mahkemesince, kuralın Anayasa'ya aykırılığı 18 yaş altındaki sanık (Suça Sürüklenen Çocuk) yönünden yapılmalı idi. Ne var ki muhterem çoğunlukça bu yoldaki görüşümüz benimsenmediği ve kurala ve iptal ya da ret oyu kullanmak dışında seçeneğimiz bulunmadığı için, yukarıdaki gerekçelerle iptal yönünde oluşan görüşe katılmak gerekmiştir.

Üye
Osman Alifeyyaz PAKSÜT

TÜRK CEZA KANUNU MADDE 103'TEKİ 15 YAŞ TAMAMLAMA KURALININ İPTALİ GEREKÇESİNİN TAM METNİ

ANAYASA MAHKEMESİ KARARI

Esas Sayısı : 2015/108

Karar Sayısı: 2016/46

Karar Tarih: 26.5.2016

R.G. Tarih – Sayı: 13.7.2016 - 29769

İTİRAZ YOLUNA BAŞVURAN: Bafra Ağır Ceza Mahkemesi

İTİRAZIN KONUSU: 26.9.2004 tarihli ve 5237 sayılı Türk Ceza Kanunu'nun, 18.6.2014 tarihli ve 6545 sayılı Kanun'un 59. maddesiyle değiştirilen 103. maddesinin;

1-(1) numaralı fıkrasının (b) bendi dışında kalan bölümünün,

2- (2) numaralı fıkrasının,

3- (3) numaralı fıkrasının (a) bendinin,

Anayasa'nın 2., 5., 10. ve 41. maddelerine aykırılığı ileri sürülerek iptallerine karar verilmesi talebidir.

OLAY: Suça sürüklenen çocuklar ile sanıkların, çocuğun cinsel istismarı suçuyla cezalandırılmaları talebiyle açılan kamu davasında, itiraz konusu kuralların Anayasa'ya aykırılık iddialarını ciddi bulan Mahkeme iptalleri için başvurmuştur.

I- İPTALİ İSTENİLEN KANUN HÜKMÜ

Kanun'un, itiraz konusu kuralların da yer aldığı 103. maddesi şöyledir:

"(1) Çocuğu cinsel yönden istismar eden kişi, sekiz yıldan on beş yıla kadar hapis cezası ile cezalandırılır. Cinsel istismarın sarkıntılık düzeyinde kalması hâlinde üç yıldan sekiz yıla kadar hapis cezası verilir. Sarkıntılık düzeyinde kalmış suçun failinin çocuk olması hâlinde soruşturma ve kovuşturma yapılması mağdurun, velisinin veya vasisinin şikâyetine bağlıdır. Cinsel istismar deyiminden;

a) On beş yaşını tamamlamamış veya tamamlamış olmakla birlikte fiilin hukuki anlam ve sonuçlarını algılama yeteneği gelişmemiş olan çocuklara karşı gerçekleştirilen her türlü cinsel davranış,

b) Diğer çocuklara karşı sadece cebir, tehdit, hile veya iradeyi etkileyen başka bir nedene dayalı olarak gerçekleştirilen cinsel davranışlar,

anlaşılır.

(2) Cinsel istismarın vücuda organ veya sair bir cisim sokulması suretiyle gerçekleştirilmesi durumunda, on altı yıldan aşağı olmamak üzere hapis cezasına hükmolunur.

(3) Suçun;

a) Birden fazla kişi tarafından birlikte,

b) İnsanların toplu olarak bir arada yaşama zorunluluğunda bulunduğu ortamların sağladığı kolaylıktan faydalanmak suretiyle,

c) Üçüncü derece dâhil kan veya kayın hısımlığı ilişkisi içinde bulunan bir kişiye karşı ya da üvey baba, üvey ana, üvey kardeş veya evlat edinen tarafından,

d) Vasi, eğitici, öğretici, bakıcı, koruyucu aile veya sağlık hizmeti veren ya da koruma, bakım veya gözetim yükümlülüğü bulunan kişiler tarafından,

e) Kamu görevinin veya hizmet ilişkisinin sağladığı nüfuz kötüye kullanılmak suretiyle,

işlenmesi hâlinde, yukarıdaki fıkralara göre verilecek ceza yarı oranında artırılır.

(4) Cinsel istismarın, birinci fıkranın (a) bendindeki çocuklara karşı cebir veya tehditle ya da (b) bendindeki çocuklara karşı silah kullanmak suretiyle gerçekleştirilmesi hâlinde, yukarıdaki fıkralara göre verilecek ceza yarı oranında artırılır.

(5) Cinsel istismar için başvurulan cebir ve şiddetin kasten yaralama suçunun ağır neticelerine neden olması hâlinde, ayrıca kasten yaralama suçuna ilişkin hükümler uygulanır.

(6) Suç sonucu mağdurun bitkisel hayata girmesi veya ölümü hâlinde, ağırlaştırılmış müebbet hapis cezasına hükmolunur."

II- İLK İNCELEME

1. Anayasa Mahkemesi İçtüzüğü hükümleri uyarınca Zühtü ARSLAN, Burhan ÜSTÜN, Engin YILDIRIM, Serdar ÖZGÜLDÜR, Serruh KALELİ, Osman Alifeyyaz PAKSÜT, Recep KÖMÜRCÜ, Alparslan ALTAN, Hicabi DURSUN, Celal Mümtaz AKINCI, Erdal TERCAN, Muammer TOPAL, Hasan Tahsin GÖKCAN, Kadir ÖZKAYA ve Rıdvan GÜLEÇ'in katılımlarıyla 30.12.2015 tarihinde yapılan ilk inceleme toplantısında öncelikle sınırlama sorunu görüşülmüştür.

2. Anayasa'nın 152. ve 6216 sayılı Anayasa Mahkemesinin Kuruluşu ve Yargılama Usulleri Hakkında Kanun'un 40. maddelerine göre Anayasa Mahkemesine itiraz yoluyla yapılacak başvurular, itiraz yoluna başvuran mahkemenin bakmakta olduğu davada uygulayacağı yasa kuralı ile sınırlıdır.

3. İtiraz yoluna başvuran Mahkemenin iptalini talep ettiği kurallardan ilki, Kanun'un 103. maddesinin (1) numaralı fıkrasının, (b) bendi dışında kalan bölümüdür.

4. Bakılmakta olan davada, mağdur on beş yaşını tamamlamamış bir çocuk olup, on beş yaşını tamamlamış olmakla birlikte fiilin hukuki anlam ve sonuçlarını algılama yeteneği gelişmemiş olan çocuğa karşı gerçekleştirilen bir cinsel davranış bulunmamaktadır. Dolayısıyla, Kanun'un 103. maddesinin (1) numaralı fıkrasının (a) bendinde yer alan "... veya tamamlamış olmakla birlikte fiilin hukuki anlam ve sonuçlarını algılama yeteneği gelişmemiş..." ibaresinin bakılmakta olan davayla ilgisi bulunmamaktadır.

5. Maddenin (1) numaralı fıkrasının, "Çocuğu cinsel yönden istismar eden kişi, sekiz yıldan on beş yıla kadar hapis cezası ile cezalandırılır. Cinsel istismarın sarkıntılık düzeyinde kalması hâlinde üç yıldan sekiz yıla kadar hapis cezası verilir. Sarkıntılık düzeyinde kalmış suçun failinin çocuk olması hâlinde soruşturma

ve kovuşturma yapılması mağdurun, velisinin veya vasisinin şikâyetine bağlıdır. Cinsel istismar deyiminden;...anlaşılır." ibaresi, maddenin (b) bendi yönünden ve (a) bendinde yer alan "On beş yaşını ... veya tamamlamış olmakla birlikte fiilin hukuki anlam ve sonuçlarını algılama yeteneği gelişmemiş olan çocuklara karşı gerçekleştirilen her türlü cinsel davranış," bölümü için de ortak kuraldır. Bu nedenle esas incelemenin (1) numaralı fıkranın (a) bendinde yer alan "...tamamlamamış..." ibaresiyle sınırlı olarak yapılması gerekmektedir.

6. Kanun'un 103. maddesinin iptali istenilen (2) numaralı fıkrası ise Anayasa Mahkemesinin 12.11.2015 tarihli ve E:2015/26, K.2015/100 sayılı kararıyla iptal edilmiş ve bu karar 11.12.2015 tarihli ve 29559 sayılı Resmi Gazete'de yayımlanmıştır. Bu nedenle, iptal edilen fıkra hakkında yeniden karar verilmesine yer olmadığına karar verilmesi gerekir.

7. Açıklanan nedenlerle; 26.9.2004 tarihli ve 5237 sayılı Türk Ceza Kanunu'nun, 18.6.2014 tarihli ve 6545 sayılı Kanun'un 59. maddesiyle değiştirilen 103. maddesinin;

A- (1) numaralı fıkrasının (b) bendi dışında kalan bölümünün esasının incelenmesine, esasa ilişkin incelemenin (a) bendinde yer alan "...tamamlamamış..." sözcüğü ile sınırlı olarak yapılmasına,

B- (2) numaralı fıkrası, Anayasa Mahkemesinin 12.11.2015 tarihli ve E.2015/26, K.2015/100 sayılı kararıyla iptal edildiğinden, itiraz konusu fıkra hakkında YENİDEN KARAR VERİLMESİNE YER OLMADIĞINA,

C- (3) numaralı fıkrasının (a) bendinin esasının incelenmesine,

OYBİRLİĞİYLE karar verilmiştir.

III- ESASIN İNCELENMESİ

8. Başvuru kararı ve ekleri, Raportör Berrak YILMAZ tarafından hazırlanan işin esasına ilişkin rapor, itiraz konusu kanun hükümleri, dayanılan Anayasa kuralları ve bunların gerekçeleri ile diğer yasama belgeleri okunup incelendikten sonra gereği görüşülüp düşünüldü.

A- Kanun'un, 18.6.2014 tarihli ve 6545 sayılı Kanun'un 59. Maddesiyle Değiştirilen 103. Maddesinin (1) Numaralı Fıkrasının (a) Bendinde Yer Alan "...tamamlamamış..." Sözcüğü Yönünden (1) Numaralı Fıkranın İncelenmesi

1-İtirazın Gerekçesi

9. Başvuru kararında özetle, itiraz konusu kuralın, farklı yaş gruplarında olan tüm mağdurlara yönelik eylemler arasında ceza müeyyidesi bakımından herhangi bir ayrım yapmadığı, dört yaşındaki bir mağdura yönelik cinsel istismar suçu ile ondört yaşındaki mağdura yönelik cinsel istismar suçunun ceza müeyyidesinin kademeli bir ceza anlayışı içermeyerek aynı olduğu, suça sürüklenen çocuklar yönünden oniki ilâ onbeş yaş arasında olup da kendisine yönelik eylemin anlam ve mahiyetini algılama yeteneği olan mağdurun rızasına hukuki sonuç tanınmadığı, bu mağdurların rızasıyla yaşadığı cinsel eylemler hakkında cezanın çok yüksek olduğu, suçun en nitelikli hali için en düşük yaşın onbeş şeklinde belirlenmesinin suç ve cezada korunmak istenen hukuki yarar ile müeyyide arasındaki orantıyı bozduğu belirtilerek itiraz konusu kuralın, Anayasa'nın 2., 5., 10. ve 41. maddelerine aykırı olduğu ileri sürülmüştür.

2- Anayasa'ya Aykırılık Sorunu

a- "...tamamlamamış..." Sözcüğü Yönünden (1) Numaralı Fıkranın Birinci ve İkinci Cümlelerinin İncelenmesi

10. Kanun'un 103. maddesinin (1) numaralı fıkrasında; çocuğu cinsel yönden istismar eden kişinin, sekiz yıldan on beş yıla kadar hapis cezası ile cezalandırılacağı, cinsel istismarın sarkıntılık düzeyinde kalması hâlinde üç yıldan sekiz yıla kadar hapis cezası verileceği, sarkıntılık düzeyinde kalmış suçun failinin çocuk olması hâlinde soruşturma ve kovuşturma yapılmasının mağdurun, velisinin veya vasisinin şikâyetine bağlı olduğu belirtilmiştir. Fıkranın (a) bendinde ise cinsel istismar deyiminden; on beş yaşını tamamlamamış veya tamamlamış olmakla birlikte fiilin hukuki anlam ve sonuçlarını algılama yeteneği gelişmemiş olan çocuklara karşı gerçekleştirilen her türlü cinsel davranışın anlaşılacağı öngörülmüştür. İtiraz konusu kuralla ise onbeş yaşını tamamlamamış çocuklara karşı gerçekleştirilen her türlü cinsel davranış "cinsel istismar" olarak öngörülmek suretiyle bu çocukları cinsel yönden istismar eden kişiler hakkında fıkrada belirtilen ceza ile soruşturma ve kovuşturma usulünün uygulanacağı öngörülmektedir.

11. Anayasa'nın 2. maddesinde belirtilen hukuk devleti eylem ve işlemleri hukuka uygun, insan haklarına saygılı, bu hak ve özgürlükleri koruyup güçlendiren, her alanda adaletli bir hukuk düzeni kurup bunu geliştirerek sürdüren, Anayasa'ya aykırı durum ve tutumlardan kaçınan, Anayasa ve hukukun üstün kurallarıyla kendini bağlı sayan, yargı denetimine açık olan devlettir.

12. Ceza ve ceza yerine geçen güvenlik tedbirlerine ilişkin kurallar, ceza hukukunun temel ilkeleri ile Anayasa'nın konuya ilişkin kurallarına aykırı olmamak kaydıyla, ülkenin sosyal, kültürel yapısı, ahlaki değerleri ve ekonomik hayatın gereksinimleri göz önüne alınarak saptanacak ceza politikasına göre belirlenir. Kanun koyucu, cezalandırma yetkisini kullanırken

toplumda hangi eylemlerin suç sayılacağı, bunun hangi tür ve ölçüdeki ceza yaptırımı ile karşılanacağı, nelerin ağırlaştırıcı veya hafifletici sebep olarak kabul edilebileceği konularında takdir yetkisine sahip olmakla birlikte, bu yetkisini kullanırken suç ve ceza arasındaki adil dengenin korunmasını da dikkate almak zorundadır. Suç ve ceza arasında adalete uygun bir oranın bulunup bulunmadığının saptanmasında o suçun toplumda yarattığı etkinin, suçtan zarar görenin kişiliğinin ve ona verilen zararın azlığı veya çokluğunun da dikkate alınması gerekir.

13. Kanun koyucu, düzenlemeler yaparken hukuk devleti ilkesinin bir gereği olan ölçülülük ilkesiyle bağlıdır. Bu ilke ise "elverişlilik", "gereklilik" ve "orantılılık" olmak üzere üç alt ilkeden oluşmaktadır. "Elverişlilik", başvurulan önlemin ulaşılmak istenen amaç için elverişli olmasını, "gereklilik" başvurulan önlemin ulaşılmak istenen amaç bakımından gerekli olmasını ve "orantılılık" ise başvurulan önlem ve ulaşılmak istenen amaç arasında olması gereken ölçüyü ifade etmektedir. Bir kurala uyulmaması nedeniyle kanun koyucu tarafından öngörülen yaptırım ile ulaşılmak istenen amaç arasında da "ölçülülük ilkesi" gereğince makul bir dengenin bulunması zorunludur.

14. İtiraz konusu kuralla, kanun koyucu, onbeş yaşını tamamlamamış çocukları cinsel yönden istismar edenler hakkında ceza yaptırımı öngörmektedir. Kuralın, cinsiyet ayrımı gözetilmeksizin tüm çocukların cinsel dokunulmazlığı ile beden ve ruh bütünlüğünün etkin bir şekilde korunmasını sağlamayı amaçladığı anlaşılmaktadır. Çocukların kendilerini korumalarındaki zorluk ve faillerin bu suçları büyük engellerle karşılaşmadan işleyebilmeleri cinsel istismarın yetişkinlere nazaran daha kolay işlenmesine neden olmakta ve bu suçlar

çocukların psikolojileri ile fizyolojilerinde yetişkinlere göre daha ağır etkiler bırakmaktadır. Bu bağlamda, söz konusu suçların işlenmesini önleyici ve caydırıcı nitelikte tedbirlerin alınması Devletin en önemli pozitif yükümlülüklerinden biridir. Zira Anayasa'da olduğu gibi çocukların korunmasına yönelik tarafı olduğumuz uluslararası sözleşmeler ile tüm uluslararası metinlerde de çocukların cinsel istismarı ve cinsel sömürüsü hakkında etkili ve caydırıcı cezalar düzenlenmesi de dâhil olmak üzere devletlerin bu konuda gerekli tedbirleri almalarına özellikle vurgu yapılmaktadır. Bu bağlamda kanun koyucunun, küçüklerin biyolojik ve psikolojik gelişimlerine ilişkin bilimsel veriler ile toplumda geçerli genel ahlak ve kültürel koşulları gözeterek cinsel istismar suçunu; suçun unsurlarını, işleniş biçimini, çocuğa ve topluma verdiği zararı dikkate alarak bir yaptırım belirlemesi takdir yetkisi kapsamındadır.

15. Bununla birlikte suç ve suçluyla mücadele ve cezanın ıslah amacı ceza hukukunun temel ilkeleri gözetildiğinde, suç tipine göre fiil ile öngörülen yaptırım arasında makul ve hakkaniyete uygun bir denge bulunmalı ve kanun koyucunun belirlediği yaptırım, cezalandırmada güdülen amaçla ölçülü olmalıdır.

16. Anayasa Mahkemesi, 12.11.2015 tarihli ve E.2015/26, K.2015/100 sayılı kararıyla, cinsel istismarın vücuda organ veya sair bir cisim sokulması suretiyle gerçekleştirilmesi suçunun yer aldığı maddenin (2) numaralı fıkrasını iptal etmiş ve kararın Resmî Gazete'de yayımlanmasından başlayarak bir yıl sonra yürürlüğe girmesini uygun görmüş olup, bu süre henüz dolmamıştır. Anayasa Mahkemesi kararında, söz konusu suçlarda mahkemelere olaya özgü takdir marjı tanımayan ve onarıcı hukuk kurumları öngörmeyen kuralda düzenlenen ceza

yaptırımının alt sınırının onaltı yıldan aşağı olmamak üzere hapis cezası olarak belirlenmesini; fiilin farklı yaş kategorilerindeki mağdurlara karşı işlendiği veya failin de küçük olduğu ya da fiilden sonra mağdurun yaşının ikmali ile fiili birlikteliğin resmi evliliğe dönüşmesi gibi her bir somut olayın özellikleri dikkate alınarak ceza tayin edilmesi veya onarıcı adalet kurumunun uygulanması imkânını ortadan kaldırdığı ve bazı durumlarda somut olayın özellikleriyle bağdaşmayacak ve suçla yaptırım arasında bulunması gereken adil dengeyi ortadan kaldıracak ölçüde ağır cezaların verilmesi sonucunu ortaya çıkarabilecek bir niteliğe sahip bulunduğu gerekçesiyle Anayasa'ya aykırı bularak kuralı iptal etmiştir.

17. İtiraz konusu kuralla onbeş yaşını tamamlamamış çocuğu cinsel yönden istismar eden kişi için sekiz yıldan onbeş yıla kadar hapis cezası ve cinsel istismarın sarkıntılık düzeyinde kalması hâlinde üç yıldan sekiz yıla kadar hapis cezası öngörülmüştür. Çocuğun cinsel yönden istismar edilmesinin ağır bir yaptırıma bağlanmasının çocuğun etkin bir şekilde korunması amacını gerçekleştirmeye yönelik olduğuna şüphe yoktur. Ancak cinsel istismarın vücuda organ veya sair bir cisim sokulması suretiyle gerçekleştirilmesi eylemi hakkında Anayasa Mahkemesi tarafından verilen iptal kararı gerekçelerinin itiraz konusu kural bakımından da geçerli bulunması ve Anayasa'nın 41. maddesinin dördüncü fıkrası uyarınca mağdur ya da fail sıfatıyla çocuğun korunmasının hedef alınması gerekliliği dikkate alındığında, itiraz konusu kuralın da aynı şekilde bazı durumlarda somut olayın özellikleriyle bağdaşmayacak ve suçla yaptırım arasında bulunması gereken adil dengeyi ortadan kaldıracak ölçüde ağır cezaların verilmesi sonucunu ortaya çıkarabilecek bir niteliğe sahiptir. Bu nedenle kural ölçüsüz bir yaptırım öngördüğünden hukuk devleti ilkesine aykırıdır.

18. Açıklanan nedenlerle kural, Anayasa'nın 2. maddesine aykırıdır. İptali gerekir.

19. Engin YILDIRIM, Osman Alifeyyaz PAKSÜT, Alparslan ALTAN, Erdal TERCAN, M. Emin KUZ ile Rıdvan GÜLEÇ bu görüşe katılmamışlardır.

20. Kural, Anayasa'nın 2. maddesine aykırı görülerek iptal edildiğinden, Anayasa'nın 5., 10. ve 41. maddeleri yönünden ayrıca incelenmesine gerek görülmemiştir.

b- "...tamamlamamış..." Sözcüğü Yönünden (1) Numaralı Fıkranın Birinci ve İkinci Cümleleri Dışında Kalan Bölümünün İncelenmesi

21. İtiraz konusu kuralla, onbeş yaşını tamamlamamış çocuklara karşı gerçekleştirilen sarkıntılık düzeyinde kalmış suçun failinin çocuk olması hâlinde soruşturma ve kovuşturma yapılmasının mağdurun, velisinin veya vasisinin şikâyetine bağlı olacağı öngörülmektedir.

22. Kanun koyucu çocuklara karşı gerçekleştirilen sarkıntılık düzeyinde kalan eylemlerde failin çocuk olması halinde, hem failin yaşını hem de eylemin hafifliğini dikkate alarak soruşturma ve kovuşturma yapılmasının mağdurun, velisinin veya vasisinin şikâyetine bağlı kılmıştır. Kanun koyucunun takdir yetkisi kapsamında, fiilin yol açması muhtemel zararları da göz önünde bulundurarak düzenlediği itiraz konusu kuralın, amaç ve araç arasında makul ve uygun bir ilişki kurduğu ve düzenlemenin amacına ulaşmaya elverişli ve orantılı olduğu anlaşıldığından kuralda hukuk devleti ilkesine aykırı bir yön bulunmamaktadır.

23. Açıklanan nedenlerle, itiraz konusu kural Anayasa'nın 2. maddesine aykırı değildir. İptal talebinin reddi gerekir.

24. Kuralın Anayasa'nın 5., 10. ve 41. maddeleriyle ilgisi görülmemiştir.

B- Kanun'un, 18.6.2014 tarihli ve 6545 sayılı Kanun'un 59. Maddesiyle Değiştirilen 103. Maddesinin (3) Numaralı Fıkrasının (a) Bendinin İncelenmesi

1- İtirazın Gerekçesi

25. Başvuru kararında özetle, itiraz konusu kural gereğince cinsel istismar eyleminin birden fazla kişiyle birlikte işlenmesi halinde cezanın yüksek oranda artırıldığı, bunun ise eylem ile ceza arasındaki orantıyı bozduğu belirtilerek itiraz konusu kuralın Anayasa'nın 2. maddesine aykırı olduğu ileri sürülmüştür.

2- Anayasa'ya Aykırılık Sorunu

26. İtiraz konusu kuralla, cinsel istismar suçunun birden fazla kişi tarafından birlikte işlenmesi hâlinde verilecek cezanın yarı oranında artırılacağı öngörülmektedir.

27. Kanun koyucu suçun birden fazla kişi tarafından birlikte işlenmesi halinde, mağdurun, çaresizliği, savunmasızlığı ve mukavemetinin kolayca kırılabilmesi nedeniyle suçun çok daha kolay işlenebileceğini de dikkate alarak bu hali, suçun daha ağır cezayı gerektiren bir nitelikli unsuru olarak tanımlamış ve verilecek cezanın yarı oranında artırılacağını öngörmüştür. Kanun koyucunun takdir yetkisi kapsamında, fiilin yol açması muhtemel zararları da göz önünde bulundurarak düzenlediği itiraz konusu kuralın, amaç ve araç arasında makul ve uygun bir ilişki kurduğu ve düzenlemenin amacına ulaşmaya elverişli ve orantılı olduğu anlaşıldığından kuralda hukuk devleti ilkesine aykırı bir yön bulunmamaktadır.

28. Açıklanan nedenlerle, itiraz konusu kural Anayasa'nın 2. maddesine aykırı değildir. İptal talebinin reddi gerekir.

IV- İPTAL HÜKMÜNÜN YÜRÜRLÜĞE GİRECEĞİ GÜN SORUNU

29. Anayasa'nın 153. maddesinin üçüncü fıkrasında, "Kanun, kanun hükmünde kararname ve Türkiye Büyük Millet Meclisi İçtüzüğü ya da bunların hükümleri, iptal kararlarının Resmî Gazetede yayımlandığı tarihte yürürlükten kalkar. Gereken hallerde Anayasa Mahkemesi iptal hükmünün yürürlüğe gireceği tarihi ayrıca kararlaştırabilir. Bu tarih, kararın Resmî Gazetede yayımlandığı günden başlayarak bir yılı geçemez." denilmekte, 6216 sayılı Kanun'un 66. maddesinin (3) numaralı fıkrasında da bu kural tekrarlanmaktadır.

30. 26.9.2004 tarihli ve 5237 sayılı Türk Ceza Kanunu'nun, 18.6.2014 tarihli ve 6545 sayılı Kanun'un 59. maddesiyle değiştirilen 103. maddesinin (1) numaralı fıkrasının (a) bendinde yer alan "...tamamlamamış..." sözcüğü yönünden (1) numaralı fıkranın birinci ve ikinci cümlelerinin iptal edilmesi nedeniyle doğacak hukuksal boşluk kamu yararını ihlal edecek nitelikte görüldüğünden, Anayasa'nın 153. maddesinin üçüncü fıkrasıyla 6216 sayılı Kanun'un 66. maddesinin (3) numaralı fıkrası gereğince bu sözcüklere ilişkin iptal hükmünün, kararın Resmî Gazete'de yayımlanmasından başlayarak altı ay sonra yürürlüğe girmesi uygun görülmüştür.

V- HÜKÜM

26.9.2004 tarihli ve 5237 sayılı Türk Ceza Kanunu'nun, 18.6.2014 tarihli ve 6545 sayılı Kanun'un 59. maddesiyle değiştirilen 103. maddesinin;

A- 1- (1) numaralı fıkrasının (a) bendinde yer alan "... tamamlamamış..." sözcüğü yönünden (1) numaralı fıkranın birinci ve ikinci cümlelerinin Anayasa'ya aykırı olduğuna ve İPTALİNE, Engin YILDIRIM, Osman Alifeyyaz PAKSÜT, Alparslan ALTAN, Erdal TERCAN, M. Emin KUZ ile Rıdvan GÜLEÇ'in karşıoyları ve OYÇOKLUĞUYLA, iptal hükmünün, Anayasa'nın 153. maddesinin üçüncü fıkrası ile 6216 sayılı Kanun'un 66. maddesinin (3) numaralı fıkrası gereğince, KARARIN RESMÎ GAZETE'DE YAYIMLANMASINDAN BAŞLAYARAK ALTI AY SONRA YÜRÜRLÜĞE GİRMESİNE, OYBİRLİĞİYLE,

2- (1) numaralı fıkrasının (a) bendinde yer alan "... tamamlamamış..." sözcüğü yönünden (1) numaralı fıkranın birinci ve ikinci cümleleri dışında kalan bölümünün Anayasa'ya aykırı olmadığına ve itirazın REDDİNE, OYBİRLİĞİYLE,

B- (3) numaralı fıkrasının (a) bendinin Anayasa'ya aykırı olmadığına ve itirazın REDDİNE, OYBİRLİĞİYLE,

26.5.2016 tarihinde karar verildi.

Başkanvekili Burhan ÜSTÜN	Başkanvekili Engin YILDIRIM

Üye Serdar ÖZGÜLDÜR	Üye Serruh KALELİ	Üye Osman Alifeyyaz PAKSÜT
Üye Alparslan ALTAN	Üye Celal Mümtaz AKINCI	Üye Erdal TERCAN
Üye Muammer TOPAL	Üye M.Emin KUZ	Üye Hasan Tahsin GÖKCAN
Üye Kadir ÖZKAYA	Üye Rıdvan GÜLEÇ	

KARŞIOY GEREKÇESİ

5237 sayılı Türk Ceza Kanununun, 18/6/2014 tarihli ve 6545 sayılı Kanun'un 59. maddesiyle değiştirilen 103. maddesinin birinci fıkrasının (a) bendinde yer alan "... tamamlamamış..." sözcüğü yönünden fıkranın birinci ve ikinci cümlelerinin iptaline karar verilmiştir.

İptal kararında, Anayasa Mahkemesinin 5237 sayılı Kanunun 103. maddesinin ikinci fıkrasının iptaline ilişkin 12/11/2015 tarihli ve E.2015/26, K.2015/100 sayılı Kararındaki gerekçelere atıf yapılarak ve anılan iptal gerekçelerinin itiraz konusu bu kural bakımından da geçerli olduğu belirtilerek, kuralın ölçüsüz bir yaptırım öngördüğü gerekçesiyle hukuk devleti ilkesine aykırı olduğuna hükmedilmiştir.

Yukarıda belirtilen iptal kararına ilişkin karşıoy gerekçemizde açıklanan sebeplerle, çoğunluğun iptal yönündeki bu kararına da katılmıyoruz.

Başkanvekili
Engin YILDIRIM

Üye	Üye
M.Emin KUZ	Rıdvan GÜLEÇ

KARŞIOY GEREKÇESİ

1. 5237 sayılı Türk Ceza Kanunu'nun 6545 sayılı Kanunla değiştirilen 103. maddesinin (1) numaralı fıkrasının, aynı fıkranın (a) bendinde yer alan "...tamamlamamış..." sözcüğü yönünden Anayasa'nın 2. maddesine aykırılık gerekçesiyle iptaline katılmamaktayım.

2. Çocuğun cinsel yönden istismarını düzenleyen (1) numaralı fıkrada suçun temel cezası sekiz yıldan on beş yıla kadar hapis olarak belirlenmiş; cinsel istismarın sarkıntılık düzeyinde kalması halinde ise üç yıldan sekiz yıla kadar hapis cezası verilmesi, sarkıntılık suçunun failinin çocuk olması halinde de soruşturma ve kovuşturma yapılmasının mağdurun, velisinin veya vasisinin şikayetine bağlı olması öngörülmüştür.

3. Fıkradaki düzenleme, gerek cezası sekiz yıldan on beş yıla kadar hapis olan temel suçu işleyen, gerek ikinci cümlede düzenlenen sarkıntılık suçunu işleyen failin kendisinin de çocuk olması halinde ayrı bir ceza indirimi söz konusu olup olmayacağını kapsamamaktadır. İkinci cümlede yer alan ve failin çocuk olması halinde suçun soruşturma ve kovuşturmasının şikayete bağlı olacağını öngören düzenleme ise esasen failin lehine olup, Anayasaya aykırılık itirazlarının ve

iptal gerekçelerinin dışında kalmaktadır. Buna göre, fıkradaki düzenlemenin faillerle değil mağdurlarla ilgili olduğu açıktır.

4. Yasa koyucu, şüphesiz, faillerle ilgili olarak da yaş esasına göre farklı düzenlemeler yapabilir ve yapmalıdır. Bu vesileyle, Anayasa Mahkemesinin 11.12.2015 tarihli ve 29559 sayılı Resmî Gazete'de yayımlanan E:2015/26, K:2015/100 sayılı kararına ilişkin farklı gerekçemizde yer alan, 5237 sayılı Türk Ceza Kanununun 103. maddesinin (2) numaralı fıkrasının öngördüğü on altı yıldan aşağı olmayan hapis cezasının, kendisi de çocuk olan failler yönünden ölçüsüz ve dolayısıyla Anayasa'ya aykırı olduğu yolundaki görüş ve düşüncelerimi aynen muhafaza ettiğimi belirtmek isterim.

5. Fiilin farklı yaş kategorilerindeki mağdurlara karşı işlenişi, failin de küçük olması, mağdurun ve failin yaşça yakın olması, fiilden sonra mağdurun yaşının ikmali ile cinsel istismar halinin resmi evlilikle sonuçlanması gibi farklı durumların ölçülülük, hakkaniyet ve onarıcı adalet ilkeleri çerçevesinde düzenlenmesine ihtiyaç bulunduğu açıktır. Öte yandan, bu düzenlemelerin yasa koyucunun benimsediği yasa yapma tekniği kapsamında, aynı yasanın farklı madde, fıkra ve bentlerinde, hatta ayrı yasalarda yapılmasına bir engel bulunmamaktadır. Bu yönden, iptal edilen 103. madde (1) numaralı fıkra hükmü, Anayasa'ya aykırı değil, sadece eksik bir düzenlemedir.

6. Her ne kadar Anayasa Mahkemesi çoğunluğunca "... tamamlamamış..." sözcüğü yönünden iptal edilen (1) numaralı fıkrada bazı özel durumların düzenlenmemiş olmasının bazı durumlarda somut olayın özellikleriyle bağdaşmayacak ve suçla yaptırım arasında bulunması gereken adil dengeyi ortadan kaldıracak ölçüde ağır cezaların verilmesi sonucunu ortaya

çıkarabilecek olması hukuk devleti ilkesine aykırı görülmüş ise de; bu tür sonuçların soyut kuralı Anayasa'ya aykırı hale getirmeyeceği ve bu eksik düzenlemelerin, kural iptal edilmeksizin de giderilebileceği açıktır.

7. Bu kez verilen iptal kararı, on beş yaşını tamamlamamış çocuklara karşı işlenebilecek cinsel istismar suçlarının sekiz yıldan on beş yıla kadar hapisle cezalandırılmasını öngören kuralın failin yaşı yönünden değil, mağdurun yaşı yönünden (on beş yaşını tamamlamamış) iptaline ilişkindir. Ancak iptal gerekçelerinde bazı çelişkiler bulunduğuna da işaret etmek kaçınılmazdır. Nitekim muhterem çoğunluğun gerekçesinde cinsel istismar suçuna verilecek cezaların gerek faillerin gerek mağdurların yaşı yönünden bir farklılaştırmaya tabi tutulması görüşü benimsenmiş ise de salt iptal kararı, yaşı küçük olan faillere yönelik genel ve hakkaniyete uygun bir çözüm getirilmesini sağlamadığı gibi, örneğin 12-13 yaşındaki çocuğa yönelik olarak 40-50 yaşlarındaki failin işleyebileceği bir cinsel istismar suçuna da sekiz yıl hapsi çok görmek suretiyle, toplumda infial yaratacak sonuçların önünü açmaktadır. Anayasa Mahkemesinin iptalden muradının bu olmadığına şüphe duymamaktayım. Ancak yasa koyucu yeni bir düzenleme yapmadığı takdirde ortaya çıkacak sonuç budur. Nitekim bu tür sakıncaların önlenebilmesi düşüncesiyle, iptal kararının Resmî Gazete'de yayımlanmasından altı ay sonra yürürlüğe girmesi öngörülmüştür.

8. Hukuk sistemimizde cinsel suç ve cezalardaki adaletsizliklerin 5237 sayılı Türk Ceza Kanunu'ndaki madde, fıkra ve bentler üzerinde münferit değişikliklerle, tepkisel yasalarla düzeltilemeyeceği, konunun çözümü için tüm toplum kesimlerinin desteğini sağlayacak, kapsamlı, dengeli ve ölçülü bir

yasama faaliyetinin gerekli olduğu, iptale konu kuralın salt suçun temel haline ilişkin olması nedeniyle soyut kural vasfıyla Anayasa'nın 2. maddesine aykırılık içermediği, dolayısıyla iptali gerekmediği, yasa koyucunun suçun temel halini düzenleme yetkisi içerisinde kaldığı, somut ve özel durumlara ilişkin yeni kurallar konulması gerekmekle birlikte bu hususun iptal hükmü ile sağlanamayacağı düşüncesiyle, muhterem çoğunluğa katılmamaktayım.

Üye
Osman Alifeyyaz PAKSÜT

KARŞIOY YAZISI

1. 26.9.2004 tarihli ve 5237 sayılı Türk Ceza Kanunu'nun, 18.6.2014 tarihli ve 6545 sayılı Kanun'un 59. maddesiyle değiştirilen 103. maddesinin (1) numaralı fıkrasının (b) bendi dışında kalan bölümünün iptali istemiyle yapılan başvuruda, çoğunluk görüşü doğrultusunda (1) numaralı fıkrasının (a) bendinde yer alan "...tamamlamamış..." sözcüğü yönünden maddenin (1) numaralı fıkrası Anayasa'nın 2. maddesine aykırı bulunarak iptaline karar verilmiştir.

2. 5237 sayılı Kanun'un 6545 sayılı Kanun'un 59. maddesiyle değiştirilen 103. maddesinin birinci fıkrasının itiraz konusu sözcüğün yer aldığı (1) numaralı fıkrası şöyledir;

"(1) Çocuğu cinsel yönden istismar eden kişi, sekiz yıldan on beş yıla kadar hapis cezası ile cezalandırılır. Cinsel istismarın sarkıntılık düzeyinde kalması hâlinde üç yıldan sekiz yıla kadar hapis cezası verilir. Sarkıntılık düzeyinde kalmış suçun failinin çocuk olması hâlinde soruşturma ve kovuşturma yapılması mağdurun, velisinin veya vasisinin şikâyetine bağlıdır. Cinsel istismar deyiminden;

a) On beş yaşını tamamlamamış veya tamamlamış olmakla birlikte fiilin hukuki anlam ve sonuçlarını algılama yeteneği gelişmemiş olan çocuklara karşı gerçekleştirilen her türlü cinsel davranış,

b) Diğer çocuklara karşı sadece cebir, tehdit, hile veya iradeyi etkileyen başka bir nedene dayalı olarak gerçekleştirilen cinsel davranışlar, anlaşılır."

3. 6545 sayılı Kanun'un genel gerekçesinin itiraz konusu kuralla ilgili bölümleri şöyledir;

"... Öte yandan, çocukların ve kadınların toplum içinde maruz kaldıkları cinsel şiddet, bu kişileri ve toplumu olumsuz yönde etkilemektedir. Cinsel dokunulmazlığa karşı işlenen suçların mağdurlarının, özellikle çocukların ikincil örselenmesini asgariye indirmek ve maruz kaldıkları fiille ilgili soruşturma ve kovuşturma makamları önünde tekrar tekrar ifade vermelerini engellemek gerekmektedir. Hukuk devletinin temel amaçlarından olan bireyin korunması ilkesi, toplumda sosyal güvenliğin ve sosyal adaletin sağlanması yoluyla gerçekleştirilebilmektedir. Türk Ceza Kanununun "Cinsel Dokunulmazlığa Karşı Suçlar" Bölümünde yer alan 102, 103, 104 ve 105 inci maddelerinde, cinsel saldırı, çocukların cinsel istismarı, reşit olmayanla cinsel ilişki ve cinsel taciz suçlarına yer verilmiştir. Bununla birlikte, söz konusu Kanunun yaklaşık dokuz yıllık uygulamasında, belirtilen suçlarla ilgili bir takım sorunların ortaya çıktığı tespit edilmiştir. Bu sorunların çözümü amacıyla cinsel dokunulmazlığa karşı suçlar yeniden düzenlenmekte ve bu suçlar için öngörülen cezalar önemli ölçüde artırılmaktadır..."

4. Açıkça belirtildiği gibi itiraz konusu sözcüğün de içerisinde yer aldığı madde geçmiş dokuz yıllık uygulamada ortaya çıkan sorunların çözümü amacıyla cinsel dokunulmazlığa karşı suçlar kanun koyucu tarafından yeniden düzenlenmiş bulunmaktadır.

5. Anayasa'nın 2. maddesinde belirtilen hukuk devleti, eylem ve işlemleri hukuka uygun, insan haklarına saygılı, bu hak ve özgürlükleri koruyup güçlendiren, her alanda adaletli bir hukuk düzeni kurup bunu geliştirerek sürdüren, Anayasa'ya aykırı durum ve tutumlardan kaçınan, Anayasa ve hukukun üstün kurallarıyla kendini bağlı sayan, yargı denetimine açık olan devlettir.

6. Anayasa Mahkemesinin kararlarında da belirtildiği üzere, hukuk devletinde, ülkenin sosyal, kültürel yapısı, etik değerleri ve ekonomik hayatın gerekleri dikkate alınarak ceza siyasetinin belirlenmesi yetkisi kanun koyucuya aittir. Yasama organı, bu yetkisini kullanırken ceza hukuku alanında yapacağı düzenlemelerde hangi fiillerin cezalandırılacağı ve bu cezaların türleri ile ölçüleri konusunda takdir yetkisine sahiptir.

7. Hukuk devletinde ceza hukukuna ilişkin düzenlemelerde Anayasa'ya ve ceza hukukunun temel ilkelerine bağlı kalmak koşuluyla hangi eylemlerin kabahat sayılacağı, bunlara uygulanacak yaptırımın türü ve ölçüsü gibi konularda kanun koyucu takdir yetkisine sahiptir. Kanun koyucu bu yetkisini kullanırken suç ve ceza arasındaki adil dengenin korunmasını da dikkate almak zorundadır. Ancak, suçları sadece somut olayların özelliklerini veya faillerin eylemlerini esas alarak ve bu eylemler için öngörülen ceza miktarlarını kıyaslayarak suç ve ceza arasında adil denge bulunup bulunmadığı konusunda bir karar vermek sorunu tek yönlü ya da eksik olarak ele almak anlamına gelir.

8. Suç ve ceza arasında adalete uygun bir oranın bulunup bulunmadığının saptanmasında herhangi bir suç için konulmuş ceza ile yapılacak bir kıyaslamanın değil, ceza siyaseti yanında

o suçun toplumda yarattığı etkinin de dikkate alınması gerekir. Cezanın belirlenmesinde suçtan zarar görenin kişiliği ve ona verilen zararın azlığı veya çokluğu da etkilidir.

9. İtiraz konusu başvuruya ilişkin çoğunluğun iptal gerekçesi bu ilkeler ışığında değerlendirildiğinde, öncelikle çoğunluk tarafından Anayasaya aykırı olduğu gerekçesiyle iptaline karar verilen "...tamamlamamış..." ibaresinin içerisinde bulunduğu kural doğrudan ceza öngörmemekte, "cinsel istismar" deyiminden ne anlaşılması gerektiğini tanımlamaktadır.

10. Çoğunluk gerekçesinde, "...itiraz konusu kuralın.... bazı durumlarda somut olayın özellikleriyle bağdaşmayacak ve suçla yaptırım arasında bulunması gereken adil dengeyi ortadan kaldıracak ölçüde ağır cezaların verilmesi sonucunu ortaya çıkarabilecek bir niteliğe sahip bulunduğu....", "..Bu nedenle kuralda belirlenen ceza miktarının, bu ceza ile ulaşılmak istenen amacı her somut olayda gerçekleştirebilecek orantıda ve ölçüde olduğu(nun söylenemeyeceği)..." belirtilerek kuralın iptaline karar verilmiştir. Oysa, kanun koyucu Kanunun yaklaşık dokuz yıllık uygulamasında belirtilen suçlarla ilgili ortaya çıkan sorunları çözmek amacıyla kuralın yeniden düzenlendiğini ve aynı nedenle bilinçli olarak bu suçlar için öngörülen cezaların önemli ölçüde artırıldığını gerekçede açıkça ifade etmiş bulunmaktadır. Bu durum karşısında Çoğunluk gerekçesi kanun koyucunun takdir alanına müdahale ederek, onu ortaya çıkan sorunların çözümü için "bu ceza ile ulaşılmak istenen amacı her somut olayda gerçekleştirebilecek orantıda ve ölçüde" yeni bir düzenleme yapmaya zorlamaktadır.

11. Bilindiği üzere kanunlar geneldir; yani kanun, yalnızca belli bir kişiyi veya belli bir olayı değil, aynı durumda olan bütün kişileri ve aynı nitelikleri taşıyan bütün olayları içine alır.

Kanunun suç saydığı bir eylemin çeşitli kimselerce işlenmesinin etki ve sonuçları arasında türlü ağırlık dereceleri bulunabilir. Bu nedenle kanun koyucu tarafından mahkemeye cezayı eylemin ağırlık derecesine göre ayarlama imkânının tanınması gereklidir. Bunun başlıca yolu cezanın aşağı ve yukarı hadlerini kanunda göstermek ve bu iki had arasında mahkemeye takdir yetkisi tanımaktır. Ancak eylemi, ağırlık bakımından derecelendirme imkânı varsa böyle bir durumda eylemin ağırlık dereceleriyle cezalar arasında kanunda doğrudan doğruya ilişki kurmak gibi bir ikinci bir yola da başvurabilir.

12. İtiraz konusu kurallarla, kanun koyucu takdir yetkisi kapsamında on beş yaşını tamamlamamış çocukları cinsel yönden istismar edenler hakkında ceza yaptırımı öngörmektedir. Cinsel istismar suçu için mağdur çocuklar bakımından onbeş onsekiz yaş arası ile onbeş yaşın altı şeklinde ikili bir ayrım yapılarak onbeş yaşın altındaki tüm çocukların, yeterli psikolojik ve fiziki olgunluğa ulaşmamış olmaları nedeniyle kendilerine yönelik olarak yapılan cinsel davranışların anlamını ve ağırlığını idrak etmelerinin mümkün olmadığı kabul edilmiş, on beş yaşın altındaki her yaştaki çocuğun kendilerine karşı yapılacak cinsel davranışlara ilişkin rızaları geçersiz sayılmıştır. Bu suretle kanun koyucu onbeş yaşın altındaki çocukları mutlak bir koruma altına almaktadır. Kuralların, cinsiyet ayrımı gözetilmeksizin tüm çocukların cinsel dokunulmazlığı ile beden ve ruh bütünlüğünün etkin bir şekilde korunmasını sağlamayı amaçladığı anlaşılmaktadır.

13. Kanun koyucu itiraz konusu kurallarla, suçun niteliğini, mağdurun yaşını ve mağdurda oluşan zararı gözeterek cinsel istismar suçunu cinsel saldırı suçundan ayrı bir suç olarak belirledikten sonra söz konusu fiiller hakkında sekiz yıldan on beş yıla kadar hapis cezası ile cinsel istismarın sarkıntılık düzeyinde

kalması hâlinde üç yıldan sekiz yıla kadar hapis cezası verileceğini öngörmek suretiyle hem bir derecelendirme yapmış hem de cezanın aşağı ve yukarı hadlerini göstermek suretiyle hakime somut olayda uygulanmak üzere gerekli değerlendirme ve somutlaştırma imkanlarını sağlamıştır.

14. Anayasa'nın38. maddesinin ilk fıkrasında, "Kimse kanunun suç saymadığı bir fiilden dolayı cezalandırılamaz" denilerek "suçun kanuniliği", üçüncü fıkrasında da "ceza ve ceza yerine geçen güvenlik tedbirleri ancak kanunla konulur" denilerek, "cezanın kanuniliği" ilkesi getirilmiştir. Anayasa'da öngörülen suçta ve cezada kanunilik ilkesi, özgürlük ve insan haklarının gelişerek bireyin öne çıktığı günümüzde, ceza hukukunun da temel ilkelerinden birini oluşturmaktadır. Anayasa'nın 38.,Türk Ceza Kanunu'nun 2. maddesinde yer alan "suçta ve cezada kanunilik" ilkesi, hangi eylemlerin yasaklandığının ve bu yasak eylemlere verilecek cezaların hiçbir kuşkuya yer bırakmayacak biçimde yasada gösterilmesini, kuralın "açık", "anlaşılır" ve "sınırlarının bellіolması"nızorunlu kılar. Bu ilke, kişilerin yasak eylemleri önceden bilmeleri düşüncesine dayanmakta, böylece temel hak ve özgürlüklerin güvence altına alınmasını sağlamaktadır.

15. 765 sayılı Türk Ceza Kanunu'nu yürürlükten kaldıran 5237 sayılı Türk Ceza Kanunu, cinsel dokunulmazlığa karşı suçlar bakımından 765 sayılı Kanun'dan farklı düzenlemeler içermektedir. 765 sayılı Kanun'un "Cürümler" başlıklı İkinci Kitabının "Adabı umumiye ve nizamı aile aleyhine cürümler" başlıklı Sekizinci Babında yer alan cinsel suçlar, 5237 sayılı Kanun'un "Özel Hükümler" başlıklı İkinci Kitabının "Kişilere Karşı Suçlar" başlıklı İkinci Kısmının "Cinsel Dokunulmazlığa Karşı Suçlar" başlığını taşıyan Altıncı

Bölümünde düzenlenmiştir. Kanun koyucu 5237 sayılı Kanun kapsamında bu suçları düzenlerken, 765 sayılı Kanun'da geçen "ırza geçme, ırza tasaddi ve söz atma" kavramları yerine, mağdur veya mağdurenin yaşını esas almak suretiyle, ergin kişiler için "cinsel saldırı", çocuklar için "cinsel istismar" tanımlarını getirmiş; 102. maddeyle "cinsel saldırı" suçunu, 103. maddeyle de "çocukların cinsel istismarı" ve "sarkıntılık" suçunu yaptırıma bağlamıştır.

16. Anayasa'da olduğu gibi çocukların korunmasına yönelik tarafı olduğumuz uluslararası sözleşmeler ile tüm uluslararası metinlerde de çocukların cinsel istismarı ve cinsel sömürüsü hakkında etkili ve caydırıcı cezalar düzenlenmesi de dâhil olmak üzere devletlerin bu konuda gerekli tedbirleri almalarına özellikle vurgu yapılmaktadır. Bu bağlamda kanun koyucu itiraz konusu kurallarla, suçun niteliğini, mağdurun yaşını ve mağdurda oluşan zararı gözeterek cinsel istismar suçunu cinsel saldırı suçundan ayrı bir suç olarak belirledikten sonra söz konusu fiiller hakkında sekiz yıldan on beş yıla kadar hapis cezası ile cinsel istismarın sarkıntılık düzeyinde kalması hâlinde üç yıldan sekiz yıla kadar hapis cezası verileceğini, sarkıntılık düzeyinde kalmış suçun failinin çocuk olması hâlinde ise soruşturma ve kovuşturma yapılmasının mağdurun, velisinin veya vasisinin şikâyetine bağlı olacağını düzenlemiştir.

17. Kanun koyucu ayrıca suçun birden fazla kişi tarafından birlikte işlenmesi halinde, mağdurun, çaresizliği, savunmasızlığı ve mukavemetinin kolayca kırılabilmesi nedeniyle suçun çok daha kolay işlenebileceğini de dikkate alarak bu hali, suçun daha ağır cezayı gerektiren bir nitelikli unsuru olarak tanımlamış ve verilecek cezanın yarı oranında artırılacağını öngörmüştür.

18. Bununla birlikte kanun koyucu on beş yaşını doldurmuş çocukların kendilerine yönelik gerçekleştirilen cinsel davranışlarda rızalarını geçerli saymış ve on beş yaşını doldurmuş ve fiilin anlam ve sonuçlarını algılama yeteneği gelişmiş çocuklara karşı gerçekleştirilen cinsel davranışın suç teşkil edebilmesi, eylemin rıza dışında cebir, tehdit, hile veya iradeyi etkileyen başka bir nedene dayalı olarak gerçekleştirilmesine bağlamıştır. Çocukların cinsel istismarına ilişkin olarak Türk Ceza Kanunu'nda yer alan bu düzenlemenin temelinde çocukları her türlü cinsel istismara karşı korumak amacı bulunmaktadır.

19. Çocukların cinsel istismara uğramalarını önlemeyi amaçlayan kanun koyucu, on beş yaşın altındaki tüm çocukların, yapılan cinsel davranışların anlamını ve ağırlığını idrak etmelerinin mümkün olmadığını kabul ederek ayrı bir yaş belirlememiş, on beş yaşın altındaki her yaştaki çocuğa karşı işlenen cinsel istismar suçu bakımından ceza miktarını aynı şekilde belirlemiştir.

20. Kanun koyucunun takdir yetkisi kapsamında, fiilin yol açması muhtemel zararları da göz önünde bulundurarak düzenlediği itiraz konusu kuralın, amaç ve araç arasında makul ve uygun bir ilişki kurduğu ve düzenlemenin amacına ulaşmaya elverişli ve orantılı olduğu anlaşıldığından kuralda hukuk devleti ilkesine aykırı bir yön bulunmamaktadır.

21. Çoğunluk gerekçesinde ifade edilen "ceza ile ulaşılmak istenen amacı her somut olayda gerçekleştirebilecek orantıda ve ölçüde" bir düzenlemenin nasıl yapılabileceği de ayrı bir tartışma konusudur. Şüphesiz başlı başına ceza kurallarının her somut olayda cezalandırma ile ulaşılmak istenen amacı gerçekleştirecek, hakkaniyetli ve ölçülü sonuçlar doğuracak

bir yapı içermesi istenen birşeydir. Ancak, kanun koyucudan uygulamada ve somut olaylarda ortaya çıkması muhtemel tüm olasılıklar için en ince ayrıntısına kadar düzenleme yapmasının istenmesi kanun kavramına aykırı olacağı gibi insan davranışlarının öngörülemezliği dikkate alındığında pek mümkün de değildir.

22. Öte yandan, olması gereken açısından bir düzenlemenin öngörülen amaçları daha etkili olarak gerçekleştirmesi için farklı biçimde düzenlenmesi gerektiği söylenebilir. Ancak bir kuralın Anayasa'ya aykırılığı değerlendirilirken kamu yararı ölçütü bakımından Anayasa Mahkemesinin yapacağı inceleme yalnızca düzenlemenin kamu yararı amacıyla yapılıp yapılmadığı ile sınırlıdır. Getirilen düzenleme ile kamu yararının gerçekleşip gerçekleşmeyeceğini denetlemenin anayasa yargısıyla bağdaşmayacağı, bunun kanun koyucunun takdirinde olduğu açıktır. Buna göre kanun koyucunun takdir yetkisine dayanarak ve mağdurun yaşı ve meydana gelen neticeyi dikkate alarak yaptığı itiraz konusu düzenlemenin hukuk devleti ilkesine aykırı bir yönüyoktur.

23. Açıklanan nedenlerle, itiraz konusu ibarenin içerisinde bulunduğu kuralın kanun koyucunun takdir yetkisi kapsamında olup Anayasa'ya aykırı bulunmadığı ve başvurunun reddine karar verilmesi gerektiği düşüncesiyle iptale yönelik çoğunluk kararına katılmadık.

Üye
Alparslan ALTAN

Üye
Erdal TERCAN

TCK MADDE 104'TEKİ 5 YAŞ FARK KURALININ İPTAL GEREKÇESİ TAM METİN

(ANAYASA MAHKEMESİ)

İTİRAZ YOLUNA BAŞVURAN MAHKEME :

1- Akdağmadeni Sulh Ceza Mahkemesi (Esas : 2005/103)

2- Çorlu Sulh Ceza Mahkemesi (Esas : 2005/117)

3- Sandıklı Asliye Ceza Mahkemesi (Esas : 2005/140)

İTİRAZLARIN KONUSU: 26.9.2004 günlü, 5237 sayılı Türk Ceza Kanunu'nun 104. maddesinin (2) numaralı fıkrasının, Anayasa'nın 10. ve 41. maddelerine aykırılığı savıyla iptali istemidir.

I – OLAY

Aralarında beş yaştan fazla fark bulunan onbeş yaşını bitirmiş çocukla rızasıyla cinsel ilişkide bulunmak suçundan açılan kamu davalarında, itiraz konusu kuralın Anayasa'ya aykırı olduğu kanısına varan Mahkeme'ler iptali için başvurmuşlardır.

II – İTİRAZIN GEREKÇESİ

Başvuran Mahkeme'ler gerekçelerinde, itiraz konusu madde ile failin mağdurdan beş yaştan daha büyük olmasının cezayı artırım nedeni kabul edilerek şikayet koşulu aranmayacağının öngörülmesinin, aynı suçu işleyen kişiler arasında farklı ceza uygulanmasına yol açtığını, yasa önünde eşitlik ilkesinin amacının, hukuksal durumları aynı olanların yasalar karşısında aynı işleme bağlı tutulmalarını sağlamak, ayrım yapılmasını önlemek olduğunu, suçun mağdurunun irade serbestisine sahip olup olmadığının tespiti için yaş unsurunun büyük önem taşıdığını, özellikle çocuğun her türlü cinsel sömürüye ve cinsel suistimale karşı korunmasına yönelik düşüncenin hayata geçirilmesi için mağdurun yaşının esas alınmasının toplumsal, bilimsel, ahlaki ve hukuki bir gereksinimden kaynaklandığını, onsekiz yaşından büyük sanığın yaşının, suçun cezasının miktarını ve kovuşturulma şartlarını belirlemede hangi haklı gerekçeye dayandırıldığının anlaşılamadığını, aynı suçu işleyen faillerin mağdur ile aralarındaki yaş farkından ötürü farklı cezalar almalarını düzenleyen kuralın eşitlik ilkesiyle bağdaşmadığını, Anayasa'nın 41. maddesinde, aile toplumun temeli kabul edilerek aile bireylerinden ana ve çocuğun korunması ve ailenin huzurunun sağlanması ile devletin yükümlü tutulduğunu, Medeni Kanunun 124. maddesine göre, onyedi yaşını dolduran erkek ve kadının yasal temsilcilerinin izni ile onaltı yaşını dolduran kişilerin ise hakim kararıyla evlenmelerinin olanaklı kılındığını, onbeş yaşını tamamlamış olan bir kadınla aralarında beş yaştan fazla fark olan bir erkeğin rızayla ilişkide bulunmaları, hatta çocuklarının olması halinde, sanığın mağdur taraf şikayet etmese de itiraz konusu hüküm nedeniyle cezalandırılacağını, böylece, Medeni Kanun yönünden sakıncası olmayan bir birlikteliğin, Ceza Yasası ile soruşturulması ve kovuşturulması şikayete bağlı olmayan bir suç kabul edilmesinin, eşin cezaevine girmesine, anne ve çocuğun korunmadan yoksun kalmasına ve belki de ailenin parçalanmasına yol açacağını belirterek kuralın, Anayasa'nın 41. maddesine de aykırı olduğunu ileri sürmüşlerdir.

III - YASA METİNLERİ

A - İtiraz Konusu Yasa Kuralı

5237 sayılı Türk Ceza Kanunu'nun itiraz konusu fıkrayı da içeren 104. maddesi şöyledir :

"**MADDE 104.**-(1) Cebir, tehdit ve hile olmaksızın, onbeş yaşını bitirmiş olan çocukla cinsel ilişkide bulunan kişi, şikayet üzerine, altı aydan iki yıla kadar hapis cezası ile cezalandırılır.

(2) Fail mağdurdan beş yaştan daha büyük ise, şikayet koşulu aranmaksızın, cezası iki kat artırılır."

B - İlgili Yasa Kuralı

Türk Ceza Kanunu'nun ilgili görülen 6. maddesi şöyledir:

"**MADDE 6-** (1) Ceza kanunlarının uygulanmasında;

...

b) Çocuk deyiminden; henüz onsekiz yaşını doldurmamış kişi,

...

Anlaşılır."

IV - İLK İNCELEME

Anayasa Mahkemesi İçtüzüğü'nün 8. maddesi gereğince değişik tarihlerde yapılan ilk inceleme toplantılarında, dosyalarda eksiklik bulunmadığından işin esasının incelenmesine oybirliği ile karar verilmiştir.

V – ESASIN İNCELENMESİ

Başvuru kararları ve ekleri, işin esasına ilişkin rapor, itiraz konusu ve ilgili görülen yasa kuralları, dayanılan ve ilgili görülen Anayasa kuralları ve bunların gerekçeleri ile diğer yasama belgeleri okunup incelendikten sonra gereği görüşülüp düşünüldü:

A – Birleştirme Kararı

5237 sayılı Türk Ceza Kanunu'nun 104. maddesinin (2) numaralı bendinde yer alan hükmün iptali istemiyle yapılan itiraz başvurularına ilişkin Esas:2005/117 ve Esas:2005/140 sayılı davaların, aralarındaki hukuki irtibat nedeniyle 2005/103 Esas sayılı dava ile BİRLEŞTİRİLMESİNE, birleştirilen davaların esaslarının kapatılmasına, esas incelemenin 2005/103 Esas sayılı dosya üzerinden yürütülmesine 10.10.2005 ve 23.11.2005 tarihlerinde OYBİRLİĞİYLE karar verilmiştir.

B – İtiraz Konusu Kuralın Anlam ve Kapsamı

5237 sayılı Türk Ceza Kanunu'nda kişilerin cinsel dokunulmazlığını ihlal eden eylemler, 765 sayılı Yasa'nın aksine genel ahlakı ve aile nizamını ilgilendiren ihlaller olarak değil, kişisel değerlere yönelik tecavüzler olarak nitelendirilerek özel hükümlere ayrılan İkinci Kitabın, "Kişilere Karşı Suçlar" başlıklı İkinci Kısmının Altıncı Bölümünde, "Cinsel dokunulmazlığa karşı suçlar" başlığı altında düzenlenmiştir.

Yasa'nın "Reşit olmayanla cinsel ilişki" başlıklı 104. maddesinin (1) numaralı fıkrasında, cebir, tehdit ve hile olmaksızın, onbeş yaşını bitirmiş olan çocukla cinsel ilişkide bulunan kişinin, şikayet üzerine cezalandırılacağı, itiraz konusu (2) numaralı fıkrada ise failin, mağdurdan beş yaştan daha büyük olması halinde, şikayet koşulu aranmaksızın cezanın iki kat artırılacağı belirtilmiştir. Buna göre, suçu işleyen kişi, mağdurdan beş yaştan daha büyük ise, şikayet olmasa da suç re'sen kovuşturularak kamu davası açılacak, suçun sübutu halinde de faile, maddenin (1) numaralı fıkrasında yazılı ceza iki kat artırılarak verilecektir.

5237 sayılı Yasa'nın 6. maddesinde, henüz onsekiz yaşını doldurmamış kişi "çocuk" olarak tanımlandığından 104. maddede düzenlenen suç, onbeş yaşını bitirip onsekiz yaşını doldurmamış çocukla rızasıyla cinsel ilişkide bulunmaktır.

Madde'de sanık ve mağdur yönünden cinsiyet ayrımı yapılmamıştır. Suçun oluşması için aranan ön koşul, mağdurun onbeş yaşını bitirmiş, onsekiz yaşını doldurmamış olmasıdır. Suçun maddi unsuru, çocuk sayılan kişi ile cinsel ilişkide bulunmak, manevi unsuru ise failin eylemi bilerek ve isteyerek gerçekleştirmesidir.

C – Anayasa'ya Aykırılık Sorunu

Başvuru kararında, itiraz konusu kuralın, aynı suçu işleyenler arasında farklı ceza uygulamalarına yol açtığı, yasa önünde eşitlik ilkesinin amacının, hukuksal durumları aynı olan kişilerin, yasalar karşısında aynı işleme bağlı tutulmalarını sağlamak, ayrım yapılmasını ve ayrıcalık tanınmasını önlemek olduğu, aynı suçu işleyen failler için mağdur ile aralarındaki yaş farkı nedeniyle ayrı cezalar öngörülmesinin, eşitlik ilkesiyle bağdaşmadığı, tarafların evlenmeleri durumunda da eşin cezaevine girmesinin engellenememesinin ailenin parçalanmasına yol açacağı belirtilerek Kural'ın, Anayasa'nın 10. ve 41. maddelerine aykırı olduğu ileri sürülmüştür.

Başvuran Mahkeme tarafından, Anayasa'nın 2. maddesi yönünden aykırılık savında bulunulmamış ise de, 2949 sayılı Anayasa Mahkemesinin Kuruluşu ve Yargılama Usulleri Hakkında Kanun'un 29. maddesine göre, Anayasa Mahkemesi kanunların, kanun hükmünde kararnamelerin ve Türkiye Büyük Millet Meclisi İçtüzüğü'nün Anayasa'ya aykırılığı hususunda ilgililer tarafından ileri sürülen gerekçelere dayanmaya mecbur değildir. Anayasa Mahkemesi taleple bağlı kalmak kaydıyla başka gerekçe ile de Anayasa'ya aykırılık kararı verebilir. Bu nedenle, itiraz konusu kural ilgisi nedeniyle Anayasa'nın 2. maddesi yönünden de incelenmiştir.

5237 sayılı Yasa'nın 104. maddesi uyarınca, suç tarihinde onbeş yaşını bitirmiş çocukla rızayla cinsel ilişki kuran faille ilişki kurduğu çocuk arasında beş yaştan az fark varsa, yakınma olmadığı ya da hükmün kesinleşmesinden önce vazgeçildiği takdirde, ilgili hakkında kovuşturma yapılmayacak ya da dava düşürülerek ceza verilmeyecek, aynı yaştaki mağdurla ilişkiye giren fail arasındaki yaş farkı beşten fazla ise, şikayet olup olmadığına bakılmaksızın fail hakkında kovuşturma açılarak suçun sübutu halinde temel ceza iki kat artırılacaktır. Bu durumda, onbeş yaşını bitirip onsekiz yaşını doldurmamış çocuğun, rızasıyla cinsel ilişkiye girdiği kişiyle arasında beş yaştan az fark olması halinde eylemin sonuçlarını kavrayacak bir sorumluluk duygusuna eriştiği kabul edilerek, suçun takibi şikayete bağlı tutulmasına karşın, aynı yaştaki çocuğun rızasıyla cinsel ilişkiye girdiği kişiyle arasında beş yaştan fazla fark olması halinde, eylemin sonuçlarını kavrayacak bir sorumluluk duygusuna erişmediği kabul edilerek, suçun takibi şikayete bağlı tutulmamaktadır.

Anayasa'nın 10. maddesinde yer verilen eşitlik ilkesi ile eylemli değil, hukuksal eşitlik öngörülmektedir. Eşitlik ilkesinin amacı, aynı durumda bulunan kişilerin yasalarca aynı işleme bağlı tutulmalarını sağlamak ve kişilere yasalar karşısında ayırım yapılmasını ve ayrıcalık tanınmasını önlemektir. Bu ilkeyle, aynı durumda bulunan kimi kişi ve topluluklara ayrı kurallar uygulanarak yasa karşısında eşitliğin çiğnenmesi yasaklanmıştır. Durum ve konumlardaki özellikler, kimi kişilcr ya da topluluklar için değişik kuralları gerekli kılabilir. Aynı hukuksal durumlar aynı, ayrı hukuksal durumlar farklı kurallara bağlı tutulursa Anayasa'nın öngördüğü eşitlik ilkesi çiğnenmiş olmaz. Nitelikleri ve durumları özdeş olanlar için yasalarla değişik kurallar konulamaz.

Anayasa'nın 2. maddesinde Cumhuriyet'in nitelikleri arasında sayılan hukuk devletinin de öncelikle eşitlik ve adaleti esas alan bir yapılanmayı öngördüğü kuşkusuzdur. Hukuk devletinin bu temel niteliklerini yaşama geçirmekle yükümlü olan yasa koyucunun, Anayasa'nın ve ceza hukukunun genel ilkelerine bağlı kalmak koşuluyla, cezalandırmada güdülen amacı, suç ve suçluların özelliklerini de gözeterek hangi eylemlerin suç sayılacağını, bunlara verilecek cezanın türünü, miktarını, artırım ve indirim nedenlerini, bunların oranları ile suçun takibine ilişkin yöntemleri belirleme konusunda takdir yetkisi bulunmakta ise de bu yetki kullanılırken suç ile ceza arasındaki adil dengenin korunması ve öngörülen cezanın, cezalandırmada güdülen amacı gerçekleştirmeye elverişli olması gibi hususların da dikkate alınması zorunludur.

Ceza hukukunda yasa önünde eşitlik ilkesinin uygulanması da kuşkusuz, aynı suçu işleyen tüm suçluların kimi özellikleri gözardı edilerek her yönden aynı kurallara bağlı tutulmalarını gerektirmemektedir. Mağdurun veya failin durumlarındaki farklılıklar bunlara değişik kurallar uygulanması sonucunu doğurabilir. Ancak, suçun takip şekli veya failin cezalandırılmasında esas alınan özellikleri, kuralla korunmak istenen hukuki yarar bakımından sonuca etkili değilse, bu durumda faillerin farklı durumda oldukları kabul edilerek aralarında ayrım yapılması eşitlik ilkesine aykırılık oluşturur.

İtiraz konusu kuralla faillerin, mağdurdan beş yaştan daha büyük olmaları halinde yakınma olup olmadığına bakılmaksızın iki kat fazla ceza ile cezalandırılmaları öngörülmüştür. Böylece, aynı yaştaki mağdurlarla cinsel ilişkide bulunan failler arasında sadece yaş farkına dayanan bir ayırım yapıldığı gibi, faille aralarındaki yaş farkının beşten az olması halinde suçun şikayete bağlı olarak takip edilip edilmemesi hususunda mağdurun iradesi esas alınıp, failin beş yaştan büyük olması durumunda ise, bu irade gözetilmeyerek mağdurlar yönünden de farklılık yaratılmıştır. Aynı yaşta olup, aynı eylemin tarafı olan mağdurlar arasında yapılan bu ayırım ile aynı yaştaki kişilere karşı aynı eylemi gerçekleştiren failler arasında sadece yaş farkına dayanılarak yapılan ayırımın, Kural'ın belli yaştaki çocukların cinsel dokunulmazlıklarını koruma amacını gerçekleştirmeye elverişli bulunmadığı ve adalet ilkeleriyle de bağdaşmadığı sonucuna varılmıştır.

Açıklanan nedenlerle kural, Anayasa'nın 2. ve 10. maddelerine aykırıdır. İptali gerekir.

Mehmet ERTEN Anayasa'nın 10. maddesi yönünden bu gerekçeye katılmamıştır.

Anayasa'nın 2. ve 10. maddelerine aykırı görülerek iptal edilen kuralın, Anayasa'nın 41. maddesi yönünden incelenmesine gerek görülmemiştir.

VI – SONUÇ

26.9.2004 günlü, 5237 sayılı "Türk Ceza Kanunu"nun 104. maddesinin (2) numaralı fıkrasının Anayasa'ya aykırı olduğuna ve İPTALİNE, Osman Alifeyyaz PAKSÜT'ün karşıoyu ve OYÇOKLUĞUYLA, 23.11.2005 gününde karar verildi.

Başkan Tülay TUĞCU	Başkanvekili Haşim KILIÇ

Üye Sacit ADALI	Üye Fulya KANTARCIOĞLU	Üye Ahmet AKYALÇIN
Üye Mehmet ERTEN	Üye A.Necmi ÖZLER	Üye Serdar ÖZGÜLDÜR
Üye Şevket APALAK	Üye Serruh KALELİ	Üye Osman Alifeyyaz AKSÜT

EK GEREKÇE

5237 sayılı Türk Ceza Kanunu'nun 104. maddesinin (2) numaralı fıkrasının Anayasa'ya aykırılığının, Anayasa'nın 10. maddesi yönünden incelenmesi;

Yasa koyucunun, ceza siyasetinin gereği olarak Anayasa'nın ve ceza hukukunun temel ilkelerine bağlı kalmak koşuluyla suç ve suçluların özelliklerini, cezalandırmada güdülen amacı dikkate alarak, hangi eylemlerin suç sayılacağını, bunlara verilecek cezanın tür ve miktarı ile artırım ve indirim nedenlerini, uygulanacak oranları ve suçun takibine ilişkin yöntemleri takdir yetkisini kullanarak belirleyebileceği hususunda duraksama bulunmamaktadır.

104. madde ile belli yaş grubu içindeki çocukların cinsel dokunulmazlıkları korunmak istenmektedir. Bunun için de cinsel dokunulmazlığı korunmak istenen çocukla fail arasındaki yaş farkına göre değişik kovuşturma usulü uygulanmakta ve farklı cezalar öngörülmektedir.

Yasa önünde eşitlik ilkesi, aynı suçu işleyen faillerin kimi özellikleri göz ardı edilerek her yönden ayrı kurallara bağlı tutulmalarını gerektirmez. Mağdur veya failin durumlarındaki farklılıklar bunlara değişik kurallar uygulanması sonucunu gerekli kılabilir. Nitekim, aykırılığı ileri sürülen kuralın da yer aldığı 104. maddede, cinsel dokunulmazlığı korunmak istenen çocukla fail arasındaki yaş farkı esas alınarak değişik kurallar uygulanması, hukuki yarar bakımından bir gereklilik olarak yasa koyucu tarafından öngörülmüştür. Buna göre, kural ile elde edilmek istenen hukuki yarar yaş farkına dayandırılmıştır. Artık, failler ile cinsel dokunulmazlıkları korunmak istenen çocuklar arasında yaş farkına dayanan eşitlik karşılaştırılması yapılamaz ve kural eşitlik ilkesi ile de ilişkilendirilemez.

Ancak; 104. madenin (1) ve (2) numaralı fıkralarında yer alan kuralların her ikisinin de cinsel dokunulmazlıkların koruması için getirildiği gözetildiğinde, itiraz konusu kuralda suç ile ceza arasında bulunması gereken adil dengenin diğer kurala göre korunamadığı ve bu yönüyle adalet duygularını zedeleyen düzenlemenin demokratik hukuk devleti ilkesine aykırı olduğu açıktır.

Bu nedenle Anayasa'nın 2. maddesine aykırı olan kuralın, Anayasa'nın ilgisini kurumadığım 10. maddesine de aykırı olduğu yönündeki karar gerekçesine katılmadım.

Üye
Mehmet ERTEN

KARŞIOY YAZISI

5237 sayılı Türk Ceza Kanunu'nun 104. maddesinin (2) numaralı fıkrasının, Anayasanın 10. ve 41. maddelerine aykırılığı savıyla iptali istenmiştir. Konu, aşağıda, Anayasanın gerek bu maddeleri, gerek diğer maddeleri açısından incelenmiştir.

I. İptali istenen yasa kuralının anlamı ve kapsamı:

Ceza hukukumuzda bir reform gerçekleştirmek amacıyla kabul edilerek yürürlüğe konan 5237 sayılı Türk Ceza Kanunu, mülga 765 sayılı Türk Ceza Kanunundan farklı olarak, cinsiyet ayrımına dayanan hükümlere yer vermemiş ve cinsellikle ilgili suçları, yasanın Altıncı Bölümünde "Cinsel Dokunulmazlığa Karşı Suçlar" başlığı altında, kişi özgürlüklerine saygılı bir yaklaşımla düzenlemiştir. Bölüm başlığından da anlaşılacağı üzere bu bölümde ceza yaptırımına bağlanan eylemler, kadın-erkek ayrımı yapılmaksızın, her şeyden evvel kişinin dokunulmazlığını ihlal eden eylemler olarak görülmüş, zaruri olmadıkça kişinin cinsel özgürlüklerine müdahale edilmezken, bir yandan da, vatandaşlarının tüm özgürlükleri ve dokunulmazlıkları gibi cinsel özgürlük ve dokunulmazlıklarını da korumayı asli görev bilen hukuk devletinin gereği olarak, bu suçların takibi bazı istisnalar dışında, resen takibe tabi tutulmuştur.

Bu kapsamda T.C.K.'nun 102. maddesinde yeralan cinsel saldırı suçu, aynı maddenin (1) fıkrasındaki eylemden ibaret kaldığı durumlarda verilecek ceza, şikayet üzerine, iki yıldan yedi yıla kadar hapis olduğu halde, aynı maddenin (2) numaralı fıkrasında unsurları belirtilen suça verilecek temel ceza, şikayet aranmaksızın, yedi yıldan oniki yıla kadar hapis olarak belirlenmiştir. Bununla birlikte, mezkur (2) fıkranın son cümlesinde, "Bu fiilin eşe karşı işlenmesi halinde, soruşturma ve kovuşturmanın yapılması mağdurun şikayetine bağlıdır" kuralı konularak, kısmen aile mahremiyetinin yani özel hayatın gizliliğinin korunması, kısmen de zorla girişilen ve eşlerden birinin cinsel dokunulmazlığını ihlal eden bir suçun varlığına rağmen faille mağdur arasındaki evlilik ilişkisinin devamına bir şans daha verilmesi amaçlanmıştır.

T.C.K.'nun 103. ve 104. maddelerinde ise, çocuklara yönelik cinsel suçlar, diğer bir deyişle çocukların cinsel dokunulmazlığına karşı suçlar düzenlenmiştir. Bilindiği gibi, çağdaş dünya standartları, 18 yaşını doldurmayan herkesi çocuk kabul etmektedir. Ceza Kanunumuzun 6. maddesinin (1) numaralı fıkrasının (b) bendine göre "Çocuk deyiminden; henüz onsekiz yaşını doldurmamış kişi" anlaşılır. Bu doğrultuda, "Çocukların cinsel istismarı" başlıklı 103. maddede, onbeş yaşını tamamlamamış veya tamamlamış olmakla birlikte fiilin hukuki anlam ve sonuçlarını algılama yeteneği gelişmemiş olan çocuklara karşı gerçekleştirilen cinsel eylemlerin niteliklerine ve doğurdukları neticelerin ya da faille mağdur arasındaki ilişkilerin derecesine göre, yedi değişik ceza sınırı öngörülmüş olup, bunlar üç yıl hapis ile onbeş yıl hapis arasında değişmektedir. Burada, suçun sonucunda mağdurun beden veya ruh sağlığının bozulması halinde, hükmolunacak hapis cezasının onbeş yıldan az olamayacağı; suçun mağdurun bitkisel hayata girmesine veya ölümüne neden olması durumunda ağırlaştırılmış müebbet hapis cezasına hükmolunacağı da öngörülmüştür. Dikkat edileceği üzere yeni Ceza Kanunu, onbeş yaşının altındaki çocuklarla girişilecek cinsel eylemi "ilişki" olarak dahi adlandırmamış; bunu tam bir istismar olarak görmüştür.

Onbeş yaşını bitirmiş, ancak onsekiz yaşını bitirmemiş çocuklarla girişilecek cinsel ilişki suçu ise, iptal istemine konu ikinci fıkrayı da içeren 104. maddede düzenlenmiştir. Bu madde, reşit olmayanla cinsel ilişkinin, cebir, tehdit ve hile olmaksızın gerçekleştirilmesini yine suç saymakla birlikte, hem cebir, tehdit ve hilenin yokluğu nedeniyle diğer suçlara oranla daha az ceza öngörmüş, hem de belirli bir şartın yani faille mağdur arasında yaş olarak yakınlığın mevcudiyeti halinde, gerek cezayı daha da azaltmak, gerek suçu şikayete bağlı hale getirmek suretiyle bu yaş grubundaki gençlerin özel hayatına ve cinsel özgürlüklerine daha hoşgörülü bir yaklaşım getirmiştir.

Ceza yasalarında, bilindiği gibi, suç sayılan bir eylem belirlendikten sonra, bu eylemin daha ağır cezayı gerektiren şiddet sebepli halleri ve cezayı azaltan veya takibini, şikayet gibi koşullara bağlayan, tahfif sebepli halleri ayrı fıkra veya bentler halinde düzenlenir. T.C.K.'nun 104. maddesinin anlamını incelerken ilk göz önünde tutulacak husus, bu maddede ceza yaptırımına bağlanan asıl suçun (2) numaralı fıkrada, indirim sebepli halinin ise (1) numaralı fıkrada düzenlenmiş olduğudur.

Maddenin kanun metninde yazılı hali şu şekildedir:

(1) Cebir, tehdit ve hile olmaksızın, onbeş yaşını bitirmiş olan çocukla cinsel ilişkide bulunan kişi, şikayet üzerine, altı aydan iki yıla kadar hapis cezası ile cezalandırılır.

(2) Fail mağdurdan beş yaştan daha büyük ise, şikayet koşuluaranmaksızın, cezası iki kat artırılır.

Maddenin daha açık, ancak bütün unsurları ve sonuçları aynı olacak şekilde şöyle yazılması da mümkündür:

(1) Cebir, tehdit ve hile olmaksızın, onbeş yaşını bitirmiş olan çocukla cinsel ilişkide bulunan kişi, birbuçuk yıldan altı yıla kadar hapis cezası ile cezalandırılır.

(2) Şu kadar ki, fail mağdurdan beş yaştan daha büyük değilse, takibat şikayete bağlı olur ve cezanın üçte ikisi indirilir.

Bu iki yazım tarzı arasında, suçun unsurları ve cezası bakımından hiçbir fark yoktur. Ancak yasadaki yazım şekli, ilk bakışta sanki reşit olmayan kişiyle cinsel ilişkide bulunmak suçu şikayete bağlı ve cezası hafif bir suç imiş; failin beş yaştan büyük olması halinde ise birdenbire cezası ölçüsüz biçimde ağırlaşıveren ve resen takibi yapılan bir suç imiş gibi bir izlenim verebilmektedir. İptale ilişkin itirazlar da özellikle bu noktada toplanmıştır. Ancak, maddeyi bu şekilde anlamaya olanak yoktur. Zira, o takdirde, temel suçu sadece 20-23 yaşları arasındaki kişiler (15-18 yaşları arasındaki mağdurla 5 yaş fark) işleyebilecek; her yaştaki diğer kişiler ise suçun ancak ağırlaştırılmış şeklini işleyebilecektir. Yasa koyucunun sadece 20-23 yaş arasındaki kişiler için bir suç ihdas ettiği, diğer herkes için de bunun ağırlaştırılmış şeklini öngördüğü tarzında bir anlayış, hukuk mantığına aykırıdır. Bu nedenle, "Reşit olmayanla cinsel ilişki" suçunun, aslında, T.C.K.'nun 104. maddesinin (1) numaralı fıkrasında değil, (2) numaralı fıkrasında düzenlenmiş olduğu açıktır. Yasa metninin farklı bir teknikle yazılmış olması bu gerçeği değiştirmez. İkinci fıkranın iptali, yasa koyucunun ceza siyasetinin gereği olarak kendi takdiri içinde aşamalı ve oranlı olarak düzenleyip uygun yaptırıma bağladığı eylemlerden birini suç olmaktan çıkartıp, bunun yerine aynı suçun özel nedenlerle öngörülmüş indirim sebepli haline verilebilecek cezanın, asıl suçun yaptırımı haline getirilmesi sonucunu doğurmuştur. İptal kararı, bu nedenle, Anayasanın 153. maddesinin ikinci fıkrasındaki "Anayasa Mahkemesi, bir kanun veya kanun hükmünde kararnamenin tamamını veya bir hükmünü iptal ederken, kanun koyucu gibi hareketle, yeni bir uygulamaya yol açacak biçimde hüküm tesis edemez" ilkesi açısından da sorgulanabilir. İptal edilen yasa kuralının karşılığı olan suç eski ceza kanununda "Cebren ırza geçen, küçükleri baştan çıkaran ve iffete taarruz edenler" başlıklı Sekizinci Bap 416. maddede düzenlenmiş ve faile, şikayet aranmaksızın, altı aydan üç seneye kadar hapis cezası verilmesi öngörülmüştü. Yeni ceza kanununda da, mağdurla yaş farkı beş yıldan az olanlar hariç, benzer bir düzenleme yapılmışken, iptal kararı sonucu bu düzenleme tersine çevrilmiş ve yeni bir uygulama yaratılmış olmaktadır.

İptal edilen ceza yasası kuralının herhangi bir yönden Anayasaya aykırı olup olmadığının incelenmesine geçilmeden önce, bu kuralın sosyal hukuk devletindeki işlevinin ne olduğu kadar, kuralın ortadan kaldırılmasının toplumsal, ahlaki ve hukuki sonuçlarının da göz önünde bulundurulması uygun olacaktır.

Öncelikle şunu belirtmek gerekir ki, reşit olmayan kişiyle cinsel ilişki, sadece mağdurun (veya kanuni temsilcilerinin) rızasına bırakılamayacak bir konudur. Hukuk devleti, vatandaşı olan çocuğu, gerektiğinde ana-babasına karşı da koruyan devlettir. Bu nedenle, liberal yaşam tarzını özümsemiş, ana-babanın çocukları üzerindeki denetiminin asgariye inmiş ve ahlaki konuların cinsellikle değil, kişinin toplumuna karşı, başta yasalara saygı gelmek üzere, hukuki ödevlerinin yerine getirilmesiyle ölçülmesinin temel ahlaki standart haline gelmiş olduğu Batılı çağdaş toplumlarda dahi, reşit olmayanlarla cinsel ilişki suçu kamu adına takip edilerek, çoğu kez ağır yaptırımlara bağlanabilmekte, faillere on yıllara varan cezalar verilebilmektedir. Çağdaş laik ahlaktan henüz nasibini alamamış, kadın-erkek eşitliğinden uzak, kız çocuklarının okutulmadığı, feodal değer ve törelerin geçerli olduğu toplumlarda ise, çağdaş hukuka göre çocuk sayılan kızların, törelere göre gerçekleştirilen ve daha ziyade bir alım-satım niteliği taşıyan evlendirmeler sonucunda, kişiliğini geliştirme, eğitim, bilim ve hatta siyasi haklarını kullanmaktan fiilen mahrum bırakılarak, ikinci sınıf bireyler haline getirilmeleri maalesef bir türlü önü alınamayan bir olgudur. Ekonomik sorunların ağır bastığı, fakirlik, örgütlü suçlar ve kural tanımazlık gibi olumsuzlukların hakim olduğu kimi toplumlarda ise, suç örgütlerinin de devreye girmesiyle, çocuk yaşta pek çok kızların fuhşa sürüklendiklerini, üstelik bu olgunun görüldüğü ülkelere sırf bu amaçla seks turlarının düzenlendiğini, uluslar arası yazılı ve görsel basında kimi zaman izlemekteyiz. Öte yandan, gerek gelişmiş, gerek sosyo-ekonomik bakımdan geri kalmış durumdaki toplumların hepsinde, çocuk yaştaki kişilerin istenmeyen gebelikler sonucu dünyaya getirdikleri ve kendilerinin bakamamaları nedeniyle topluma ve devlete bir sorun olarak devrettikleri çocuklar, bu gibi bilinçsiz cinsel eylemlerin sonucudur.

Toplumumuzun kısmen dahi olsa bu gibi olumsuzluklara maruz kalmaması için, Anayasamızın 5.maddesinde sayılan Devletin temel amaç ve görevleri arasındaki "kişilerin ve toplumun refah, huzur ve mutluluğunu sağlamak; kişinin temel hak ve hürriyetlerini, sosyal hukuk devleti ve adalet ilkeleriyle bağdaşmayacak surette sınırlayan siyasal, ekonomik ve sosyal engelleri kaldırmaya, insanın maddi ve manevi varlığının gelişmesi için gerekli şartları hazırlamaya çalışmak" görevini yerine getirirken çocukları, ister töreden, ister ekonomik koşullardan kaynaklansın her türlü istismardan koruması mutlak bir zorunluluktur. Anayasamızın 41. ve 58. maddeleri de bunu doğrulamaktadır. Bu nedenle, reşit olmayanlarla cinsel ilişkiye devletçe müdahalenin sadece cebir, tehdit ve hilenin saptanması ya da şikayet yapılması koşullarında mümkün olabilmesi, Devleti, bu görevlerini yerine getirmekte güçlüklerle karşı karşıya bırakır. Ana-babasının yeterince ilgilenmediği, dahası, kötü niyetli olduğu veya aile geçimsizlikleri nedeniyle evini terk etmiş bir çocuğun şikayet hakkını kullanması ne derece geçerli olabilir? Kaldı ki failin çeşitli yollarla şikayeti geri aldırtması ve bu nedenle, T.C.K.'nun 73. maddesi gereğince, faile ceza verilememesi güçlü bir olasılıktır. Bu nedenlerle, Devlet şayet 15-18 yaş grubundaki bu gençleri korumak istiyorsa, ilke olarak suçun takibi şikayete bağlı olmamalıdır. T.C.K.'nun 104. maddesinin (2) numaralı fıkrasının iptali, geriye kalacak (1) fıkranın yukarıda açıklanan amaçların yerine getirilmesi açısından yetersiz kalacak olması nedeniyle, kamu yararına aykırı sonuçlar doğuracaktır.

Hukuk devleti ve sosyal devlet kavramları adına bu genel hususlara zorunlu olarak değinildikten sonra, iptali istenen kurala yapılan, Anayasanın eşitlik ilkesine, aile kurma hakkına, aile hayatının ve özel hayatın gizliliğine aykırılık ya da ölçüsüzlük gibi itirazları ayrı ayrı ele almak uygun olacaktır.

II. Eşitlik ilkesine aykırılık iddiası açısından:

Anayasamızın 10. maddesinde yer alan "Kanun önünde eşitlik" ilkesinin anlamı, Anayasa Mahkemesinin pek çok kararında açıklanmış ve uzun yıllar zarfında aynı şekilde anlaşılarak, tam bir istikrar kazanmıştır. Buna göre eşitlik, kişiler arasında eylemli eşitlik olmayıp, aynı hukuki konumda bulunan kişilerin arasında gözetilmesi gereken eşitliktir. Haklı nedenlerle ve sınırları açıkça belirlenerek yapılan farklı hukuki düzenlemelere tabi kişilerin farklı hukuki sonuçlarla karşılaşmalarının Anayasaya aykırılığından söz edilemez.

İptal davasına konu edilen T.C.K.'nun 104. maddesi bakımından da eşitliğin, onsekiz yaşını bitirmemiş çocukla cinsel ilişkiye giren kişilerden, mağdurla arasında beş yaştan az fark bulunan sanıklar arasındaki eşitlik; beş yaştan fazla fark bulunan sanıkların da kendi aralarında eşitlik bulunması dışında anlaşılması mümkün değildir. Sanıklar, yaşlarına göre farklı hukuki konumlarda bulunmaktadır.

Burada, incelenmesi gereken iki soru bulunmaktadır.

Birincisi, sanıklar, mağdurla aralarındaki yaş farkı ölçütüne göre farklı hukuki konumda mütalaa edilebilir mi?

İkincisi de, yaş kıstası, belli bir yılla (21, 23, 24 vb) olarak değil de, mağdurun yaşına oranlı (5 yaştan küçük) biçimde belirlenebilir mi?

Birinci soruya cevaben, öncelikle, neredeyse tüm ceza hukukunun, sanıkla mağdur arasındaki ilişkinin özelliğini göz önünde tutan düzenlemelerle dolu olduğunu ve ceza adaletinin de esasen başka türlü sağlanamayacağını hatırda tutmak gerekir. Cebir, tehdit ve hile olmadan işlenen bir cinsel suçta, yani mağdurun rızasına dayalı olarak işlenebilen bir suçta, sanıkla mağdur arasındaki yaş yakınlığı, diğer bir deyişle "yaşıtlık" bulunması, cezayı azaltıcı ve takibini şikayete bağlı hale getirici haklı bir neden olamaz mı? Aynı şekilde, açıkça mevcut olan yaş büyüklüğü, suçun şikayet koşuluna bağlı olmaksızın takibi ve daha ağır ceza verilmesi için haklı bir neden oluşturmaz mı? Kuşkusuz evet. Zira, hayatın deneyimleri ve psikoloji biliminin verilerinin de tartışılmaz biçimde gösterdiği gibi, "gençlik" denen bir çağ ve bu çağdaki kişilerin gerek çocuklardan, gerek yetişkinlerden farklı özellikleri vardır. "Genç" ve "gençlik" aynı zamanda hukuki ve Anayasal kavramlar olup, Anayasamızın "Gençliğin korunması" başlıklı 58. maddesi, Devletin "gençleri alkol düşkünlüğünden, uyuşturucu maddelerden, suçluluk, kumar ve benzeri kötü alışkanlıklardan ve cehaletten korumak için gerekli tedbirleri" almasını öngörmüştür. Onbeş yaşlarından itibaren fizyolojik bakımdan yetişkinlerden pek farklı olmasa da gençlerin, yirmili yaşlarının ortalarına kadar, bu konularda tam anlamıyla bilinçli ve sağlıklı seçimler yapamayacakları gerçeğinden hareketle, ceza kanunu, rıza ile cinsel ilişkide yaş esasına dayalı bir farklılaşmaya gitmiştir. Normal şartlarda, onbeş –yirmiiki yaşlar arasındaki gençlerin sosyal çevreleri, beğeni ve istekleri, hayata bakışları benzerlik gösterir; yaş farkı büyüdükçe gençlerle yetişkinler arasında benzerlikler, ortak noktalar azalır. Bu durum, kentsel yaşamda olduğu kadar kırsal kesimlerde de böyledir. Bu nedenle T.C.K.'nun 104. maddesinde, sözü edilen yaşıt gruptaki gençlerin birbirlerini tanıyacakları, duygusal ilişkiler kurabilecekleri, dolayısıyla cinsel ilişki halinde de istence dayalı bir eylemin varlığının karine olarak kabul edilebileceği öngörülmüştür. Bilindiği gibi, her rıza gösterme, istekli olma değildir. Rıza, olacak veya gerçekleşmekte olan bir olaya karşı koymamak, gerçekleşmesine onay vermektir. İstek ise, olayın gerçekleşmesini beklemeyi, hatta eylemli olarak kolaylaştırmayı ifade eder. Yaş farkı açıldıkça, yasa önünde çocuk sayılan bu gençlerin yetişkinlerle sosyal çevreleri farklılaşır, ortak noktaları azalır. Dolayısıyla, ilişkide isteklilik karinesi geçerliğini kaybeder. Kurulan ilişki, toplumca da, daha az hoşgörüyle karşılanır. Fail açısından, yaş büyüdükçe, çocuk yaştaki kişiyle ilişki kurması toplum nazarında yakışıksız, hatta açıkça anormal görülür. Her ikisi de öğrenci olan, sözgelimi 16 ve 19 yaşlarında iki gencin arasındaki ilişki ile, birisi 15, diğeri 40 yaşındaki iki kişinin arasındaki ilişki aynı değildir; dolayısıyla faillerin hukuki konumları da aynı olamaz. Zira, bu durumda artık tam bir yetişkin olan, ekonomik ve maddi güç, toplum içindeki konum ve yaşam deneyimleri bakımından çocuk sayılan kişi ile ortak yanları bulunmayan fail, cinsel partner olarak kendisine daha uygun bir kişiyi seçme imkanına sahiptir. Sonuç olarak, bu kişinin mağdura yaşça yakın olan diğer bir faille arasında eşitlikten bahsedilemez.

Bu noktada, gençlere tanınan bu hoşgörünün neden diğer cinsel suçların (102. maddedeki cinsel saldırı, 105. maddedeki cinsel taciz) faillerine de gösterilmediği sorusu akla gelebilirse de, bunun yanıtı gayet açıktır. Diğer suçlar, mağdurun rızası olmaksızın gerçekleştirilen eylemlerdir; bunların yanlışlığını her yaştaki kişi, mağdurla arasındaki yaş farkı ne olursa olsun, aynı derecede bilebilecek konumdadır.

Cezada ve suçun takip şeklinde ölçütün, failin belli bir yaşta olmasına değil, mağdurun yaşına oranla kaç yaş büyük olduğuna bakılarak belirlenmesinde Anayasaya aykırılık olup olmadığına gelince, bu konuda da öncelikle ölçütün herkes için geçerli, bilinebilir ve nesnel olup olmadığına, yani "kanunsuz suç olmaz" kuralına uyup uymadığına bakmak gerekir. Suç, cebir, tehdit ve hile olmadan çocukla cinsel ilişkiye girmektir. Diğer bir deyişle, mağdur ve fail eylem öncesinde birbirini tanımaktadır. Bu durumda, yaşça büyük olan taraf, eylemin sonuçlarını öngörmek ve ilişkiye gireceği kişiyle arasında beş yaştan fazla fark varsa, cezasının ağırlaşacağını göz önüne alarak, eylemden kaçınmak imkanına sahiptir. Bu nedenle, anlaşılabilir ve haklı dayanakları olan "beş yaş" ölçütünde ceza hukukunun temel ilkelerine ve Anayasaya aykırılık bulunmamaktadır.

III. Ailenin korunması ilkesine aykırılık iddiası açısından:

İtiraz yoluyla iptal davası açılırken, iptali istenen kuralın, Anayasanın 41. maddesine aykırılığı savı da ortaya konmuştur. Anayasanın 41. maddesi şöyledir:

"Aile, Türk toplumunun temelidir ve eşler arasında eşitliğe dayanır.

Devlet ailenin huzur ve refahı ile özellikle ananın ve çocukların korunması ve aile planlamasının öğretimi ile uygulanmasını sağlamak için gerekli tedbirleri alır, teşkilatı kurar."

Yukarıda belirtilen Anayasa maddesiyle ilgili olarak, T.C.K.'nun 104. maddesinin, küçük yaştaki kişiyle ancak anababasının rızasıyla veya mahkeme kararıyla evlenebilecek olan beş yaştan büyük kişinin, "evlenmek amacıyla da olsa evlenmeden önce ilişki kurması halinde suç işlemiş sayılmasının" adil olmadığı; kendisinin ya da ebeveyninin isteği ile "aralarında beş yaştan fazla fark olan kişilerin ilişkiye girmeleri veya evli gibi birlikte yaşamaları halinde suçtan haberdar olan yetkili makamların, şikayet olmasa bile, küçükle ilişkiye giren kişi hakkında kovuşturma yaparak dava açabilmesinin haklı sayılamayacağı" gibi hukukilikten uzak gerekçeler ileri sürülerek, ceza kanununun iptali istenen maddesinin "ailenin huzurunu bozacağı" şeklinde tuhaf bir sonuca varılmıştır. Öncelikle belirtmek gerekir ki, evlenmeden önce kurulan ilişkinin evlenme amacıyla dahi olsa suç sayılmasının yadırganacak hiçbir yönü olamaz. Böyle bir olayda, evlenmenin gerçekleşip gerçekleşmeyeceği önceden bilinemeyeceği ve gerçekleşmemesi durumunda küçüğün mağduriyeti daha da artacağı gibi, gerçekleşmesi halinde dahi evlenmenin, küçüğün menfaatlerine gerçekten uygun olup olmadığı da tartışılabilir. Anayasamız, herkesin maddi ve manevi varlığını geliştirme hakkını (madde 17), eğitim ve öğrenim hakkını (madde 42), bilim ve sanatı öğrenme hakkını (madde 27) ve çalışma hürriyetini (madde 48) güvence altına almıştır. Acaba, cebir, tehdit ve hileye başvurulmaksızın, ancak aile baskı, telkin ve yönlendirmesiyle veya bir şekilde rızası elde edilerek, kendisinden on-onbeş yaş büyük bir kişiyle medeni nikah dışında birlikte yaşamaya zorlanan bir kız çocuğunun yukarıda sayılan Anayasal hakları ne olmaktadır?

Anayasamız evliliği, hukuk kuralları içinde ve bilinçli kişilerin serbest istençleriyle gerçekleştirilmiş bir kurum olarak görmekte ve bu niteliğiyle himaye etmektedir. Bu nedenle, iptali istenen kuralın Anayasanın 41. maddesine aykırılığından sözetmek mümkün değildir. Öteyandan, suçun işlenmesinden sonra evlenmenin gerçekleşmesi, buna rağmen daha sonraki bir tarihte kamu davası açılabilmesi de, kuralın Anayasaya aykırılığına gerekçe olamaz. Zira, böyle bir durumda, T.C.K.'nun 61. maddesi gereğince ceza belirlenir ve bireyselleştirilirken, "failin güttüğü amaç ve saik" mahkemece gözönde bulundurulacak ve doğal olarak ceza, aşağı hadden verilecektir. Bu durumda da bir buçuk yıl hapis cezasına hükmolunacaktır. Ayrıca, T.C.K.'nun 62. maddesine göre, failin "fiilden sonraki davranışları" dikkate alınarak cezanın beşte birine kadarı indirilecektir. Bu şekilde üç buçuk aydan fazla bir indirim daha mümkün olmaktadır ki, toplam ceza herhalde iki yılın altında olacağından, T.C.K.'nun 51. maddesinin (1) numaralı fıkrasına göre, ertelenebilecektir. Bu itibarla, iptal istemlerine gerekçe yapılan "aradan yıllar geçtikten ve birliktelikten çocuklar dünyaya geldikten sonra bile dava açılabileceği, kocanın hapislere atılabileceği" gibi abartılı ve dramatik beyanlar her türlü hukuki temelden yoksundur. Kaldı ki, acaba bu evlilik, gerçekten mağdurun yararına olmuş mudur ve belki de ileride, onsekiz yaşını doldurduktan sonra, daha bilinçli bir şeçimle yapacağı daha iyi bir evliliğin, ya da meslek ve sanat alanında belki de gerçekleştirebileceği bir başarının yolunun kapatmamış mıdır; tartışılabilir. Dolayısıyla, gerçekleştiği sırada suç olan eylem, faraziyelere ve daha sonraki olayların gelişmesine göre suç olmaktan çıkamaz.

Özetle, iptali istenen kural, Anayasanın 41. maddesinde "Türk toplumunun temeli" olduğu ve "eşler arasında eşitliğe" dayandığı belirtilen aile kurumuna herhangi bir yönden aykırı olmadığı gibi, bilinçsiz, hukuk kuralları dışında gerçekleşen, özgür bir istence ve karara dayandığı kuşkulu olan birtakım ilişkileri, tek veya çok eşli birliktelikleri ve aileye alternatif diğer yaşam tarzlarını caydırıcı niteliğiyle, aslında aile kurumunu destekleyen bir hükümdür.

Tüm bu nedenlerle, 104. maddenin (2) numaralı fıkrasının Anayasanın 41. maddesine aykırılığından söz edilemez.

IV. Mağdurun özel hayatının gizliliği ve özgürlüklerinin korunması açısından:

T.C.K.'nun 104. maddesinin getirdiği "beş yaş" ölçütü nedeniyle suçun takip şeklinin değişmesi, yani beş yaştan büyük sanığın eyleminin, mağdurun şikayetine bakılmaksızın takip edilmesinin, mağdurun özel hayatının gizliliği ve korunması açısından Anayasaya herhangi bir aykırılık doğurup doğurmadığını incelerken, Anayasanın ilgili 20. maddesine bakmakta yarar vardır. Anayasanın 20. maddesine göre:

"Herkes, özel hayatına ve aile hayatına saygı gösterilmesini isteme hakkına sahiptir. Özel hayatın ve aile hayatının gizliliğine dokunulamaz.

Milli güvenlik, kamu düzeni, suç işlenmesinin önlenmesi, genel sağlık ve genel ahlakın korunması veya başkalarının hak ve özgürlüklerinin korunması sebeplerinden biri veya birkaçına bağlı olarak usulüne göre verilmiş hakim kararı olmadıkça; yine bu sebeplere bağlı olarak gecikmesinde sakınca bulunan hallerde de kanunla yetkili kılınmış merciin yazılı emri bulunmadıkça; kimsenin üstü, özel kağıtları ve eşyası aranamaz ve bunlara el konulamaz. ..."

Anayasanın, temel hak ve hürriyetlerin sınırlanmasının koşullarını belirleyen 13. maddesine göre, temel hak ve hürriyetler özlerine dokunulmaksızın yalnızca Anayasanın ilgili maddelerinde belirtilen sebeplere bağlı olarak ve ancak kanunla sınırlanabilir. Bu madde ışığında, suç işlenmesi ve genel ahlakın korunması sebepleriyle, özel hayatın ve aile hayatının gizliliğine istisnalar getirilebileceği tartışmasızdır.

Bu nedenle, beş yaş kuralına göre farklı hukuki konumda bulunan ve dolayısıyla hakkında farklı şekilde takibat yapılan failin cezalandırılması amacıyla mağdurun şikayeti olmasa bile savcılığa veya mahkemeye çağrılarak beyanının alınması ve diğer yargılama işlemlerine dahil edilmesi, mağdurun özel hayatının gizliliğini ihlal olarak görülemez. Kaldı ki, Ceza Muhakemesi Kanununda, mağdurun özel yaşamına saygı gösterilmesi için başvurulabilecek kurallar da bulunmaktadır. Özel yaşamın gizliliği kuralını başka şekilde anlamak, tüm ceza sistemini alt üst eder; bazı ilkel töreler dolayısıyla, "yeter ki duyulmasın" diye, kanuni yollara başvurmak yerine tecavüz mağduru kendi öz kızlarını öldüren kişilerin zihniyetine haklılık kazandırmak olur.

Tüm bu gerçeklere karşın, yine de "Mağdur (çocuk), ilişkiye gireceği kişiyi seçme hakkına sahiptir. Ancak, seçeceği partnerin beş yaştan büyük olması halinde bunun kanuni sonuçlarının daha ağır olması, bu seçim özgürlüğünü zedelemektedir" diye bir iddia ileri sürülebilir. Bunun yanıtı ise gayet açıktır. Öncelikle, ortada bir suç vardır ve mağdurun, maruz kalacağı suçun failini seçme hakkı gibi bir garabetten bahsedilemez. Ayrıca, ortada bir çocuk vardır ve çocuğun bu konudaki kararını geçerli saymaya, hukuk sistemi cevaz veremez. Evlenmek için onsekiz yaşını doldurması gereken, onyedi yaşında evlenebilmek için ebeveyninin rızasına; önemli sebeplerin mevcudiyeti halinde de, onaltı yaşında evlenebilmek için mahkeme kararına ihtiyacı bulunan, Medeni Kanuna göre de fiil ehliyeti ve evlenme hakkı olmayan kişinin cinsel partner seçme özgürlüğünden, dolayısıyla, korunması gereken özel hayatın gizliliğinden söz edilemez.

Sonuç olarak, iptali istenen kuralda, özel hayatın gizliliği ilkesi açısından da Anayasaya aykırılık bulunmamaktadır.

V. Cezada ölçülülük ve hukuk devleti açısından:

Hukuk devleti, Anayasa Mahkemesinin pek çok kararında tarif edilmiştir. Ceza hukuku bakımından hukuk devleti, çağdaş ceza adaletini gözeten, intikam değil ıslah anlayışıyla ceza veren, gereksiz yere ağır ve eylemle oransız cezalara mevzuatında yer vermeyen, cezaları bireyselleştiren, cezaların yasayla belirlenen alt ve üst sınırları içinde bağımsız yargıya geniş takdir hakkı veren devlettir. Yasalarda öngörülen belli bir yaptırımı beğenmeyen, böyle bir yaptırım bulunması işine gelmeyen herkes, bu yaptırımın Anayasanın hukuk devleti ilkesine aykırı olduğunu ileri sürebilir. Bu nedenle, Anayasa Mahkemesi, bir kuralın Anayasaya uygun olup olmadığının denetimini yaparken, hukuk devletine aykırılığı saptaması halinde bunu açık, nesnel ve hukuk sistemi içindeki diğer kurallarla mukayeseli biçimde ortaya koymak durumundadır.

T.C.K.'nun 104. maddesinde iki fıkra halinde düzenlenen kuralların uygulanması sonucu verilebilecek cezaların, failin yaşı ile mağdurun yaşı da dikkate alınarak, altı ay ile altı yıl arasında değişebileceğini yukarıda açıklamıştık. Bu çerçevede, örneğin sadece cinsel bir merak güdüsüyle veya bir duygusallık yaşayarak ilişkiye girebilecek 16 ve 19 yaşlarındaki iki kişiden fail konumunda olana, şikayet halinde, altı aydan iki yıla kadar hapis cezası verilebilecek ve bu da ertelenebilecek ya da bir yılı geçmiyorsa, T.C.K.'nun 50. maddesine göre seçenek yaptırımlardan birine çevrilebilecekken, örneğin 40-50 yaşlarındaki bir kişinin 15-16 yaşındaki çocuklarla (hatta aynı cinsle) çirkin ve toplumda infial uyandıracak tarzda ilişkiler kurmasının, resen takip edilerek, cezanın üst sınırı olan 6 yılla cezalandırılmasının son derece doğal olacağına kuşku yoktur.

Alt ve üst sınırları ve şiddet-tahfif nedenli halleri göz önüne alındığında, Ceza Kanunundaki pek çok suçların en az ve en çok cezaları, on-onbeş katına kadar farklılık gösterebilmektedir (Örneğin, kasten yaralama bir yıldan onaltı yıla kadar; işkence üç yıldan yirmidört yıla kadar; cinsel saldırı iki yıldan yirmi yıla; çocukların cinsel istismarı üç yıldan yirmi yıla kadar; cinsel taciz üç aydan üç yıla kadar; tehdit altı aydan beş yıla kadar; mala zarar verme dört aydan onsekiz yıla kadar). Acaba bütün bu cezalarda da ölçüsüzlük olduğundan söz edilebilir mi?

Reşit olmayanla cinsel ilişkiyi cezalandıran 104. maddenin temel cezasının alt sınırı bir buçuk yıl, indirimli halinin cezasının üst sınırı ise iki yıldır. Diğer bir deyişle, "anlaşılmaz bir nedenle" konduğu iddia edilen beş yaş kuralı uygulandığında ceza birdenbire ölçüsüz bir şekilde artmadığı gibi, aksine, suçun her iki halindeki cezalar arasında örtüşme ve uyum bulunmaktadır. T.C.K.'nun 104. maddesinin birinci ve ikinci fıkralarına göre verilebilecek cezalar aynı şekilde ertelenebileceği gibi, suçun ikinci fıkraya göre verilecek cezası, yerine göre, birinci fıkraya göre verilen cezadan daha az olabilmektedir. Bu durumda ikinci fıkradaki cezanın ölçüsüzlüğünden bahsetmek mümkün olabilir mi?

Ölçülülük bahsinde son olarak şunu da belirtmek gerekir ki, bu suçun mülga Türk Ceza Kanununda karşılığı olan 416. maddeye göre de, cezanın alt ve üst sınırları 6 ay ile 3 yıl arasıdır. Takibi ise şikayete bağlı değildir. Uzun yıllar boyunca uygulanan ve içtihatlarla istikrar kazanan eski ceza yasası kuralı bugüne kadar Anayasaya aykırı bulunmamıştır. Bu kurala, yeni yasa ile haklı nedenlere dayalı, sınırları açık bir biçimde belirtilmiş, gençlere yönelik özel bir indirim getiren, ancak kuralın esaslı unsurlarını koruyan yasa koyucu, yeni yasa ile üst sınırda bir kat artırım yapmıştır ki, yasamanın takdir hakkına giren bu artırımın hukuk devletine aykırılığı ileri sürülemez. Dolayısıyla, iptal kararının, Anayasanın 2. maddesine dayandırılması da mümkün değildir.

Sonuç

Anayasanın herhangi bir hükmüne aykırılık içermeyen T.C.K. 104. maddesinin (2) numaralı fıkrasının iptalinin yol açacağı yaptırım boşluğunun, toplumun sosyal dokusunu tahrip edeceğinden, çocuk fuhşunu artıracağından, medeni nikah ve aile kurumuna zarar vereceğinden, gençlerde ve özellikle kız çocuklarında mağduriyete neden olacağından kaygı duymamak mümkün değildir. Yasama organının bu konuyu tekrar ele alarak yeni bir düzenleme yapması temenni olunur.

Üye
Osman Alifeyyaz PAKSÜT